Affektregister der Gegenwart

Dietmar J. Wetzel

Affektregister der Gegenwart

Soziologisch-philosophische
Reflexionen

 Springer VS

Dietmar J. Wetzel
Humanwissenschaften/ Department
Pädagogik
MSH Medical School, University
of Applied Sciences and Medical
University
Hamburg, Deutschland

ISBN 978-3-658-46133-1   ISBN 978-3-658-46134-8 (eBook)
https://doi.org/10.1007/978-3-658-46134-8

Die Deutsche Nationalbibliothek verzeichnet diese Publikation in der Deutschen Nationalbiblio-
grafie; detaillierte bibliografische Daten sind im Internet über https://portal.dnb.de abrufbar.

Planung/Lektorat: Cori Antonia Mackrodt
Springer VS ist ein Imprint der eingetragenen Gesellschaft Springer Fachmedien Wiesbaden GmbH
und ist ein Teil von Springer Nature.
Die Anschrift der Gesellschaft ist: Abraham-Lincoln-Str. 46, 65189 Wiesbaden, Germany

„Die Spontanität ist aller Anfang. Die Wurzel eines guten Gedankens ist immer emotional, sie ist naturgemäß noch nicht durchdacht. Zunächst ist da nur das Zwerchfell, die Haut, das Ohr. […] Das Zwerchfell ist nicht beherrschbar, das Zwerchfell meldet: Die Lava muss raus!"

(Alexander Kluge, SZ, 09.12.2022, S.11).
„Wie in unserer affektgeladenen Welt immer schön sachlich bleiben?"

(Christian Geyer, 14.12.2022, FAZ)

Für Leni & Rösi

Dank

Für viele Anregungen, Kritik, Kommentare und gute Gespräche danke ich:

Esther Bernhard (Bern), Niklaus Schefer (Thun), Dave Zweifel (Dossenhütte), Anna Kaita (Bern), Harald Karutz (MSH, Hamburg), Ines Pfeffer (MSH, Hamburg), Maria Borcsa (Leipzig), Martin Sauereisen (Neuried), Christine Löbbert (Freiburg), Heide Warkentin (München), Corine Pelluchon (Paris), Jens Beljan (Jena), Hartmut Rosa (Jena), Markus Buchhauser (Hamburg). Zugleich danke ich Rösi und Leni, unseren beiden Katzen, die als treue und liebenswerte Wegbegleiterinnen den Alltag so wunderbar und gefühlvoll bereichern.

Vor allem möchte ich es nicht versäumen, mich bei meinen Studierenden an der MSH Medical School in Hamburg, an der Universität Basel und an der FSU Jena zu bedanken. In den einschlägigen Seminaren und Kursen zu Affekten und Emotionen über viele Jahre hinweg konnte ich erste Ideen entwickeln und konstruktiv diskutieren.

Inhaltsverzeichnis

Einleitung 1

Narzissmus 17

Sympathie 23

Empathie 31

Freude 37

Nostalgie 45

Gleichgültigkeit 51

Ambivalenz 57

Angst 63

Scham 69

Neid 77

Ressentiment 83

Ärger 89

Trauer 95

Soziale Kälte 103

Einsamkeit 111

Erschöpfung 117

Bösartigkeit 123

Wut und Zorn 129

Ekel 137

Hass 145

Lust 153

Liebe 159

Freundschaft 167

Gemeinschaftsgefühl & kollektive Verbundenheit 175

Fazit: soziale und affektiv-emotionale Energie, KI und die
gelingende Lebensführung 183

Literatur 189

Einleitung

Es steht außer Frage, dass Affekte und Emotionen in unseren Gesellschaften eine ambivalente Rolle einnehmen. Und sie bestimmen unseren Alltag in nicht unerheblicher Weise, wie der Soziologe Alois Hahn (2024, S. 375) festhält: „Unser Alltagsleben heute ist jedenfalls dadurch charakterisiert, dass wir einerseits in anonymen Situationen verpflichtet sind, aus unserem Herzen eine Mördergrube zu machen, uns nichts anmerken zu lassen und so zu tun, als seien wir ‚kühl bis ans Herz hinan‘. Aber andererseits kann mitten im Alltäglichen ein Umschalten notwendig werden, wo Emotionalität im anonymen Raum verlangt wird." Die ambivalente Sachlage in puncto Gefühle wird durch die analytische Unterscheidung zwischen Affekten und Emotionen von Anfang an verkompliziert. Dadurch werden jedoch Differenzierungsmöglichkeiten gewährleistet, die die herkömmliche Emotionssoziologie so lange Zeit nicht erbringen konnte (Scherke 2024). Im Verlauf dieser Untersuchung werde ich wiederholt auf diese Unterscheidung zurückkommen.

Affekte gelten herkömmlich als das Unkontrollierbare („Töten im Affekt"), das uns häufig unbewusst und einem rationalen Zugriff entzogen ist. Emotionen hingegen sind subjektgebunden, gehen von diesem aus und lassen sich handhaben respektive beeinflussen.[1] Folgen wir diesem Verständnis, liegt der folgende Zusammenhang nah. Wo Affekt war (und ist), soll Emotion werden. Wir sollten hier genauer hinschauen, um zu verstehen, was damit gemeint ist. Eine

---

[1] „Emotionen haben einen intentionalen Gehalt, der sich meistens adäquat explizieren lässt (in diesem Sinne können sie propositional verfasst sein), während dies für das leibliche Spüren wie auch für die Empfindungen nicht im gleichen Ausmaß gilt." (Demmerling und Landweer 2007, S. 94).

D. J. Wetzel, *Affektregister der Gegenwart*, https://doi.org/10.1007/978-3-658-46134-8_1

Analogie zu Freuds Diktum „Wo Es war, soll Ich werden" ist hier vielleicht
nicht ausreichend. Affekte, Emotionen und Gefühle sind in allen Gesellschaften allgegenwärtig. Sie bestimmen nicht nur unseren Alltag, sondern geben auch
Auskunft darüber, wer wir sind, beziehungsweise wer wir zu sein glauben. Ein
Affektregister der Gegenwart klärt systematisch und exemplarisch über gegenwärtige und historisch gewachsene Gefühlslagen respektive affektive Zustände der
Gesellschaft auf. Um dies möglichst anschaulich zu bewerkstelligen, nehmen wir
zahlreiche Affekte und Emotionen einzeln, aber auch in ihrer Wechselwirkung
unter die soziologisch-analytische Lupe. Dies geschieht im Sinne einer interdisziplinär ausgerichteten Aufklärung über die Befindlichkeiten, Erregtheiten und
Ansteckungsverhältnisse, die von Affekten und Emotionen nicht nur beeinflusst,
getragen und gesteuert, sondern auch von diesen erzeugt und verbreitet werden.

Eine Aufarbeitung und Einsicht in unser Affektregister (und deren Manifestationen) ist unerlässlich, um zu verstehen, wie Menschen und Gruppen in
bestimmten Konstellationen und Situationen handeln, was sie zu diesem Handeln (unbewusst) motiviert und wie wir mit diesen Gefühlslagen bei uns und bei
anderen produktiv umgehen. Doch warum sind Affekte und Emotionen überhaupt
so bedeutsam? Weil sie zum einen das Potenzial besitzen, unserer Verengung
der Weltwahrnehmung und einer Verkümmerung der Expressivität entgegenzuwirken. Und weil sie gleichzeitig dazu genutzt werden, über die Manipulation
von Affekten die Massen und den Einzelnen zu lenken.

Affekte, Gefühle und Gesellschaft[2]

Die soziologischen und philosophischen Klassiker wussten bereits früh, dass
Gefühle und Affekte mit der Gesellschaft zusammenhängen. Der französische
Soziologe Maurice Halbwachs zeigt in seinem kurzen Text „Gefühle und Gesellschaft" (2001, orig. 1947) auf, wie sehr Gefühle von einer kollektiven Formung
geprägt sind. Egal ob Trauer oder Freude – unsere Gefühle unterliegen einer
sozialen Disziplinierung. „bei bestimmten Ereignissen, unter gewissen Umständen ist es die Gesellschaft selbst, die uns anweist, wie wir uns zu verhalten
haben" (ebd., S. 70). Halbwachs macht deutlich, dass es die soziale Konven-
tionalität bzw. die kollektive Konditionierung des Gefühlsausdrucks ist, die sich
der Gefühle selbst bemächtigt. Diese kollektive Formung des Gefühls zeigt sich

---

[2] An dieser Stelle darf ein Hinweis auf die Arbeiten von Norbert Elias zum Zivilisationsprozess und zur darin postulierten Affektregulation (Untersuchung von Tischsitten etc.) nicht
fehlen (Elias 1989, orig. 1976).

im Fall der Trauer besonders deutlich. Die Wehklagen und die Körpersprache (Gebärden) finden nicht nur ritualisiert statt, sondern ähneln sich auch im Ausdruck und manchmal sogar in der Intensität und Dauer. Halbwachs kommt gegen die scheinbare Individualität von Gefühlen zu dem eindeutigen Schluss: „Was also vor allem erstaunt und hier letztlich darzulegen versucht wurde, ist die Tatsache, daß sich nicht nur der Gefühlsausdruck, sondern die Gefühle selbst gemeinsamen Bräuchen und Überlieferungen fügen und von einem gleichzeitig äußeren und inneren Konformismus beseelt sind." (ebd., S. 77) Halbwachs trennt – wie viele soziologische Klassiker – nicht zwischen Emotion und Affekt, eine Unterscheidung, die jedoch im weiteren Gang der vorliegenden Untersuchung an Bedeutung gewinnt.

Wir haben Gefühle nicht immer im Griff, vielmehr bestimmen sie ein Stück weit über uns mit, gerade dann, wenn es um die „heissen" Gefühle wie etwa Neid, Wut, Zorn und Hass geht: „Nicht wir haben diese Gefühle, sondern die Gefühle haben uns", wie Rainer Paris schreibt (2010, S. 11). Spät – oder postmoderne Gesellschaften bestehen mitunter auch aus narzisstischen Gemeinschaften und beruhen auf „rein emotionaler Vergesellschaftung mit einer vorwiegend ‚affektiven Kommunikation' wie Balibar es nennt. […] Solche affektive Kommunikation ist latent explosiv – allzeit bereit, sich zu entladen. Eine affektive (emotionale) Vergesellschaftung aber ist zutiefst ambivalent. Denn Affekte verbinden die Menschen ebenso, wie sie sie trennen. Sie sind ebenso sehr Liebe, Anhänglichkeit nach innen – wie sie auch Intoleranz, Abgrenzung nach außen bis hin zur offensiven Feindseligkeit sein können. Beides sind Formen, den Narzissmus auszuleben. Und beides tendiert dazu, sich eruptiv zu entladen." (Charim 2022, S. 160 f.) In ähnlicher Weise wie sich die Frage nach einer Zivilisierung der Macht für alle Gesellschaften stellt (Mausfeld 2023), müssen sich Gesellschaften, so lautet eine meiner Grundintuitionen, um die Zivilisierung und Reglementierung ihrer Affekthaushalte und – dynamiken kümmern.

Sozialstruktur, soziale Ungleichheit und Habitus

Emotionen – und in gewisser Weise ebenso Affekte[3] – werden seit einigen Jahren verstärkt als wichtige Bestandteile sozialer Prozesse und gesellschaftlicher Stratifikation interpretiert, wobei sich auch „Rückschlüsse auf Handlungstendenzen von Bevölkerungsgruppen ableiten ließen" (Rackow et al. 2012, S. 393).

---

[3] Affekte sind vergleichsweise spät ins Zentrum des Interesses der Soziologie der Emotionen gerückt (vgl. dazu Scherke 2024).

Die Korrelation zwischen dem Empfinden von Emotionen und der jeweiligen sozialstrukturellen Lage lässt sich insbesondere für die als „Basisemotionen" bezeichneten Angst und Ärger nachweisen. „Für die Soziologie ist von besonderer Bedeutung, dass die Emotionen Angst und Ärger gegensätzliche Muster sozialstruktureller Beeinflussung zeigen, denn beide Emotionen gehen mit nahezu entgegengesetzten Handlungstendenzen einher: Führt Angst tendenziell zu einem Rückzugsverhalten oder dem untätigen Verharren in einer unangenehmen Situation, motiviert Ärger zum Handeln und zur potenziellen Beseitigung emotionsauslösender Umstände." (ebd., S. 406) Eine idealtypische Zuspitzung der vorliegenden Beobachtungen könnte zu der Schlussfolgerung führen, dass die unteren (Mittel-)Schichten eher mit Angstphänomenen konfrontiert sind, während sich ab der mittleren Mittelschicht vor allem Ärger manifestiert, der häufig mit Wut und Zorn einhergeht.

In diesem Zusammenhang werden Emotionen in Anlehnung an Pierre Bourdieu häufig als ein „Teil habitueller Dispositionen" aufgefasst. „Emotionen werden vom Habitus produziert und umgekehrt produzieren sie diesen. Auf diese Weise lassen sich Emotionen konsequent soziologisch denken, da sie aus der sozialstrukturellen, kulturellen und historisch stets spezifischen gesellschaftlichen Einbettung von Akteuren" resultieren (Neckel und Prinz 2016: 4) (zitiert in: Eckert 2019, S. 22). Was wiederum nicht bedeutet, dass Menschen nicht prinzipiell zu allen Affekten und Emotionen fähig wären. Interessanterweise kommen diese aber nicht bei allen in gleicher Intensität und Frequenz zum Einsatz, sondern sind eben in ihrer Ausprägung sozialstrukturell mitbedingt.

Historische Variabilität, Situativität und kulturelle Imprägnierung

Affekte und Emotionen unterliegen einem Wandel und manifestieren sich nicht immer in gleicher Weise in verschiedenen Gesellschaften. Es wäre eine lohnenswerte Aufgabe für Ethnograph:innen, sich verstärkt mit der Frage zu befassen, inwiefern sich länder – oder zumindest regionalspezifische Affekt- und Emotionshaushalte eruieren lassen.[4] Neben einer historischen Variabilität weist Hahn (2024, S. 364) darauf hin, dass Emotionen „auch Moment des kulturellen Fundus

---

[4] Für die Scham zeigt dies Blumenthal (2018, S. 398): „Ein weiteres Anliegen ist, aufzuzeigen, dass die ethnographische Annäherung an den Ausdruck von Scham von FeldteilnehmerInnen durch die Qualität der Feldnotizen, durch die Reflexion affektiver Zustände Forschender und das Hinzuziehen der Interpretation des Weiteren sozialen Kontexts bedingt ist."

einer Gesellschaft" sind. „Man kann Gesellschaften geradezu danach unterscheiden, welche Emotionen in ihrem Schoße erworben werden können und welche nicht" (ebd.). Des Weiteren ist eine situative Bedingtheit für das Auftauchen (oder deren Ausbleiben) von Emotionen grundlegend. In bestimmten Situationen oder bei bestimmten Ereignissen gibt es in einem gewissen Sinne ein mehr oder weniger angemessenes Gefühlsrepertoire, wodurch sich gleichsam die gesellschaftliche – und von den soziologischen Klassikern bereits beschriebene – Normierung von Affekten und Emotionen zeigen. Diese sind allerdings wiederum kulturell variabel (Watt Smith 2017), wie beispielsweise der „Dia de los Muertos" in Mexiko nahelegt. Dort herrscht Fröhlichkeit und eine gewisse Ausgelassenheit, was bei einer europäischen Trauergemeinde wohl kaum möglich sein dürfte. Neben der Variabilität und der Situativität lässt sich zudem eine Politisierung von Affekten beobachten, wodurch insbesondere auf dem Gebiet des Politischen Rationalität und beispielsweise deliberative Verfahren der Demokratie unter Druck geraten.

Politisierung der Affekte

Spätestens mit dem Auftreten von Donald Trump auf der politischen Bühne lässt sich eine explizite „Politisierung der Affekte" beobachten. In diesem Kontext ist zudem das durch die sog. sozialen Medien geschürte Phänomen der Enthemmung zu nennen. Als exemplarisches Ereignis kann der bereits in die Geschichte eingegangene Sturm auf das Kapitol am 6. Januar 2021 angeführt werden. In seiner Ansprache an seine Anhänger:innen gelang es Trump, die bereits vorherrschenden Affekte der Empörung, Erregung und des Zorns für seine Zwecke zu instrumentalisieren. Die „Proud Boys" sowie weitere rechte Gruppierungen fühlten sich ermutigt, die Präsidentschaft von Joe Biden nicht anzuerkennen und für „ihren" Präsidenten Trump zu kämpfen. Es ist besorgniserregend, dass Trump offenbar (weitestgehend) straffrei für diese eindeutige Aufstachelung davonkommt. Die Unberechenbarkeit der Affekte und ihre Vehemenz im Auftreten lassen für die politische Zukunft, nicht nur der USA, Schlimmes befürchten.

Körper und Affekt

Neben dieser eminent politischen Dimension sind Affekte vor allem auch körpergebundene Phänomene. Die Bewegungspsychologen haben die *Affective-Reflective Theory (ART)* speziell für die Verhaltensänderung in Bezug auf körperliche Aktivität entwickelt. Diese Theorie besagt, dass jeder Reiz, der mit körperlichem Training zusammenhängt, wie zum Beispiel die Erinnerung an das nächste Lauftraining, zunächst automatisch zu einer emotionalen Bewertung führt, die als Affekt bezeichnet wird. Dieser Affekt ist nicht kognitiver Natur, sondern eine körperliche Empfindung, die den gesamten nachfolgenden Abwägungsprozess beeinflusst. Der Affekt wird durch vergangene Erinnerungen gespeist. War die Laufbahn beispielsweise ein Ort, an dem man außer Atem hinter fitteren Mitschülerinnen herlief und schlechte Noten erhielt, so wird diese – manchmal unbewusste – Erinnerung die Entscheidung für oder gegen das Lauftraining beeinflussen. Waren hingegen die letzten Laufabende eine positive Erfahrung, arbeiten der affektive und der reflektive Prozess harmonisch zusammen. Grundsätzlich sind Affekt und Reflexion jedoch zwei ungleiche Gegenspieler.[5] Gerade diese körperliche Dimension von Affekten (und das Zusammenspiel mit dem Gedächtnis) wird in den *Affect Studies* explizit thematisiert, „weshalb der Fokus auf das Pathologische und damit auf medizinisch bedeutsame Aspekte von affektivem Empfinden noch einmal eine neue Perspektive in traditionell emotionssoziologischen Debatten eröffnet" (Sauerborn 2022, S. 140). Auch der Zusammenhang zwischen Affizierung, Emotion und Musik stellt ein überaus interessantes Forschungsfeld dar. Die leiblich erfahrene Musik affiziert uns in unterschiedlicher Art und Weise (Matthew et al. 2016).

Grenzen der Emotionsarbeit – und das Freisetzen der Affekte

Gefühle werden, was Alain Ehrenberg u. a. zeigen, immer deutlicher zur eigenen, d. h. zu einer selbst zu bewältigenden Aufgabe gemacht und müssen an Prinzipien und Funktionsarten des Kapitalismus angeglichen werden (Sauerborn 2022, S. 139). „Wir sind also unseren Gefühlen nicht hilflos ausgeliefert. Es wird normativ von uns erwartet, die Art und das Ausmaß zu kontrollieren, in dem wir zulassen, dass Emotionen unser Handeln bestimmen. Die gesellschaftlichen Vorgaben betreffen aber auch die Art der Gefühle selbst. Wir sind nicht nur aufgefordert, uns ‚nicht gehen zu lassen', uns ‚am Riemen zu reißen' oder allgemein gesprochen Gefühle in einer bestimmten Weise zu zeigen, sondern wir sind auch aufgefordert, in bestimmten Situationen bestimmte Gefühle zu haben." (Maiwald und Sürig 2019, S. 191) Die Bedeutung der Emotionsarbeit für den Alltag wurde bereits durch die Arbeiten von Arlie Hochschild (1990) herausgestellt. Diese

---

[5] Vgl. dazu die Neue Zürcher Zeitung vom 30.12.2021.

Form des Manipulierens und Kontrollierens eigener und fremder Emotionen stößt jedoch auch immer wieder an Grenzen. Unter Berücksichtigung des Genderaspektes lässt sich feststellen, dass insbesondere ältere Männer eine Verweigerung oder Unkenntnis bezüglich der Notwendigkeit einer Arbeit an den eigenen Emotionen aufweisen. Demgegenüber lässt sich bei einer Gruppe von Männern, die als „toxisch" bezeichnet werden können, eine Haltung beobachten, bei der die eigenen Affekte ungehemmt ausgelebt werden. Dies kann als Demonstration von Stärke und Freiheitsdrang interpretiert werden. In diesem Zusammenhang könnte die anfänglich eingeführte Passung „Wo Affekt war, soll Emotion werden" zur normativen Geltung gebracht werden.

Kein Zugang zu Gefühlen – gender matters?

Die These, dass Männer quasi immer schon weniger oder im schlimmsten Fall gar keinen Zugang zu den eigenen Gefühlen hätten, wird mitunter als Klischee beschrieben, beinhaltet aber vermutlich mehr als nur anekdotische Evidenz. Dies verweist auf ein ernsthaftes gesellschaftliches und individuelles Problem. In diesem Kontext wird zudem der Begriff der Gefühlskälte verwendet, der in bestimmten Situationen sogar als vorteilhaft erachtet wird, beispielsweise bei besonders sensiblen Angelegenheiten wie der Begehung eines Verbrechens. Ein kaltblütiges Vorgehen ermöglicht die Konzentration auf die Sache selbst, wobei Störfaktoren ausgeschlossen und die Tat rational zu Ende gebracht wird. Unter Berücksichtigung der grundlegenden Trennung von Affekten und Emotionen (Von Scheve und Berg 2018) lässt sich zumindest in den Blick nehmen, warum gerade Männer sich von Affekten in politischen (oder sportlichen) Belangen erfassen, treiben lassen, jedoch keinen direkten Zugriff auf diese affektiven Zustände besitzen, da diese wesentlich unbewusst operieren. Es sei an dieser Stelle jedoch darauf hingewiesen, dass keineswegs die Schlussfolgerung gezogen werden soll, dass Affekte und ebenso Emotionen einem bestimmten Geschlecht eindeutig zugeordnet werden können.[6]

---

[6] In puncto drittes Geschlecht oder weitere Geschlechter darf vermutet werden, dass hier eine vergleichsweise stärkere Sensibilität für Affekte und Emotionen vorliegen könnte. Natürlich wäre das auch vor allem eine empirisch zu prüfende Frage, was im vorliegenden Zusammenhang nicht geleistet werden kann.

Gegenstand der Untersuchung und Kontext

Die hier eingenommene eurozentristische Perspektive ist bewusst gewählt, sodass sich die vorgelegten Ausführungen im Wesentlichen auf europäische, streng genommen postindustrielle, westliche Gesellschaften beziehen.[7] Nach einer langen Phase der Ignoranz ist das Bewusstsein für die kulturelle Gebundenheit von Gefühlen und Affekten in den letzten Jahren deutlich gewachsen (Watt Smith 2017). Eine unzulässige Form des Universalismus (Boehm 2022) und der Universalisierung berücksichtigt die jeweiligen kulturellen Bedingungen der Ausprägungen von Affekten und Emotionen jedoch nicht ausreichend.

Im Text werden in den jeweiligen Kapiteln zu den Affekten/Emotionen *Affektdynamiken* analysiert, die dem sozialen Geschehen nicht nur zugrunde liegen, vielmehr dieses wesentlich fundieren. Affekte und Emotionen sind nicht losgelöst von sozialen Situationen beziehungsweise wechselnden Arrangements zu begreifen.[8] In diesen Arrangements (Dispositive), die Praktiken, Diskurse ebenso umfassen wie Artefakte, Objekte und imaginäre Dinge und Fantasien, kommt es darauf an, die Funktion und den Stellenwert von Affekten und Emotionen zu erfassen.

Aber warum braucht es überhaupt eine Beschäftigung mit Affekten und Emotionen? Wie lautet das diesbezügliche Versprechen? Aus einer soziologisch-philosophischen Sicht finden sich einige Erklärungen, eine besonders plausible liefert Sabine Hark: „Gefühle tragen zur Festigung von Kollektiven bei, strukturieren, wovon wir uns affizieren lassen, mit wem wir bereit sind, uns zu assoziieren, wen wir als zu uns gehörig anl|erkennen und wen nicht. Emotionen und Affekte gestalten, anders gesagt, ganz wesentlich, wie wir in der Welt sind und sie mit anderen bewohnen. Was mir mögen oder ablehnen, wer uns nah und fern, vertraut oder fremd erscheint, was wir fürchten und worauf wir vertrauen, was wir nützlich finden und was wir für schädlich halten, wofür wir uns verantwortlich fühlen und was uns nichts angeht, wird so für uns kenntlich als das, was wir als unser authentisches So-Sein empfinden und eben nicht als gesellschaftlich nahegelegt, als Muster, die wir täglich einüben und in die

---

[7] Durch die Jahrzehnte lange Beschäftigung mit diesen westeuropäischen Gesellschaften, spricht sich der Verfasser dieser Schrift eine gewisse soziologische Kenntnis diesbezüglich zu. Streng genommen liegt der Fokus auf den deutschsprachigen Gesellschaften.

[8] „Soziale Geschehnisse und vor allem ihre Ergebnisse sind im Unterschied etwa zu physikalischen nicht kausal zu verstehen, sondern nur im Rahmen von Beziehungen zwischen den Menschen. Und sie finden in der Zeit statt, dynamisieren und verlangsamen sich, eskalieren oder brechen ab." (Welzer 2021, S. 100).

wir uns einüben." (2021, S. 21). Und an späterer Stelle schreibt Hark weiter-
führend: „Affekte sind konkret, historisch situiert und sozial erzeugt, sie werden
politisch ausgebeutet und greifen selbst politisch gestaltend in gesellschaftliche
Verhältnisse und moralische Orientierungen ein." (2021, S. 211).

Forschungsfragen

Aus den in dieser Einleitung dargelegten Inhalten lassen sich Forschungsfra-
gen ableiten, die nicht nur wissenschaftlich von Interesse sind, sondern auch
gesellschaftlich-politische Problemfelder aufwerfen, mit denen wir uns alle in
unterschiedlichem Maße im Alltag konfrontiert sehen.

- Wie lassen sich in einem *Affektregister der Gegenwart* die zentralen Affekte
  und Emotionen der Gegenwartsgesellschaft identifizieren und analysieren?
- Was bedeutet es für Menschen und für das soziale Miteinander, wenn
  diese ständig mit dem Phänomen des Affizierens und des Affiziert-Werdens
  konfrontiert sind?
- In welchem Verhältnis stehen dabei Affekte/Emotionen und eine (rational)
  gelingende Lebensführung?
- Was bedeutet es für die Gesellschaft, wenn bestimmte Gefühle und Affekte
  nicht mehr ausgebildet werden, scheinbar verkümmern? Beispielsweise im
  Hinblick auf ein Gerechtigkeitsgefühl. Worin bestehen die Folgen für den
  individuellen Affekthaushalt, aber auch für den gesellschaftlichen?
- Was geschieht umgekehrt, wenn bestimmte Affekte (Wut, Zorn, Hass etc.)
  überhandnehmen, sie gleichsam gesellschaftlich und/oder medial produziert
  werden – und drohen ausser Kontrolle zu geraten?
- Wie genau beeinflussen Affektdynamiken und emotionale Zustände/
  Befindlichkeiten Individuen, Gruppen und ganze Gesellschaften?
- Inwiefern macht es Sinn, von einer Logik der Affekte und deren Verwobenheit
  zu sprechen?

Zum Stellenwert der Affekte in der Ordnung des Sozialen & die Theorie sozialer Praktiken

Um Affekte und Emotionen analysieren zu können, bedarf es einer Fokussierung auf soziale Praktiken, die historisch gewachsen und gesellschaftlich in ihrer Existenzweise bedingt sind.[9] Wie Andreas Reckwitz schreibt, kann es nicht um eine bloße „Berücksichtigung von Affekten in der Sozialtheorie gehen, sondern um die Einsicht, dass jede soziale Ordnung als Konfiguration von Praktiken zugleich und notwendig eine spezifische affektuelle Ordnung darstellt, deren jeweilige Affektualität zu analysieren ist, will man verstehen, wie die jeweilige Praktik ‚funktioniert‘" (2016, S. 166). Es ist erforderlich, eine Differenzierung zwischen Affekten und Emotionen vorzunehmen, wobei die Übergänge als fließend zu betrachten sind. Affekte stellen dabei die Grundlage für Emotionen und deren Ausdrucksweisen in Gefühlen dar. Sowohl im privaten als auch im politischen Kontext lassen sich Versuche einer Funktionalisierung von Affekten und Emotionen beobachten. Emotionen können grundsätzlich instrumentell eingesetzt werden, wohingegen sich Affekte einem solchen Zugriff weitgehend entziehen. Dies kann als verstörend empfunden werden, da Affekte als übermächtig erlebt werden können und sich der Kontrolle entziehen.[10]

Grundbegriffe – begriffliche Klärungsversuche

Für die nachfolgende Auseinandersetzung mit den unterschiedlichen Affekten und Emotionen bedarf es einer Beschreibung und Differenzierung der wichtigsten Begriffe. Im Einzelnen werden die fünf Grundbegriffe Affizierung, Affekte, Emotionen, Gefühle und Stimmung definitorisch umrissen (vgl. dazu Stoellger 2004, Hoff 2006).[11]

---

[9] Vgl. zu dem weiten Feld einer Theorie sozialer Praktiken Schäfer (2016).

[10] Vgl. dazu den Grundlagentext von Brian Massumi (1995), dazu auch Seyfert (2011).

[11] Dies geschieht im Bewusstsein, dass solche Begriffe vor allem eine heuristische Funktion erfüllen und in der sozialen Wirklichkeit oft nicht sauber voneinander getrennt werden (können). Schon gar nicht, wenn wir die verschiedenen Termini in diversen Sprachen betrachten. Gerade in ihrer jeweils kulturell imprägnierten Ausdrucksweise sind Emotionen (und Affekte) höchst unterschiedlich in ihrer Erscheinungs- und Ausdrucksweise (vgl. dazu Feldman 2017).

Affizierung

Menschen werden ständig durch andere Menschen und Dinge affiziert, berührt und emotional in Beschlag genommen. Umgekehrt affizieren Menschen aber auch andere Menschen. In philosophischer Diktion ausgedrückt: „Affizierung bezeichnet einen passiv-aktiven Vorgang, der hervorgebracht wie hervorbringend ist, sich selbst vorausläuft und im Vollzug einfängt, Heterogenes einander annähert und damit Verschiebungen, Entstellungen und Neumodellierungen möglich macht." (Ott 2010, S. 23) Der Philosoph Gilles Deleuze und der Psychoanalytiker Félix Guattari verwenden in diesem Kontext die Begriffe „Affizieren" und „Affiziert-Werden" (Deleuze und Guattari 2000). So können beispielsweise in einer Resonanzbeziehung Menschen von anderen Menschen, Dingen, der Natur etc. affiziert werden, gleichzeitig sind sie aber auch in der Lage, andere Menschen aktiv zu affizieren. Eine Affiziermaschine par excellence stellt das Smartphone dar. Durch das Surren, Blinken und Aufpoppen von Nachrichten werden wir affiziert (und nehmen dies auch hin), was sich nachhaltig auf unseren Lebensrhythmus und vermutlich auch auf unseren Affekthaushalt auswirkt. Eine für den Menschen zentrale Frage lautet insofern: „Wer wird hier durch wen oder was affiziert?" (Reckwitz 2016, S. 173).

Affekte

Affekte strömen von außen auf Menschen und Gruppen ein; ihre Wirkung entfalten sie durch Affizierung und sie entziehen sich dem Zugriff des Subjekts. Zudem manifestieren sie sich ohne bewusste Reflexion und können als schnelle und einfache Bewertung einer Situation definiert werden, wobei die Bewertung entweder angenehm oder unangenehm ausfällt. Das affektive Erleben kann jedoch auch kognitive Zugänglichkeit und Bewusstheit erlangen, wodurch es für zukünftige Entscheidungen relevant wird. Dies kann beispielsweise die Entscheidung einer Person sein, weiterhin an einem Sportkurs teilzunehmen. „Affekte sind materiell und kulturell zugleich – als Erregungszustände menschlicher Körper kommt ihnen eine Faktizität und Persistenz zu, gleichzeitig sind sie jedoch nur auf der Grundlage bestimmter historisch kultureller Schemata in ihrer Entstehung, Wirkung und sozialen Intelligibilität nachvollziehbar. Dieser Doppelcharakter der Affekte macht ihren Ort im Sozialen aus; und dieser Doppelcharakter ist für ihre sozialwissenschaftliche Analyse zentral." (Reckwitz 2016, S. 165) Obwohl Emotionen auch materiell und kulturell zugleich sind, begreife ich diese als den Affekten nachgelagerte Phänomene. Affekte sind weiter gefasst, weniger bewusst, diffuser und schwieriger einzufangen als Emotionen.[12]

Emotionen

Emotionen lassen sich mit dem Philosophen Thomas Fuchs „als räumlich über den Leib und den Umraum ausgedehnte Erlebnisse auffassen, die aus der zirkulären Interaktion von Affektion und Emotion resultieren, also von wahrgenommenen affektiven Qualitäten der Situation oder der Umwelt einerseits und der leiblichen Resonanz, durch die wir sie erleben, sei es in der Form von Empfindungen, Haltungen, Ausdrucksbewegungen, Gesten oder Bewegungstendenzen. […] Emotionen sind daher weder rein individuelle noch einsinnig gerichtete Phänomene; sie wirken in Kreisprozessen, die zwei und mehr Menschen einbeziehen, sodass diese Rückkoppelung ihre Gefühle fortwährend und dynamisch verändern" (Fuchs 2014, S. 18). Das Zirkulieren von Emotionen in den hier angesprochenen „Kreisprozessen" liefert einen Hinweis auf den Zusammenhang zwischen sozialer (emotionaler) Energie von Affekten und Emotionen.[13] Besonders interessant ist dabei der von der Psychologin Lisa Feldman aufgebrachte und breit diskutierte Umstand, demzufolge Emotionen als konstruiert aufgefasst werden können – oder eben nicht (2017). So schreibt Feldman: „Emotions are not reactions to the world. You are not a passive receiver of sensory input but an active constructor of your emotions. From sensory input and past experience, your brain constructs meaning and prescribes action." (2017, S. 31)[14] Feldman beschreibt Affekte – in Übereinstimmung mit dem hier zugrunde gelegten Verständnis – als Basis für die Ausbildung von Emotionen. Den Affekten wird jedoch kein eigenständiger ontologisch-begrifflicher Status zugewiesen, was im Rahmen ihrer Lesart als konsequent zu bewerten ist. Damit beraubt sie sich aber einer dynamisch-relationalen Diskussion zwischen Affekten und Emotionen wie diese seit einigen Jahren in den Affect Studies und in der (soziologisch-philosophischen) Affektforschung

---

[12] Bereits Kant hat zwischen Affekten und Leidenschaften unterschieden: „Der Affekt ist Überraschung durch Empfindung, wodurch die Fassung des Gemüts aufgehoben wird. Er ist also übereilt, d.i. er wächst geschwinde zu einem Grad des Gefühls, der die Überlegung unmöglich macht (ist unbesonnen). (…) Der Affekt wirkt wie ein Wasser, was den Damm durchbricht; die Leidenschaft wie ein Strom, der sich in seinem Bette immer tiefer eingräbt." (2000, S. 580 f.)

[13] Vgl. dazu meine Bemerkungen im abschließenden Kap. (Fazit).

[14] Vgl. dazu Feldman (2018), Das voraussagende Gehirn, S. 475–477.

vertreten werden, und die hier fortgesetzt wird (Clough and Halley 2007; Gregg and Seigworth 2010).

Gefühle

In der wissenschaftlichen Literatur wird der Begriff „Gefühl" üblicherweise als die Ausdrucksseite, das expressive Moment einer Emotion definiert (Herding und Krause-Wahl 2007). In der Forschungsliteratur (und darüber hinaus) findet sich eine synonyme Verwendung der Begriffe „Gefühle" und „Emotion". Die Identifikation von Emotionen setzt deren Ausdruck bzw. in manchen Fällen sogar deren verbale Mitteilung voraus, damit das Gegenüber in sozialen Beziehungen eine entsprechende Reaktion zeigen kann. Die Einschätzung der Gefühle anderer Menschen kann mit Fehlern behaftet sein, da sich deren Ausdruck nicht einer universalen Sprache bedient, wie es von Feldman (2017) postuliert wird. Eine zusätzliche Herausforderung liegt in der Tatsache, dass die eigene Gefühlslage oft als diffus wahrgenommen wird und sich zudem rasch verändern kann. Dies macht es schwierig, einzelne Gefühle klar zu benennen. In der Regel wird erst im Nachhinein bewusst, welche Gefühle in einer bestimmten Situation möglicherweise eine Rolle gespielt haben. Dies verdeutlicht den Zuschreibungscharakter im Sinne des sozialen Konstruktivismus.[15]

Stimmung/en[16]

Stimmungen sind häufig von einer gewissen Ambivalenz geprägt, sodass eine eindeutige Beschreibung oder Einordnung erschwert wird. Es handelt sich hierbei um schwache Gefühle, die im Normalfall im Hintergrund vor sich hinschlummern, bis jemand die Frage stellt: „Und, wie ist die Stimmung bei Ihnen?" Die

---

[15] Dass auch Tiere irgendeine Form von Gefühlen haben und auch affiziert werden können und andere affizieren, ist zunehmend unumstritten in der Forschung. Sehr schön dazu Christine Korsgaard (2012, S. 301): „Ich möchte immer loslachen, wenn Menschen sagen, wir könnten gar nicht wissen, was Tiere fühlen, weil sie nicht sprechen können. Zu den Dingen, die wir lernen, wenn wir mit einem Tier Bekanntschaft schließen, gehört auch, wie wenig von dem, was wir über *Menschen* wissen, auf dem beruht, was sie sagen, verglichen mit ihrem Gesichtsausdruck, ihrer Haltung, ihrem Gang, ihrer Blickrichtung."
[16] Der Vollständigkeit halber ist in diesem Zusammenhang auf den schwer zu fassenden Begriff der „Atmosphäre" zumindest hinzuweisen, vgl. dazu Böhme 2013; Pfaller und Wiese 2018.

konkrete Nachfrage führt dazu, dass sich der Gefragte äußern und insbesondere seine eigene Gestimmtheit genauer bestimmen muss. Von entscheidender Bedeutung ist dabei, dass wir stets in irgendeiner Stimmung sind, diese jedoch häufig nicht unmittelbar bewusst wahrgenommen wird. Dies kann sich beispielsweise durch eine wissenschaftliche oder therapeutische Auseinandersetzung mit Affekten, Emotionen und Stimmungen ändern, da eine solche Beschäftigung zu einer verstärkten Wahrnehmung der eigenen Stimmungen führen kann. Grundsätzlich gilt jedoch, dass die Stimmungen häufig vorbewusst oder sogar unbewusst bleiben, was jedoch keinen Einfluss auf deren Wirkung auf unser Denken und Handeln hat. Im Gegenteil, Heinz Bude schreibt über die Macht von Stimmungen: „Stimmung' liefert eine Schlüsselkategorie für den ganzen Menschen, der die Welt nicht nur über den Verstand analysiert und ordnet, sondern zugleich über die Vernunft sich selbst als Teil jener Welt begreift und erfährt, in der er sich selbst vorfindet." (2016, S. 34).

Dass Stimmungen oder bestimmte Gestimmtheiten unser Handeln beeinflussen, und damit einen Bezug zum Kognitiven besitzen, lässt sich schwerlich bezweifeln, allerdings sind diese nicht ganz leicht einzufangen. Wie der Philosoph Martin Seel schreibt: „Beständigkeit und Unbeständigkeit liegen gleichermaßen in der Natur des affektiven Gestimmtseins; es kann die Handlungen der Menschen daher nur steuern, sofern es von ihrem Wissen und Überlegen seinerseits gesteuert wird. Diese Steuerung gelingt auf Dauer nur, wenn sich Verstetigungen des positiven und negativen Empfindens herausbilden. In ihnen gewinnen die Handelnden affektiv grundierte Einstellungen, die eine Lenkung gewähren, die bis auf weiteres keiner weiteren Lenkung bedarf." (2004, S. 775).

Vorgehensweise und Übersicht

Ganz grundsätzlich stellt sich die Frage, ob eine „Ortung" (ja) oder gar eine „Ordnung der Affekte" (eher nein) möglich ist. Dabei ist zu untersuchen, ob Unterschiede nach Eskalationsstufen oder Intensitäten vollzogen werden können. Ein solches Unterfangen erweist sich als schwierig, dennoch wird der Versuch unternommen, sich von basalen Affekten und Emotionen hin zu „kalten", mitunter intensiven und „heißen" Gefühlen (und zurück) durch das weite Feld eines Affektregisters der Gegenwart voranzutasten. Im Rahmen der in den vergangenen Jahren durchgeführten „Ortung" der Affekte und Emotionen wurden insgesamt 24 Affekte und Emotionen in das vorliegende Affektregister aufgenommen. Der Fokus liegt nicht auf Vollständigkeit, sondern auf der Herausarbeitung und Analyse der für unsere Gesellschaften wichtigsten Erregungs- und Seinszustände.

Gleichzeitig werden in den jeweiligen Teilkapiteln Verweise gegeben. Der Einstieg in die jeweiligen Affekte und Emotionen ist von überall möglich. Für eine erste Übersicht wird die Lektüre dieses Einleitungskapitels empfohlen.

Narzissmus

Herkunft und Bedeutung Der Begriff „Narzissmus" entstammt der griechischen Mythologie. Narziss war eine Figur der griechischen Mythologie, berühmt geworden für seine außergewöhnliche Schönheit und seine Selbstliebe. Die bekannteste Erzählung über ihn findet sich in den *Metamorphosen* des römischen Dichters Ovid. Laut der Geschichte hat Narziss sich so von seinem eigenen Spiegelbild in einer Wasserquelle faszinieren lassen, dass er nicht davon ablassen konnte, es anzusehen, bis er schließlich daran zugrunde ging. Seine Besessenheit und Liebe zu sich selbst führten zu seinem Untergang, was gemeinhin als Warnung vor den Gefahren der „Selbstverliebtheit interpretiert wird".[1]

Phänomenologie Der Begriff „Narzissmus" wurde zu einem späteren Zeitpunkt in die Psychologie eingeführt, um eine Persönlichkeitsstörung zu beschreiben, bei der eine Person eine übermäßige Bewunderung (Grandiosität) und Liebe zu sich selbst aufweist, was häufig auf Kosten der Beziehungen zu anderen Menschen geschieht. Sigmund Freud zählt zu den ersten, die den Begriff in die psychoanalytische Theorie einführten, um bestimmte Arten von Selbstbezogenheit und Selbstliebe zu beschreiben, die er bei seinen Patienten beobachtete. In der modernen Psychologie wird der Begriff verwendet, um ein breites Spektrum von selbstbezogenen Verhaltensweisen und Einstellungen zu beschreiben. Dieses Spektrum reicht von gesunden Formen der Selbstliebe bis hin zu pathologischen Formen der Selbstbesessenheit, wie sie bei der narzisstischen Persönlichkeitsstörung zu finden sind (Kohut 2021, orig. 1976).

---

[1] Eine andere Lesart des Mythos liefert Oliver Mannion in seiner an Jacques Lacan und dessen Theorem des Spiegelstadiums angelehnten Auseinandersetzung mit Facebook (2011).

Affekt & Emotion Lässt sich eine affektive Äußerung des Narzissmus feststellen? Diesbezüglich ist anzumerken, dass es sich allenfalls um narzisstische Anflüge handeln könnte, die punktuell in bestimmten Verhaltensweisen zum Ausdruck kommen. In der Regel sind derartige Gefühlsregungen jedoch in der Persönlichkeit verwurzelt und entsprechen somit kaum der von uns vorgenommenen Definition von Affekten. Diese sind in der Regel unbewusst verankert, nicht zugänglich und eher flüchtig. Narzisstische (Hoch-)Gefühle lassen sich dem Bereich der Emotionen zuordnen, da diese Gefühle sowohl beim narzisstisch veranlagten Menschen selbst als auch in dessen Umfeld wahrgenommen werden können. Aus empirischer Evidenz lässt sich ableiten, dass narzisstische Menschen in ihrem beruflichen Alltag nach Bewunderung streben und diese auch regelmäßig erhalten. Ein gesundes Selbstwertgefühl kann zu einem übersteigerten Selbstbewusstsein führen, welches sich schließlich in pathologischen Formen des Narzissmus manifestiert. Praktiken der Manipulation und der Einflussnahme sind nicht selten, sodass Narzissten häufig eine eigentümliche Mischung aus (uneingestandener) Bewunderung und radikaler Abwehr entgegenschlägt. Für die Erforschung gegenwärtiger Affektlagen sind insbesondere die nicht-pathologischen Ausprägungen von Interesse, da sich die selbstverliebte Daseinsweise in postmodernen Gesellschaften zu etablieren scheint. Der Hang zur Selbstdarstellung manifestiert sich in Praktiken des „Sich-weit-hinauslehnens" (Utz 2017) und wird durch soziale Medien perpetuiert. Inszenierungen des Selbst oder des eigenen Lebens, die als besonders gelungen oder verstörend wahrgenommen werden, erfahren eine positive Kommentierung.

Gegenwartsdiagnose Christopher Lasch diagnostizierte bereits Ende der 1970er Jahre für die amerikanische Gesellschaft das „Zeitalter des Narzissmus" (1995, orig. 1979). Für ihn sind New-Age-Spiritualität und der technologische Utopismus gleichermaßen in einem primären Narzissmus begründet: „Mehr als alles andere ist es diese Koexistenz einer Hyperrationalität und einer weitverbreiteten Revolte gegen das rationale Denken, die es gerechtfertigt erscheinen läßt, unsere gegenwärtige Lebensweise im zwanzigsten Jahrhundert als eine Narzißmuskultur zu charakterisieren." (Lasch 1995, S. 346) Diese These lässt sich bis heute auf eine Zeit anwenden, in der eine bizarre Koexistenz einer hyperrationalen Welt und einer Wiederverzauberung zu beobachten ist. Andererseits besteht die Gefahr einer undifferenzierten Zuschreibung des Narzissmus als Charakteristikum einer bestimmten Epoche, wodurch die tatsächlichen Ursachen und Umstände nicht immer adäquat erfasst werden (Dombeck 2016). Wenn die Überzeugung vorherrscht, dass das soziale Umfeld ausschließlich aus Egoist:innen besteht, die darauf abzielen, den eigenen Vorteil zu maximieren, kann dies zu einer übersteigerten Form der Angst, der sogenannten „Narziphobie" (ebd.), führen.

Es lässt sich jedoch konstatieren, dass der Kapitalismus narzisstisches Verhalten nicht unbedingt fördert, sich dieses jedoch zu eigen macht. Der Siegeszug der positiven Psychologie, der sich insbesondere in populärwissenschaftlichen Kontexten sowie in der einschlägigen Ratgeberkultur manifestiert, trägt maßgeblich zu dieser Entwicklung bei.

Abgründe der positiven Psychologie Die positive Psychologie vermittelt Menschen das Gefühl, ihr Leben selbstbestimmt gestalten zu können. Die Formel „Der Mensch ist seines Glückes Schmied" harmoniert insbesondere mit der neoliberalen Doktrin. Diese Entwicklung mündet in einem Selbstwertgefühl, das den Narzissmus fördert. In Verbindung mit einer von Foucault beschriebenen „Normalisierung der Individuen" (Rosa et al. 2013, S. 302) lässt sich diese Entwicklung zunächst in der „Individualisierung" als Zuweisung von Verantwortung für gesellschaftlich produzierte Risiken auf individueller Ebene beobachten. Zweitens kann die „Ökonomisierung" als ein Einwandern ökonomischer Imperative in gesellschaftliche Bereiche des Nicht-Ökonomischen bezeichnet werden. Drittens charakterisiert die „Technisierung" den Einfluss sozialer (Massen-)Medien auf die Subjektformierung, welche auch als „verdatete" Gesellschaft bezeichnet wird. Diese Denkweise führt dazu, dass soziale und gesellschaftliche Aspekte vernachlässigt werden. Die Welt wird nicht mehr als Ganzes betrachtet, sondern nur noch aus der Perspektive des Individuums. Dadurch wird die Handlungsfähigkeit des Einzelnen psychologisiert und ihm selbst zugeschrieben. Es ist jedoch aufschlussreicher, den Narzissmus nicht nur auf der individuellen, sondern auch auf der gesellschaftlichen Ebene zu untersuchen.

Freuden und Qualen des Narzissmus Am Anfang und am Ende stand und steht der Narzissmus, so könnte man das instruktive Buch von Isolde Charim *Die Qualen des Narzissmus* (2022) zusammenfassen. Ihre These, dass der Narzissmus eine „Anrufung"[2] im Sinne eines Appells darstellt, ist durchaus nachvollziehbar. In Anbetracht der Tatsache, dass Kriege heutzutage nicht mehr nur der Durchsetzung, dem Erwerb von Macht und Reichtum dienen, stellt sich die Frage, welche anderen Motive und Ziele in diesem Kontext eine Rolle spielen könnten. Vielleicht das *Ringen um ein gutes Selbstwertgefühl („Thymos")*. Ist das vor allem in postmaterialistischen Gesellschaften der Hauptantrieb für das eigene Dasein? Im Rahmen der politischen und ethischen Philosophie Hegels wird Thymos als das

---

[2] Anrufung meint in diesem Zusammenhang, dass es in der kapitalistischen Gesellschaft eine gewisse Notwendigkeit sozusagen systemimmanent gibt, selbstbezogen und eigennutzenorientiert aufzutreten, um im Kampf um soziale Positionen, Macht und Prestige mithalten zu können.

menschliche Streben nach Anerkennung durch andere gedeutet. Hegel postuliert, dass die Rationalisierung dieses Strebens unproduktive Macht- und Konkurrenz-kämpfe überwinden kann, wodurch eine liberale Gesellschaftsordnung entsteht, die auf dem Prinzip der Gleichheit aufbaut. In diesem Prozess bleibt Thymos nicht unverändert, wird jedoch auch nicht gänzlich verleugnet, sondern als dynamische Antriebskraft für den historischen Fortschritt in das hegelianische System integriert. Isothymia beschreibt in diesem Zusammenhang das Bedürfnis des Individuums, als gleichwertig mit anderen anerkannt zu werden. Im Gegensatz dazu steht Megalo-thymia, die den Wunsch nach Anerkennung als überlegenes Individuum ausdrückt. Diese Begriffe wurden von Francis Fukuyama geprägt, der argumentierte, dass das thymotische Streben des Menschen letztlich immer auf Überlegenheit abzielt. Dies führt dazu, dass das Prinzip der Gleichwertigkeit aller Gesellschaftsmitglieder nie vollständig zufriedenstellend ist. Fukuyama sieht auch in den Entwicklungen der Identitätspolitik, die seit Mitte der 2000er Jahre weltweit zum Aufstieg antilibe-raler, rechtspopulistischer und nationalistischer Bewegungen geführt haben, eine Verankerung im Thymos. Diese Bewegungen spiegeln das tief verwurzelte Bedürf-nis nach Anerkennung und Überlegenheit wider, das im Thymos begründet liegt und somit eine zentrale Rolle in der Dynamik moderner politischer und sozialer Konflikte spielt (Fukuyama 2019).

Narzissmus und das Soziale Die Ich-Ideologie hat insbesondere während der Pan-demie an Einfluss gewonnen. Es stellt sich die Frage, ob die allgegenwärtige Präsenz von Ich-Botschaften zufällig ist. In diesen Botschaften steht das eigene Wohlbefin-den im Mittelpunkt. Im Zweifel wird empfohlen, sich nicht auf andere Personen zu verlassen, sondern sich selbst zum Zentrum der Welt zu erklären. Allerdings deuten Studien darauf hin, dass die verstärkte Konzentration auf das eigene Wohl nicht unbedingt zu einer Verbesserung der sozialen Kompetenzen führt.[3] Im Gegenteil: Wir werden egoistischer, Ich-bezogener, was auch kein Zufall ist, wenn wir stän-dig um uns selbst kreisen. In ironischer, ja tragischer Weise zeigt sich gegenwärtig und zukünftig ein Bedarf an einem Denken und Handeln in kollektiver, mitunter globaler Perspektive. Nur so lassen sich die großen Probleme der Menschheit ange-messen bewältigen. Der Egoismus des Einzelnen kann keine befriedigende Lösung darstellen.[4]

---

[3] https://www.wienerstaedtische.at/impuls-wissen/#!/de/mmgCTeZB/die-dunkle-seite-von-yoga-und-meditation/

[4] Bekanntlich hatte bereits Adam Smith in seinem *Wohlstand der Nationen* (orig. 1776) den Egoismus des Einzelnen als wünschenswert verteidigt.

Zwickmühlen-Dasein In Bezug auf das Phänomen des Narzissmus sehen sich Menschen mit einer schwierigen Situation konfrontiert. Eine gesunde Form der Selbstliebe und des Egoismus ist eine notwendige Voraussetzung dafür, dass der Einzelne seine gesteckten Aufgaben und Ziele verwirklichen kann. Der Kampf um Aufmerksamkeit bedingt eine Fokussierung auf die eigenen Ziele und den eigenen Erfolg. Eine Selbstaufgabe oder ein absoluter Altruismus sind keine erstrebenswerten Haltungen, da sie keine positiven Ergebnisse zeitigen. Im Gegenteil, sie können bei den Betroffenen zu psychischen Erkrankungen wie Depressionen führen. In einer auf Haben ausgerichteten Gesellschaft ist das Sein, wie es der Psychoanalytiker und Philosoph Erich Fromm formulierte, längst ins Hintertreffen geraten. Eine der entscheidenden Fragen ist daher, auf welche Weise eine angemessene Balance zwischen Eigen- und Fremdliebe zu erreichen ist. In der heutigen Zeit gewinnt die Erkenntnis und die ernsthafte Berücksichtigung des „Wertes des Sozialen" zunehmend an Bedeutung. Nur auf diese Weise kann eine produktive Auseinandersetzung mit den kollektiven Problemlagen, in denen sich Gesellschaften befinden, gewährleistet werden. Kurzum: Wenn jeder und jede auf dem Recht zur grenzenlosen Mobilität besteht, zum verschwenderischen Konsum neigt und insgesamt einer nicht nachhaltigen Lebensweise frönt, werden sich die globale Umweltkrise nicht lösen und zukünftige Pandemien nicht vermeiden lassen. Diese Suche nach einem neuen „Wir" oder „Wir-Gefühl" beschäftigt Generationen von Philosoph:innen und Soziolog:innen (vgl. Garcia 2018).

Bezüge zu anderen Affekten und Emotionen Eine Umkehrung des „normalen" Narzissmus, der durch Selbstverliebtheit gekennzeichnet ist, kann zu einer Verbindung mit der Emotion der Bösartigkeit führen, was eine unheilvolle Kombination darstellt. Der bösartige Narzisst zielt auf die Demütigung, möglicherweise sogar auf die Vernichtung des Gegenübers, wodurch eine Nähe zum Hass erkennbar wird. Des Weiteren kann beobachtet werden, dass der Narzissmus mit der Empathie bisweilen ein fragwürdiges Bündnis eingeht. Um eine Kontrolle und Manipulation des Gegenübers zu ermöglichen, ist eine gewisse Einfühlungsfähigkeit des narzisstischen Menschen erforderlich. Insofern kann auch hier nicht von einer Unfähigkeit zur Empathie gesprochen werden. Diese Form der Empathie ist jedoch von einem funktional-instrumentellen Charakter geprägt. In der Gesellschaft wird Narzissmus als ambivalenter Charakterzug wahrgenommen. Der Wunsch, nicht narzisstisch zu sein, steht in Kontrast zur empirischen Evidenz, dass Menschen mit narzisstischen Anteilen erfolgreicher sind als solche ohne eine Spur Selbstverliebtheit. Anders formuliert: Die auf Konkurrenz, Leistung und insbesondere Erfolg ausgerichtete Gesellschaft macht eine gewisse Portion Narzissmus wünschenswert, da nur so

Machtpositionen und sozialer Status erreicht werden können. Eine gewisse Bewunderung kann dem Narzissten zuteilwerden, insbesondere, wenn es diesem gelingt,
seine negativen Aspekte zu verbergen und stattdessen ein charmantes, gewinn-
bringendes und selbstbewusstes Auftreten an den Tag zu legen. Die gegenwärtige
Gesellschaft scheint solche narzisstische Persönlichkeiten zu idealisieren, denen
es gelingt, die Vorzüge ihres narzisstischen Auftretens (Dominanz, Charisma, Ver-
führung) geschickt auszuspielen, sodass sie im Zweifelsfall von ihrem Gegenüber
bewundert oder zumindest akzeptiert werden.

Resümee Es ist wenig verwunderlich, dass die Philosophin Eva von Redecker fest-
stellt, dass wir „in einer Destroy-Party, in der jeder noch greift, was er kann" (2024,
S. 103) leben. Eine solche Haltung fördert in gewisser Weise den Narzissmus
und Egoismus der Menschen. In der Konsequenz beeinträchtigt bzw. konfrontiert der Narzissmus uns alle oder fordert uns zumindest dazu heraus, uns damit
auseinanderzusetzen. Selbstredend existieren jedoch auch Profiteure. In einer kon-
kurrenzorientierten und auf Vergleichen basierenden Gesellschaft ist eine gewisse
Portion Selbstliebe erforderlich, um darin bestehen zu können. Es besteht keine Verpflichtung, zur eigenen Ich-AG zu werden, jedoch wird erfolgsorientiertes Handeln
in eigener Sache als erstrebenswert erachtet und verspricht Glück und Zufriedenheit
hinsichtlich der eigenen Lebensführung. Folglich ist es nicht immer möglich, eine
angemessene Balance zwischen Selbstliebe und anderen Aspekten des Lebens zu
finden. Insbesondere Personen, die über eine ausgeprägte Selbstreflexion verfügen,
sind in der Lage, ihren Narzissmus zu verbergen, da dieser in seiner direkten Form
in der Gesellschaft auf Ablehnung stößt. Die meisten Ausprägungen des Narzissmus sind tolerierbar, solange sie nicht zu einer psychischen Erkrankung führen. Ein
größenwahnsinniges und aufgeblasenes Selbst ist für die meisten Menschen sowohl
im privaten als auch im beruflichen Kontext eine eher unerwünschte Begegnung.

Am Ende bleibt die Einschätzung von Christopher Lasch gültig, wenn dieser
schreibt: „Die größte Hoffnung auf emotionale Reife scheint also darin zu liegen,
daß wir unser Verlangen nach und unsere Abhängigkeit von anderen Menschen
anerkennen – Menschen, die dennoch von uns getrennt bleiben und sich weigern,
sich unseren Launen zu unterwerfen." (Lasch 1995, S. 338) Menschen tun gut daran,
diese von Lasch angesprochene „emotionale Reife" anzustreben, weil sie dadurch
nicht nur ihr eigenes, sondern vor allem auch das Leben der anderen ein Stück weit
erträglicher machen.

Sympathie

Begriff und Bedeutung Die etymologische Herkunft des Wortes „Sympathie" lässt sich im Griechischen ausmachen. Das griechische Wort „συμπάθεια" (sympatheia) gliedert sich in zwei Teile: „συν" (syn) bedeutet „zusammen" und „πάθος" (pathos) steht für „Leiden" oder „Empfindung". Somit lässt sich festhalten, dass das Wort „Sympathie" wörtlich „zusammen empfinden" oder „gemeinsames Empfinden" bedeutet. Es bezieht sich auf die emotionale Verbindung oder das positive Gefühl, das Menschen füreinander empfinden, wenn sie ähnliche Empfindungen, Gedanken oder Interessen teilen. (Dudenredaktion 2020)

Schon mit diesem kleinen Ausflug in die Begriffsdefinition dürfte klar oder zumindest angedeutet worden sein, welch eminent soziale (und politische) Bedeutung der Sympathie eigentlich zukommt, normativ ausgedrückt: müsste. Nach kurzem Nachdenken wird jeder Mensch Menschen nennen können, die er spontan als sympathisch oder unsympathisch einschätzt. Die Auseinandersetzung mit dieser Emotion, die auch affektive Komponenten besitzt, erweist sich soziologisch und philosophisch als äußerst fruchtbar – sowohl für den Einzelnen als auch für die Gesellschaft.

Eine vernachlässigte Emotion, ein unterschätzter Affekt Sympathie wird von vielen Menschen als ein alltägliches, harmloses und schwaches Gefühl wahrgenommen. In sozialen Beziehungen jeglicher Art spielt es jedoch, so die hier vertretene These, eine häufig unterschätzte Rolle sowohl in Bezug auf die Anbahnung als auch die Verhinderung von Beziehungen. Aus klassischer soziologischer Perspektive wird Sympathie üblicherweise als eine Emotion definiert, die Mitgefühl und Verständnis für die Kämpfe und Nöte eines anderen zum Ausdruck bringt und durch Gedanken, Worte oder Handlungen vermittelt wird, um Trost oder Erleichterung zu spenden. Insofern handelt es sich um eine in allen mir bekannten Gesellschaften positiv konnotierte Emotion, deren sich der Mensch aber nicht so einfach habhaft

D. J. Wetzel, *Affektregister der Gegenwart*, https://doi.org/10.1007/978-3-658-46134-8_3

werden kann, denn vieles geschieht gerade nicht auf der bewussten Ebene. Mit anderen Worten: Wir können uns streng genommen nicht zur Sympathie (willentlich) zwingen oder nur schon motivieren. Die Frage nach den Gründen für diese Tatsache ist Gegenstand weiterer Untersuchungen.

Der affektive Anteil Die Tatsache, dass Sympathie häufig mit einer gewissen affektiven Komponente einhergeht, die sich beispielsweise in einem Lächeln, einem Blitzen in den Augen oder einem zustimmenden Nicken äußern kann, deutet darauf hin, dass Sympathie eine wichtige soziale Funktion als „Schmiermittel" erfüllt. Die Entscheidung, ob wir eine Person sympathisch finden oder nicht, erfolgt in Sekundenbruchteilen. Als auf Anerkennung und Wertschätzung angewiesenes und achtendes Wesen (Neckel, 1993; Wetzel 2014b) sind Menschen für Sympathiebekundungen (und Verweigerungen) in besonderem Maße zugänglich respektive anfällig. Die Komplexität der Sympathiebeziehungen wird zudem durch die Tatsache erhöht, dass wir in verschiedenen emotionalen Zuständen unterschiedlich offen für Sympathiebekundungen anderer sind. Anders formuliert: Die eigene „Gestimmtheit" (Bude 2016, in Anlehnung an Heidegger) determiniert den Zugang zur Welt sowie zum anderen Menschen. Ob und wie Sympathie zum Tragen kommt, ist folglich von dem einzelnen Individuum sowie dem sozialen Gefüge, in dem sich dieses befindet, abhängig.[1] In diesem Wechselspiel zwischen strukturellen-räumlichen Bedingungen und individuellen Dispositionen entzündet sich der Funke der Sympathie – oder eben auch nicht.

Die Notwendigkeit der Auswahl Es ist quasi eine anthropologische Konstante, dass Menschen dazu tendieren, einige Menschen als sympathischer zu empfinden als andere. Die umfassende Menschenliebe stellt eine schwer zu realisierende Utopie dar. Eine Welt ohne Sympathie wäre eine Welt ohne Humanität. Der Mensch wäre dann nicht mehr als ein gleichgültiger Cyborg oder eine teilnahmslose künstliche Intelligenz. Wären alle Individuen einander auf ähnliche Art und Weise sympathisch, hätte dies einen gleichmacherischen Effekt, der das soziale Miteinander auf den ersten Blick vereinfachen, jedoch mit Sicherheit durch einseitige Interaktionen charakterisiert sein könnte. Aus eigener Erfahrung ist bekannt, dass Menschen unterschiedlich auf andere Menschen reagieren. Während einige Menschen sofort Sympathie empfinden, begegnen andere Menschen ihnen von Anfang an mit Antipathie. Wie Sympathie genauer erfasst und beschrieben werden kann, hat Adam Smith als Wegbereiter der modernen Sympathieforschung beleuchtet.

---

[1] Genau genommen handelt es sich um Arrangements, wie sie beispielsweise Slaby und Wüschner (2017) beschreiben.

Klassiker und neuere Positionen der Sympathie-Forschung Adam Smith, der berühmte schottische Philosoph und visionäre Ökonom des 18. Jahrhunderts, ist vor allem für sein Buch *Der Wohlstand der Nationen* (orig. 1776) berühmt geworden. Das Konzept der Sympathie, welches Smith in seinem einflussreichen Werk *Theorie der ethischen Gefühle* (orig. 1759, 1994) entwickelt, ist hingegen weniger bekannt. Smith vertritt die Ansicht, dass Sympathie eine wichtige Rolle dabei spielt, wie Menschen miteinander umgehen, ihren (natürlichen) Egoismus hintenanstellen und moralische Entscheidungen treffen. „Man mag den Menschen für noch so egoistisch halten, es liegen doch offenbar gewisse Prinzipien in seiner Natur, die ihn dazu bestimmen, an dem Schicksal anderer Anteil zu nehmen, und die ihm selbst die Glückseligkeit dieser anderen zum Bedürfnis machen, obgleich er keinen anderen Vorteil daraus zieht, als das Vergnügen, Zeuge davon zu sein. Ein Prinzip dieser Art ist das Erbarmen oder das Mitleid, das Gefühl, das wir für das Elend anderer empfinden, sobald wir dieses entweder selbst sehen, oder sobald es uns so lebhaft geschildert wird, daß wir es nachfühlen können." (ebd., S. 3). Mitleiden respektive Erleiden aus Sympathie ist ein zutiefst menschliches Gefühl, das sich aber auch auf nicht-menschliche Lebewesen ausweiten kann.

Smith postuliert die These, dass der Mensch über eine natürliche Fähigkeit verfügt, die Gefühle und Emotionen anderer zu erkennen und zu verstehen. Diese Fähigkeit ist allerdings in der Gesellschaft nicht gleichmäßig verteilt. Es bedarf einer gewissen Anstrengung und Einsicht in die Notwendigkeit, warum Menschenkenntnis und Kenntnis der eigenen und fremden Gefühle jenseits der Ratgeberliteratur eine solch bedeutsame Rolle spielen.

Die in der menschlichen Natur verwurzelte Fähigkeit zur Sympathie erlaubt es, sich in die Lage anderer zu versetzen und somit deren Ansichten und Perspektiven adäquat zu erfassen. Smith antizipiert damit eine Erkenntnis des amerikanischen Sozialpsychologen George H. Mead, welche dieser in seinem Konzept der Perspektivenübernahme („Taking the role of the other") eindrucksvoll beschreibt (Mead 1988). Die Fähigkeit zur Perspektivenübernahme ermöglicht es, sich in die Lage anderer zu versetzen und deren Ansichten und Perspektiven besser zu verstehen. Der Prozess der Perspektivenübernahme wird durch den Gebrauch sprachlicher Symbole in der Interaktion gefördert, wodurch Kinder lernen, sich in die Gedanken und in die Position anderer zu versetzen und vorwegzunehmen, was diese von ihnen erwarten. „Perspektivenübernahme ist damit das entscheidende Prinzip, das Intersubjektivität ermöglicht: die geteilte Einschätzung eines Sachverhalts durch verschiedene Individuen." (Maiwald und Sürig 2018, S. 97)

Adam Smith postulierte zudem die These, dass die Fähigkeit zur Sympathie für die moralische Urteilsbildung des Menschen unerlässlich sei. Gemäß dieser Auffassung entwickeln Menschen durch die individuellen Erfahrungen mit mitfühlenden

Situationen und Emotionen ein moralisches Gefühl dafür, was richtig und was falsch ist. Er postuliert, dass das Leiden eines anderen Menschen, dessen Notlage wir beobachten oder miterleben, eine emotionale Berührung bei uns auslöst, wodurch wir in der Lage sind, emotional mit ihm zu sympathisieren.[2] Die Fähigkeit zur moralischen Urteilsbildung ist jedoch nicht bei allen Menschen in gleichem Maße entwickelt, was zu einer allgemeinen Misere und einem häufig anzutreffenden Zustand der Indifferenz, mitunter sogar der sozialen Kälte beiträgt.[3]

In ihrer Arbeit aus dem Jahr 2006 schlagen Christopher S. Schmitt und Candace Clark vor, Sympathie als eine kognitiv komplexe Emotion zu betrachten (Schmitt und Clark 2006). Ihrer Auffassung nach beinhaltet Sympathie nicht nur ein Gefühl, sondern auch eine Ebene der Interpretation und des Verständnisses für den mentalen Zustand oder die Erfahrung einer anderen Person. In Anlehnung an Smith liefern sie zudem empirische Belege dafür, dass Menschen gegenüber Personen, die sie mögen oder mit denen sie vertraut sind, mehr Mitgefühl zeigen als gegenüber Fremden oder Mitgliedern von Fremdgruppen. Es besteht nicht nur eine Neigung zur Assoziation mit Gleichartigen, sondern auch zur Distinktion gegenüber andersartigen Milieus, Gruppierungen und Individuen, deren Lebensführung von der eigenen abweicht oder gar bekämpft wird. Diese Entwicklung ist vor dem Hintergrund einer zumindest gefühlt wachsenden Polarisierungstendenz in der Gesellschaft als wenig erfreulich zu werten. Der Preis, den das Individuum für die erlangten Distinktionsgewinne zahlt, ist ein Verlust an Sympathie (und Empathie) gegenüber anderen. Antipathien verfestigen sich und führen dazu, dass das Individuum sein eigenes, für richtig empfundenes Menschen- und Weltbild beibehält. Die mangelnde Bereitschaft, andere Meinungen zu tolerieren und zu respektieren, ist auch darauf zurückzuführen, dass wir uns nur unzureichend mit unseren eigenen Sympathie- und Antipathiebekundungen auseinandersetzen. Es ist einfacher, seinen affektiven Sympathieimpulsen nachzugeben, als sich mühsam immer wieder aufs Neue mit seinen Mitmenschen auseinanderzusetzen.

Die Erforschung des Gedächtnisses und der Gene, olfaktorische Analysen sowie die Berücksichtigung der jeweiligen sozialen Herkunft eröffnen neue Perspektiven für ein präziseres Verständnis der Sympathie (Kamhuber 2024). Demnach werden die Gefühle der Sympathie und Antipathie auf der Grundlage zuvor gemachter biographischer Erfahrungen und bestimmter Körpergerüche entschieden. Die Fähigkeit, andere Menschen olfaktorisch zu diskriminieren, erlaubt Rückschlüsse auf die

---

[2] Dass wir eigentlich auch und gerade moralisch dazu verpflichtet wären, den Tieren gegenüber dieses Gefühl des Mitleidens aufzubringen (und dies eben sträflich nicht tun), zeigt Olga Tokarczuk in ihrem wunderbaren Essay „Die Masken der Tiere" (2021),

[3] Vgl. dazu die Diskussion der Moralstufen nach Lawrence Kohlberg (1996).

Sympathieverteilungen. Dabei werden olfaktorische Reize mit zuvor gemachten biographischen Erfahrungen assoziiert und in einem „Geruchsarchiv" gespeichert. Dieses Archiv ist jederzeit abrufbar. Sozioökonomisch lässt sich beobachten, dass sympathische Menschen häufig eine ähnliche Bildung und ökonomische Situation aufweisen wie wir selbst.

Irrwege der Antipathie Aufkommende Antipathie kann, ebenso wie übermäßig geäußerte Sympathie, jedoch zu Fehlurteilen führen. Sozialität ist wesentlich prozesshaft zu denken. Dies impliziert, dass anders Denkende und auf den ersten Blick unsympathisch erscheinende Menschen eine zweite oder sogar dritte Chance erhalten sollten. Eine wohlwollende Haltung gegenüber anderen, gegenüber dem Fremden, empfiehlt sich, nicht um den „wahren" Charakter, aber doch der jedem Menschen eigenen Komplexität in einem gewissen Umfang gerecht zu werden. Antipathie geht nämlich gerne Verbindungen mit Vorurteilen und Stereotypen ein. Dies bedeutet, dass bereits ein bestimmtes Aussehen, ein gewisses Auftreten oder auch nur ein einziges Wort ausreichen können, um eine vorschnelle Verurteilung von Menschen zu bewirken.[4] Gerade in unseren affektgeladenen Zeiten, erscheint es ratsam, sich seiner Sympathie- und Antipathie-Empfindungen bewusster zu werden, umso Chancen im sozialen Miteinander nicht vorschnell und fälschlicherweise zu verschenken.

Eine Frage der Perspektive & Einschätzung Die Frage, warum manche Menschen gemeinhin als sympathischer gelten als andere, kann auf verschiedene Ursachen zurückgeführt werden. Es sei jedoch darauf verwiesen, dass es sich bei diesen Zuschreibungen um soziale Konstrukte handelt, die einer gewissen Kontingenz unterliegen. Ein besonders forsch auftretender Kollege, eine dreiste Kellnerin und ein ignoranter Festteilnehmer lösen in der Regel keine Sympathie aus, da sie gegen bestimmte Wertvorstellungen verstoßen. Diese Wertvorstellungen sind zudem immer auch subjektiv eingefärbt und beinhalten eine Auffassung von richtigem und falschem sozialen Verhalten.

Bezüge zu anderen Affekten & Emotionen Antipathie bezeichnet eine über die Abneigung hinausgehende negative Einstellung, die sich in Hass und Feindseligkeit äußern kann. Die Ursachen von Antipathie sind vielfältig und beruhen auf sozialen

---

[4] „Racial Profiling" ist nur ein besonders drastisches Beispiel, welche von der Polizei natürlich immer wieder bestritten wird. Gleichwohl reichen meistens ein paar Bahnfahrten zwischen zwei oder drei Ländern, um diese Praktiken am Werke zu sehen. Es braucht in diesen Fällen eine Portion Zivilcourage gegen dieses rassistische oder mindestens diskriminierende Verhalten entschieden vorzugehen.

sowie psychologischen Faktoren. Dazu zählen persönliche Erfahrungen, Vorurteile oder kulturelle Normen und Werte. So können körperliche Merkmale, ethnische Zugehörigkeit, Religion, sexuelle Orientierung, geschlechtliche Identität, politische Ansichten, sozialer Status oder Klassenhintergrund ausschlaggebend sein. Des Weiteren können auch philosophische Differenzen oder moralische Meinungsverschiedenheiten Anlass für Antipathie sein. Zudem weisen Forschungsergebnisse darauf hin, dass negative Emotionen wie Wut und Ekel eng mit Antipathie verbunden sind. Wenn eine Person starke Emotionen wie Ekel oder Wut gegenüber einer anderen Person empfindet, kann sich daraus rasch ein intensiveres Gefühl der Antipathie entwickeln (Demmerling und Landweer 2007).

Eine weitere Möglichkeit ist die Entwicklung von freundschaftlichen Gefühlen oder sogar Liebesgefühlen gegenüber einer Person, zu der eine gewisse Sympathie besteht. Insofern kann der hier beschriebene Affekt als Vorstufe zu weiteren, gegebenenfalls intensiveren Gefühlszuständen betrachtet werden. Es erscheint intuitiv wenig plausibel, dass eine Person, die von ihrem Gegenüber zunächst als unsympathisch wahrgenommen wird, im weiteren Verlauf eine romantische Beziehung mit dieser Person anstrebt. Empirische Evidenz legt jedoch nahe, dass anfängliche Sympathiegefühle auch irrtümlich als Indikatoren für eine positive langfristige Prognose interpretiert werden können. Die charmante Verführerin, der zuvorkommende Gentleman – beide spielen im Moment überzeugend Theater, können ihre Persönlichkeitszüge jedoch auf Dauer nicht verbergen. Der Prozess der Entwicklung von Sympathie verläuft über einen längeren Zeitraum, wobei eine Veränderung in die Gegenrichtung ebenfalls möglich ist. Unsere Gefühlslagen und Stimmungen sind anfällig für Sympathie- und Antipathiebekundungen. Das Empfinden von Schmeichelei ist eine häufige Begleiterscheinung, wenn wir bei anderen gut ankommen, Eindruck machen und Menschen via Sympathie Anerkennung und Wertschätzung signalisieren.

Resümee In der affektiven Verfassung, die in spät- oder postmodernen Gesellschaften und den darin vorfindlichen Individuen vorherrscht, kommt sowohl der Sympathie als auch der Antipathie eine bedeutsame Rolle zu. Sie beeinflussen maßgeblich unseren Zugang zur Welt und zu anderen Menschen. Es handelt sich dabei nicht nur um eine vernachlässigte Emotion (und einen unterschätzten Affekt, wie dargelegt worden ist), sondern auch um eine Emotion, die in vielfältiger Weise mit anderen Affekten und Emotionen in Verbindung steht. Dazu gehören beispielsweise Liebe, Wut und Hass. Der Status als „schwache" Emotion in vielen Emotionstheorien ist durchaus nachvollziehbar, allerdings geht dabei die große Wirkungskraft verloren, die von diesen affektgeladenen Emotionen auszugehen vermag. Auf der

Handlungsebene erscheint es ratsam, aufkommenden Sympathie- und Antipathie-
gefühlen mit einer gewissen Skepsis zu begegnen. Oftmals werden wir getäuscht,
insbesondere in spät- oder postmodernen Gesellschaften, in denen Menschen gelernt
haben, sich gezielt zu verstellen und „Theater zu spielen" (Goffman 2003). Es ist
ratsam, sich nicht zu vorschnellen Urteilen hinreißen zu lassen und dem Gegenüber
Zeit und weitere Chancen zu geben. Dies kann als Maxime für das Miteinander
gelten. Auch wenn keine umfassende soziologische oder psychologische Expertise vorliegt, kann die Reflexion der Motive, die zu einer positiven oder negativen
Bewertung einer Person führen, aufschlussreich sein. Dabei werden sowohl persönliche Eigenschaften des Bewertenden als auch Einstellungen, Werte und Normen
des Gegenübers erkennbar.

Empathie

Herkunft und Bedeutung Empathie, auch als Einfühlungsvermögen bekannt, ist die Fähigkeit, die Emotionen eines anderen Lebewesens nachzuempfinden, basierend auf dem Verständnis dieser Emotionen, während man die Unterscheidung zwischen sich selbst und dem anderen aufrechterhält. Dabei bedeutet affektives Nachempfinden, die Gefühle innerlich zu erleben, weil das Gegenüber diese Emotionen aktuell empfindet. Das kognitive Verstehen bezieht sich auf das Erkennen und Begreifen der vermuteten Ursachen der Emotionen des anderen. Eine Selbst-Andere-Differenzierung tritt auf, wenn die durch Empathie ausgelösten Emotionen klar als zum anderen gehörig erkannt werden und nicht als eigene Emotionen. Empathie wird oft als Fähigkeit oder Neigung betrachtet. Der Aspekt der Fähigkeit beschreibt, inwieweit eine Person im Vergleich zu anderen in der Lage ist, Empathie zu empfinden, wenn sie dazu motiviert ist.[1] (Dudenredaktion 2020)

Phänomenologie der Empathie Empathie umfasst ein emotionales und affektives Geschehen zwischen zwei oder mehreren Menschen. „Empathie stellt imaginär eine emotionale, mentale und kognitive Brücke zu einem anderen Menschen her, mit der es gelingen kann, einen Zugang zur Welt des Gegenübers zu finden, also die Welt aus der Perspektive des Anderen zu verstehen (Bondi 2003). Von daher kann Empathie verstanden werden als Fähigkeit die Gefühle, Ideen und Gedanken eines anderen zu teilen und zu verstehen (Richmond 2004)." (zitiert nach Rohr 2021) Die Fähigkeit zur Empathie entwickelt sich bereits in der frühen Kindheit und stellt eine anthropologische Grundausstattung des Menschen dar. Gleichwohl kann sich diese Fähigkeit zur Empathie auch wieder rückbilden und praktisch ganz verschwinden.

---

[1] Vgl. dazu die Definition im Oxford Dictionary, wo Empathie als „ability to understand and appreciate another person's feelings, experiences, etc" (Oxford English Dictionary 2019) beschrieben wird.

D. J. Wetzel, *Affektregister der Gegenwart*,
https://doi.org/10.1007/978-3-658-46134-8_4

Dies kann in einer Gesellschaft zu einer allgemeinen Wahrnehmung von sozialer Kälte und einem Überwiegen von Egoismus und Eigeninteresse führen.

Affekt & Emotion Aus affekttheoretischer Sicht bedarf es einer Spur von Affizierung, damit wir überhaupt die Bereitschaft entwickeln, uns in andere hineinversetzen, einfühlen, in die Haut des anderen Schlüpfen zu wollen.[2] Insofern findet auch eine unbewusste Vorauswahl statt, welche das empathische Verhalten des Individuums beeinflusst. Wie Fritz Breithaupt schreibt, ist die „funktionale Verbindung von Empathie und Emotion" eng. „Weil wir Emotionen haben, kann unser Erleben von anderen empathisch miterlebt werden. Weil wir Empathie haben, sind andere für uns als emotionale Wesen zugänglich. Vielleicht zeigen und *haben* wir bestimmte Emotionen sogar nur aus dem Grund, um sie zu kommunizieren und also Empathie, Mitgefühl, Sympathie zu erwecken. Immerhin hat derjenige, der Mitgefühl auf sich zieht, deutliche Vorteile." (2017, S. 209) Die Erzeugung von Mitgefühl beim Gegenüber kann dazu führen, dass dieses sich als Verbündeter zur Verfügung stellt und dadurch die Durchsetzung der eigenen Anliegen erleichtert wird. Dies kann letztlich auch die Absicherung von Machtpositionen zur Folge haben. Der Hinweis auf eine potenzielle Instrumentalisierung der Empathie und weiterer Emotionen ist von entscheidender Bedeutung und wird im Rahmen einer weiterführenden Untersuchung des Begriffs näher beleuchtet.

Ausdifferenzierung und Bewertung des Begriffs Empathie wird gemeinhin mit positiven Attributen assoziiert. Es kann postuliert werden, dass mit einer Zunahme an Empathie eine Verbesserung des Verstehens anderer Menschen einhergeht. Im englischen Sprachraum wird zwischen den Begriffen „empathy" (Einfühlungsvermögen) und „compassion" (liebevolle Zuwendung) unterschieden. Diese letzte Form ist insbesondere durch die Motivation zur Fürsorge gekennzeichnet, welche unter anderem für Berufe im Gesundheits- und Pflegebereich eine wesentliche Voraussetzung darstellt.[3] Die Fähigkeit zur Empathie entwickelt sich im Verlauf der Kindheit. In diesem Kontext ist die von George H. Mead beschriebene Rollenübernahme („taking the role of the other") von zentraler Bedeutung. Die Rollenübernahme wird sowohl im Spiel mit sich selbst („Play") als auch im Spiel

---

[2] Eine umstrittene und hier nicht zu klärende Frage ist dabei, ob Menschen mit einem vergleichsweise niedrigen sozialen Status eher Empathie für andere entwickeln als Menschen aus den oberen Schichten. Hier stellt sich zudem die Frage nach den Auslösern der noch zu beschreibenden „sozialen (bürgerlichen) Kälte".

[3] Kaum zufällig, dass Frauen gemeinhin, und nur diese, mit der Fürsorgearbeit qua Geschlecht assoziiert werden. Dieses Relikt des Patriarchats wirkt fort, ist aber veränderbar, wofür nicht zuletzt der Feminismus sich bis heute einsetzt.

mit anderen („Game") eingeübt und in gewisser Weise verinnerlicht. Die kognitive Perspektivenübernahme („Theory of Mind") stellt eine zentrale zu erlernende Kompetenz dar, um sich in der Welt zurechtzufinden. Auf der positiven Seite des ambivalent zu bewertenden Begriffs der Empathie steht mit Breithaupt (2017, S. 207 f.) Folgendes: „Der Vorteil, den wir aus Empathie ziehen, ist insofern zunächst Komplexitätssteigerung. Wer empathisch denkt und miterlebt, registriert, dass keine menschliche Handlung schlicht eine Handlung und kein Gefühl schlicht ein Gefühl ist, sondern auf unterschiedliche Art und Weise erlebt und erfahren werden kann. Empathie ist damit ein Mittel zur Intensivierung von Wahrnehmung, in einem Wort: Ästhetik." Und wer will sich schon gegen eine solche *Intensivierung von Wahrnehmung* aussprechen?

Andererseits kann eine übersteigerte Wahrnehmungsempfindung dazu führen, dass empathisch eingestellte Menschen von den wahrgenommenen Informationen überwältigt werden. In der Folge werden die negativen, mitunter sogar abgründigen Seiten der Empathie erörtert. Die Existenz dieser Seiten wird in der Regel nicht thematisiert, teilweise sogar ausgeblendet. So verbleibt ein normativ positiv aufgeladener Begriff der Empathie, dessen negative Seiten jedoch ebenfalls von Interesse sind.

Macht, Herrschaft und die dunklen Seiten der Empathie Auf den Zusammenhang zwischen Empathie und Macht geht der Beitrag von Schröder (2022) näher ein, indem er zeigt, dass Empathie in Anlehnung an die Arbeiten von Tomasello (2010) zwar durchaus als Grundlage für kooperatives Handeln dient, „aber immer auch eingefasst ist in gesellschaftliche Macht- und Herrschaftsverhältnisse, die für die Gestaltung von Beziehungen (…) virulent sind" (2022, S. 350). Dabei ist Empathie nicht nur als Handlungskompetenz, sondern auch als „symbolisches Kapital" zu begreifen, „das ein Mittel der Statusreproduktion der Nutzer_innen darstellt" (ebd., S. 353). Anders gesagt: In der Konsequenz führt die Ausübung von Macht durch einen empathiefähigen Menschen dazu, dass nicht nur Abhängigkeiten geschaffen werden, sondern auch Distinktionsweisen, die im Zweifelsfall den eigenen und nicht den fremden Interessen dienen.

In der einschlägigen Forschung hat sich insbesondere der bereits erwähnte Germanist und Kognitionswissenschaftler Fritz Breithaupt mit den dunklen oder negativen Aspekten der Empathie befasst (2009, 2017). Im Rahmen der Auseinandersetzung mit den dunklen Seiten der Empathie werden unter diesem Begriff insbesondere Manipulationsversuche und Einflussnahmen zusammengefasst. Es ist hinlänglich bekannt, dass Narzissten häufig besonders talentiert darin sind, andere Menschen für sich einzunehmen und zu beeindrucken, wodurch Tür und Tor für Manipulationen geöffnet werden. Des Weiteren zeigen Studien, dass Menschen in der Lage sind, Empathie besonders gegenüber Personen aufzubringen, die ihnen ähnlich sind. Soziale und ökonomische Unterschiede können dazu führen, dass die Fähigkeit zur Einfühlung und zum Verständnis beeinträchtigt wird. Dies wirft die Frage auf, inwiefern die soziale Gerechtigkeit und die Verantwortlichkeit betroffen sind. Soziologisch betrachtet spielt im Kontext der Empathie die Differenz zwischen der In- und der Outgroup eine prominente Rolle. Dahinter verbergen sich grundlegende Fragestellungen: Sind wir gleichermaßen bereit, Empathie für alle Menschen aufzubringen? Dies ist offenkundig nicht der Fall. Welche Umstände hindern uns daran? Nicht alle Menschen sind uns gleichermaßen sympathisch, was die Entwicklung von Empathie entweder fördern oder hemmen kann. Hilft uns die Empathie wenigstens dabei, moralisch bessere Menschen zu werden?

Empathie und Moral Am Ende seines Buches *Kulturen der Empathie* (2009) kommt Breithaupt zu dem Schluss, dass Empathie bei der Genese von Moral von enormer Bedeutung sein könne. Aber Vorsicht ist angebracht, denn Empathie allein kann uns nicht zu besseren moralischen Menschen machen, denn der Empathie wohne „eine Tendenz der Parteilichkeit" (ebd., S. 193) inne. Sehr schön drückt Breithaupt die ganze damit einhergehende Ambivalenz in der folgenden Passage aus: „Wir rücken näher aneinander, indem wir uns zugleich innerlich verfeinden. Wir verstehen einander um den Preis, dass wir uns wechselseitig auch immer wieder ausgrenzen" (ebd.). Mit anderen Worten: Empathische Anteilnahme unterliegt stets gewissen Beschränkungen, die sich durch eine höhere Moral nicht vollständig aufheben lassen. Die Übergänge zwischen Moral und Moralisieren sind fließend. Besorgniserregend ist, dass auch Personen wie der ehemalige US-Präsident Trump sich die Empathie zunutze machen, indem sie die Empathie ihrer Anhänger auf sich lenken. Dazu bemerkt Breithaupt (2017, S. 213): „Trump wird zur Figur von Empathie nicht als Mensch, sondern als Abwender von Angriffen. Je stärker die Angriffe, desto „besser" wird er. Dass die Angriffe berechtigt sind, spielt ihm paradoxerweise in die Karten. Gerade seine Fehlerhaftigkeit, also seine Angreifbarkeit, macht ihn im Wahlkampf zum Modell für andere. Wer seine Perspektive einnimmt, muss ihn noch nicht mögen, aber die Chance, dass er ihn wählen wird, wächst." Das Phänomen Trump wird uns vermutlich weiter beschäftigen, aber dessen manipulative und verführerische Fähigkeiten sind kaum zu leugnen – und das hat eben auch etwas mit Empathiefähigkeit zu tun.

Empathie- und Resonanzfähigkeit im Unterrichtsalltag Schule und Unterricht werden von den Schülerinnen und Schülern häufig als Entfremdungs- und Konkurrenzzone wahrgenommen, nicht jedoch als Ort der Resonanz und des Antwortens.

Um dieser Herausforderung zu begegnen, ist eine gleichschwebende Empathiefähigkeit erforderlich. Ohne diese Fähigkeit bleibt eine Begegnung zwischen Lehrkräften und Lernenden letztlich ohne Wirkung. Empathiefähigkeit kann sich demnach in Mitgefühl transformieren, wobei Empathie als Voraussetzung für die Fähigkeit zur Resonanz betrachtet werden kann. Diese Fähigkeit ist insbesondere dann vonnöten, wenn Lehrkräfte vor einer Klasse oder einem Seminar stehen. Der Begriff der Resonanz bezeichnet dabei mehr als nur ein Mitschwingen mit den Studierenden. Vielmehr wird eine fundamentale Antwortfähigkeit angesprochen, die ein Sich-Berühren-Lassen ebenso impliziert wie die Fähigkeit, mit der eigenen Stimme zu sprechen (Rosa 2016; Wetzel 2021). Demgegenüber steht die Auffassung, dass es bei der genannten Begegnung nicht um eine instrumentelle Verfügbarmachung von Welt gehen sollte, sondern um das Bewahren der Eigenständigkeit. Fritz Breithaupt spricht in diesem Kontext von einer „narrativen Empathie und Resonanz", die für uns von Bedeutung sind (2022). Gerade die Sprache stellt einen wichtigen Vermittler von Sympathiebekundungen dar und entwickelt sich häufig über den Dialog.

Bezüge zu anderen Affekten & Emotionen Die Begriffe „Sympathie" und „Empathie" stehen in einem engen Zusammenhang. Empathie wird von uns für Menschen entwickelt, zu denen wir eine positive Einstellung haben. Umgekehrt verhindern Antipathie oder vorhandene Ressentiments genau das. Auf der negativen Seite steht der Narzissmus des Menschen, der eine wirkliche Öffnung gegenüber dem anderen verhindert oder rein instrumentell gestaltet sein lässt. Der narzisstische Rückzug in die eigenen religiösen oder politischen Echokammern bietet den Individuen zwar Sicherheit, bedeutet jedoch auch den Rückzug in eine autistische Welt. Auch Amokläufer und Terroristen haben vor ihren Gewaltakten in sogenannten Echo-Räumen gelebt, in denen sie sich von der Außenwelt abgeschottet haben. Dies lässt sich beispielsweise am Fall des Unabombers oder an den Taten des Norwegers Breivik beobachten (Rohr 2021). Auch die Gleichgültigkeit stellt einen hinderlichen Faktor in Bezug auf Empathie dar, da sie dazu führt, dass ich mich von zwischenmenschlichen Kontakten distanziere. Die Frage, wie Empathie und Einfühlungsvermögen entstehen können, wenn der andere gemieden und eine Begegnung mit ihm nicht gewünscht wird, erscheint zunächst paradox. Empathie stellt jedoch auf der positiven Seite eine notwendige Voraussetzung für gelingende Liebes- und Freundschaftsbeziehungen dar. Diese sollen explizit keine Echo-Räume sein, sondern vielmehr Räume für Resonanz und Anerkennung eröffnen. Im besten Fall entstehen durch ein empathisches Vermögen zudem integrative Gemeinschaftsgefühle, die das Miteinander stärken.

Freundlichkeit als Resultat einer Fähigkeit zur Empathie Sofern Menschen nicht
mehr oder nur noch in unzureichendem Maße in der Lage sind, Empathie für andere
Menschen aufzubringen, bleibt die Freundlichkeit als eine wichtige Grundhaltung
auf der Strecke (Philips und Taylor 2009). Als Konsequenz dessen manifestieren
sich „soziale Kälte" und Gefühle der Entfremdung gegenüber anderen. In Anbetracht multipler Krisen und Herausforderungen hat sich der Ton in der Gesellschaft
in den vergangenen Jahren verschärft und ist weniger auf ein Miteinander ausgerichtet. Dabei ist Freundlichkeit (engl. kindness) als Einstellung von entscheidender
Bedeutung, um eine Begegnung und eine produktive Auseinandersetzung zu ermöglichen. Dies gilt für den Arbeitskontext, das Privatleben und sogar für den politischen
Kontext. Der Mangel an Freundlichkeit birgt ein beträchtliches destruktives Potenzial im Sozialen. Das zunehmende Fehlen von Freundlichkeit kann von weiteren
Affekten und Emotionen begleitet werden, wie beispielsweise Neid, Ressentiments
oder sogar Wut und Hass.

Resümee Eine ehrliche Bilanz in Sachen Empathie muss sich eingestehen, dass
ein Zuviel an Empathie ebenso schaden kann wie ein Zuwenig. Empathie ist als
ein ambivalentes Gefühl zu betrachten, das sich einer eindeutigen moralischen
Zuordnung als gut oder böse entzieht. Vielmehr ist es erforderlich, den Einsatz
und die Funktionsweisen der Empathie als soziale Praktik zu verstehen und erst
im Nachhinein eine Bewertung zu versuchen. Demgegenüber steht die Forderung
des (küchen-)psychologischen Mainstreams, der ein Mehr an Empathie blind fordert und fördert. Die „dunklen Seiten der Empathie" (Breithaupt) müssen jedoch
ebenfalls adäquat berücksichtigt werden. Die soziologische Aufklärung besteht in
der kritischen Information über die ganze Vielfalt des Empathie-Gefühls sowie in
der Veranschaulichung seiner Ausdifferenzierungen in Mitgefühl und Mitleid. Die
Ausweitung des Empathie-Begriffs über das rein Menschliche hinaus auf Tiere und
die Natur insgesamt stellt ein wichtiges Forschungsdesiderat dar. Wie mit der hier
vorgelegten Arbeit zu zeigen versucht wird, spielen Affekte und Emotionen insgesamt eine tragende Rolle bei der Art und Weise des Umgangs mit der Sozial- und
Naturwelt.

Freude

Herkunft und Bedeutung Das Wort „Freude" stammt etymologisch aus dem Althochdeutschen und geht auf das Wort „freuda" zurück. Es ist verwandt mit dem gotischen „freiths" für Friede, was auf eine gemeinsame indogermanische Wurzel hinweist, die sich auf Liebe, Zuneigung und freundliche Gesinnung bezieht. Im Mittelhochdeutschen entwickelte es sich zu „vröude" oder „vrœude", was bereits die Bedeutung von Freude, Frohsinn oder Vergnügen hatte. Die Bedeutungszusammenhänge von Freude sind also tief in der germanischen Sprachgeschichte verwurzelt und assoziieren positive emotionale Zustände und das Wohlgefallen an etwas. (Dudenredaktion 2020)

„Vom lat. gaudium (Freude) oder laetitia (dem Sich-Vergnügen an einer Sache). Eine lebhafte Emotion, häufig begleitet von einem Gefühl der Erfüllung, das der Einzelne erlebt, wenn seine Wünsche und Bedürfnisse erfüllt werden. Die Freude unterscheidet sich also vom Vergnügen durch ihre Dauer und Intensität, aber auch vom Glück, das eher ein Ideal darstellt. In der Religion ist sie eine Geistesgabe, die zur Seligkeit führen kann. Bei Platon kann die Freude mit dem Enthusiasmus verglichen werden, den jemand empfindet, der so inspiriert ist wie etwa ein Dichter oder ein Liebender. In ihren Erscheinungsformen ist sie daher überschwänglich. Sie ist eine Art der Unvernunft, die Erasmus in der Renaissance anpreist (Lob der Torheit). Aber vor allem im 17. Jahrhundert wird die Freude von den rationalistischen Philosophen neu gedacht und bewertet: Descartes sieht in ihr eine der sechs ursprünglichen Leidenschaften und definiert sie als „eine angenehme Empfindung der Seele, deren Vergnügen darin besteht, dass sie sich eines Gutes erfreut, das ihr die Eindrücke des Gehirns als ihr Eigen darstellen" *(Les Passions de l'âme)*. Ihre Verursachung macht sie jedoch ambivalent: Die Freude des Betrunkenen erweckt Misstrauen. Bei Spinoza, der sie stärker intellektualisiert versteht, zeugt die Freude von einer Zunahme der Erkenntnisfähigkeit. Sie ist „der Übergang des Menschen von einer geringeren zu einer größeren Vollkommenheit". Für Nietzsche drückt sie den Willen zur Macht in

D. J. Wetzel, *Affektregister der Gegenwart*,
https://doi.org/10.1007/978-3-658-46134-8_5

Form einer freudigen Annahme des Lebens aus. Zahlreiche zeitgenössische französische Philosophen (vor allem Deleuze, Rosset, Misrahi, Comte-Sponville) schätzen
die Freude, um die Tragik der Existenz zu mildern, obwohl sie zugleich die soziale
Verpflichtung kritisieren, in einer Art „immerwährender Euphorie" (Bruckner) leben
zu müssen."[1]

Phänomenologie und Abgrenzungsfragen   Die Freude steht in engem Zusammenhang mit dem Glück (Seel 1999; Rehberg 1997), welches ebenso als positive und
bereichernde Erfahrung wahrgenommen wird. Bei einer Dauerpräsenz des Glücks-
gefühls entwickelt sich eine ausgeprägte Zufriedenheit, die in ihrer Natur eher einer
Stimmung als einem Affekt oder einer Emotion ähnelt. Glückserfahrungen können
sowohl individuell als auch in der Gruppe gemacht werden. Dabei ist von entscheidender Bedeutung, dass sie nach Expressivität streben, d.h., dass die anderen
Personen ebenfalls Kenntnis von dem Glücksgefühl erlangen. Auch die Freude will
geteilt sein, da sie dadurch erst für den Glücklichen ihre volle Realität entfaltet. Es
lässt sich vermuten, dass Menschen ein größeres Talent zum Unglücklichsein als
zum Glück aufweisen.

Wie Bosch (2019, S. 144) aus der Perspektive der philosophischen Anthropologie
schreibt, „wurzelt" die Freude „im vitalen Gefühlsdrang (vgl. Scheler 2016), im elementaren Drang von lebendigen Organismen, zu leben und weiterleben zu wollen,
und deshalb Daseinsfreude als Leben-Wollen und Affirmation des Seins zu empfinden – neben basalen Bedürfnissen wie Hunger und Durst, die sich als schmerzhafter
Mangel äußern können." Die Aufrechterhaltung einer positiven Grundeinstellung
angesichts multipler Krisen erscheint nicht selbstverständlich und ist insbesondere
für Personen herausfordernd, die eine reflektierte und nüchterne Perspektive auf
das Weltgeschehen einnehmen und sich nicht von den allgemeinen Tendenzen zur
Verklärung der Realität beeinflussen lassen.

Affekt & Emotion   Die Freude wird in der Literatur häufig als intensives und
freischwebendes (Hoch-)Gefühl beschrieben, das sich einem Nützlichkeitsden-
ken, einer Kalkulierbarkeit ebenso entzieht wie einer klaren Prognostizierbarkeit.
Der affektive Anteil der Freude manifestiert sich in ihrem spontanen und unvor-
hersehbaren Auftreten und Verschwinden. Aus anhaltender Freude kann mitunter
Zufriedenheit und ein Wohlbefinden resultieren. In westlich-kapitalistischen Gesellschaften wird von den Individuen häufig erwartet, dass sie ihre Freude dosiert und
gemäß der sozialen Norm einer indifferenten Haltung zeigen. „In der Aufforderung,

---

[1] https://www.philomag.de/lexikon/freude

seine Begeisterung zu zügeln (französisch *calme de joie*), schwingt der gesellschaftliche Zwang mit, Freude zurückzuhalten oder gar zu ersticken, sie in voller
Fahrt auszubremsen, als wäre es schicklicher, Gleichgültigkeit zur Schau zu stellen,
als sei das Individuum nicht in der Lage, mit dem Schwung und der Entgleisung
umzugehen, die die Freude hervorruft." (Casiraghi und Maggiori 2019, S. 131).

Aus sozialphänomenologischer Perspektive nimmt der Ausdruck der Freude
verschiedene Formen an. Dazu zählen beispielsweise ein lachendes Gesicht, eine
geballte Faust, ein lautes Aufschreien (um anderen gleichzeitig zu signalisieren,
dass man sich freut) oder das Eintreffen einer zufriedenstellenden Nachricht. Die
Verbindung mit anderen Menschen, ein positiver Austausch sowie Resonanz sind
wesentliche Elemente, die von Menschen als freudig erlebt werden. Dies kann
sowohl in einer Zweierbeziehung als auch in einer Gruppe geschehen. Dabei ist
von zentraler Bedeutung, dass die Individuen einen gemeinsamen Rhythmus finden und dadurch Kollektivgefühle bestärkt werden (vgl. Bosch 2019, S. 144). Das
gemeinsame Musizieren wird von vielen Menschen als freudvoll und zufriedenstellend erlebt, da es die leiblich fundierten Fertigkeiten mit der geistigen Tätigkeit
verbindet. Insofern ist es für eine gelingende Lebensführung von entscheidender Bedeutung, sich aktiv Gelegenheiten zu schaffen, in denen Freude potenziell
empfunden werden kann. Dies hat nachweislich positive Auswirkungen auf die
Gesundheit. Demgegenüber steht die „Anhedonie", ein Begriff, der den Verlust der
Lebensfreude bezeichnet. „Anhedonie findet sich bei Patienten mit depressiver Ver-
stimmung, bei schizophrenen Erkrankten und bei Abhängigen", wie Andreas Heinz
schreibt (2003, S. 175).

Gegenwartsdiagnose – freudlose Zeiten? In Anbetracht der globalen Krisen und
Katastrophen sowie der Vielzahl an Konflikten erscheint es fraglich, ob und wie
sich Menschen noch freuen können. Es besteht kein Zweifel, dass Menschen auch
heute zu positiven Gefühlsregungen fähig sind. Allerdings ist die Grundstimmung
nicht von Freude oder gar Euphorie geprägt, sondern von Melancholie, Weltver-
drossenheit und der Angst, keine Zukunft vor sich zu haben. Letzteres ist vor allem
für die junge Generation ein zentrales Thema. Die Existenz von Gruppierungen
wie „Fridays for Future" oder die Bezeichnung der aktuellen Generation als „Letzte" veranschaulichen die Annahme einer Verknappung zukünftiger Möglichkeiten.
Diese Annahme betrifft nicht nur die junge Generation, sondern wirkt sich zunehmend auf das allgemeine Lebensgefühl aus. Es kann daher als naiv oder ignorant
bezeichnet werden, sich öffentlich unverhohlen zu freuen.

Konjunkturen der Schadenfreude Die Schadenfreude bzw. die Häme stellen eine
besondere Ausprägung der Freude dar, die jedoch auf einer negativen Emotion

basiert. Diese Regungen sind dabei als menschlich zu bezeichnen und gehören zum Spektrum der emotionalen Erfahrungen dazu. Die Freude darüber, dass eine andere Person, die möglicherweise auch dem eigenen sozialen Umfeld angehört, eine vielversprechende Position nicht erhalten hat, der Umstand, dass eine unliebsame Person aus dem eigenen Umfeld eine negative Erfahrung gemacht hat, und ganz allgemein die Tatsache, dass wir Zeuge des Falls des Hochmütigen aus nächster Nähe werden dürfen, sowie das hämische Lachen eines Zuhörers bei einem missglückten Vortrag, sind allesamt Zeichen der Schadenfreude.[2] Im Falle des Scheiterns, des Misslingens oder der Unzulänglichkeit einer Handlung ist die Schadenfreude (und der Spott) in der Regel ein begleitendes Gefühl. Dabei manifestieren sich Häme und Schadenfreude in unterschiedlichen Intensitäten. Die in den sogenannten sozialen Medien offen gezeigte Schadenfreude anlässlich eines Attentats auf einen umstrittenen Politiker erscheint in höchstem Maße fragwürdig, da es sich bei dem Opfer um einen Menschen handelte. Andererseits ist es durchaus möglich, dass auch wir selbst nicht frei davon sind, uns insgeheim zu freuen, wenn bestimmte Menschen das Zeitliche segnen, und dass wir in diesem Moment nicht unbedingt Häme, sondern Erleichterung und Zufriedenheit empfinden.

Stationen der Freude In der Phase der Kindheit ist es vielen Menschen möglich, sich ohne die Lasten des Erwachsenenalters adäquat zu freuen. Es ist anzunehmen, dass ich mich in meiner Kindheit nur selten so sehr gefreut habe wie in dem Moment, als mein Vater die versprochene „Munition" für das Kindergewehr und die Pistolen in überreicher Menge mit nach Hause brachte. Die aufkommende Freude ist ein unmittelbarer Affekt, der nach Ausleben verlangt, da er ebenso schnell wieder vergehen kann, wie er gekommen ist. Es stellt sich somit die Frage, auf welche Weise ein freudiges Grundgefühl etabliert werden kann. Allerdings ist dies nur den wenigsten Menschen vergönnt. Nach der vermeintlich unbeschwerten Jugendzeit folgt der Eintritt in das Berufsleben, welcher für die überwiegende Mehrheit der Bevölkerung eine Phase der Lohnarbeit darstellt. Diese ist häufig mit wenig Freude und Sinnhaftigkeit verbunden. Im Alter, in dem mehr Zeit und Muße vorhanden sein sollte und häufig auch faktisch ist, treten mitunter gesundheitliche Beschwerden auf, welche die Freude über das überstandene Berufsleben schmälern. Glücklich kann sich derjenige oder diejenige schätzen, die bis ins hohe Alter Freude empfinden und mit anderen Menschen teilen kann.

---

[2] Bezüglich des Hochmuts sei auf die vorzügliche Arbeit von Aurel Kolnai (2007) verwiesen. Ich gehe später auf seine Arbeiten zum Ekel und zum Hass bei den entsprechenden Affekten & Emotionen näher ein.

Verordnete Freude? In einigen Nationen findet sich sogar ein ausdrückliches Streben nach Glück und Freude im Dasein, wie beispielsweise in der amerikanischen Verfassung mit dem Begriff „the pursuit of happiness". In Anbetracht der verschärften Pandemie konnte jedoch keine rechte Freude aufkommen, alles war von einem Gefühl der Lethargie und Hoffnungslosigkeit überlagert, wie es bereits in den 1970er Jahren zu beobachten war. In (ost-)asiatischen Kontexten wird das Lächeln häufig als Mittel eingesetzt, um Routine und Verordnung zu signalisieren. Es entspricht dabei nicht zwingend dem gefühlten Seinszustand. Zudem lässt sich Freude nicht erzwingen, weder auf der individuellen noch auf der gesellschaftlichen Ebene.

Die Erweiterung der Freude – Ekstase Der Begriff „Ekstase" bezeichnet Emotionen, die sich durch eine besonders hohe Intensität auszeichnen und somit als außerordentlich und außergewöhnlich wahrgenommen werden. Der Begriff der Ekstase beschreibt Momente einer sich rauschhaft steigernden Verselbständigung des Fühlens, des Erlebens und des Verhaltens. In diesen Momenten wird die Außenwelt vom ekstatisch erschütterten Körper vergessen. In anderen Worten lässt sich dies als „Außer-Sich-Sein" bezeichnen. Solche ekstatischen Zustände können beim Singen, Tanzen, Spielen oder beim fieberhaften Zuschauen kollektiv erlebt werden, wenn eine Vielzahl von Personen daran teilnimmt. Kollektive Ekstase beschreibt somit Momente der Verschmelzung und situativer Vergemeinschaftung, also das rauschhafte Zusammenfließen zu einem größeren Ganzen.

In seiner Untersuchung religiöser Rituale eines australischen Stammes betont der französische Soziologe Émile Durkheim (1994, orig. 1912) die Voraussetzungen für Ekstase, welche er auf empirischen Erkenntnissen basiert. Im Rahmen seiner „effervescence collective" identifiziert er mehrere wesentliche Aspekte: (1) Die Einteilung von Objekten in heilig und profan stellt eine Ausdrucksform dar, durch welche die Symbolik für die Gemeinschaft von Bedeutung wird. Die Aufrechterhaltung dieser Symbolik erfolgt durch das kollektive Gedächtnis sowie die gemeinsame Verbundenheit. (2) Das gezielte Zusammenkommen einer großen Gruppe von Menschen wirkt als starker Stimulus. Diese Versammlungen erzeugen eine Art elektrische Spannung und innere Leidenschaft, welche sich durch Gesten, Schreie und Lärm ausdrückt und so Zustände der Erregung verstärkt. (3) Eine zentrale Rolle spielen zudem gemeinsame und ritualisierte Aktivitäten wie Musik und Tanz. In der Konsequenz postuliert Durkheim, dass die genannten Bedingungen einen Rauschzustand generieren, der sich durch Außeralltäglichkeit und Transzendenz auszeichnet und an orgiastische Szenen erinnert. Er nimmt jedoch an, dass dieser Zustand automatisch durch die bloße Anwesenheit vieler Menschen entsteht. Dabei wird die notwendige Dynamik, die erst durch bestimmte Voraussetzungen entsteht, übersehen und die individuelle Dimension kollektiver Ekstasen vollständig vernachlässigt (kritisch dazu: Leistner und Schmidt-Lux 2012). Eine entscheidende Voraussetzung ist die Abgrenzung der Menschenversammlung. Ein Beispiel hierfür ist das Fußballstadion, dessen architektonische Gestaltung eine Verdichtung der Menschen in einer ringförmigen Masse ermöglicht und eine sinnliche Atmosphäre kreiert, unterstützt durch das Stadiondach und Echoeffekte.

Bezüge zu anderen Affekten & Emotionen Wie Casiraghi und Maggiori (2019, S. 133) darlegen, unterhält die Freude vielfältiger Bezüge zu anderen Affekten und Emotionen. „Die Freude hat durchaus Verbindung zum Leid; bekanntlich schöpft sie gelegentlich Kraft im Exil der Traurigkeit. Wenn man das Ende der Angst durchquert, erfährt man die befreiende Kraft der Freude, denn man muss einen Weg zurücklegen, Hindernisse überwinden, um Herz, Körper und Geist zu befreien und Erfüllung im Verlangen zu finden." Diese zeitliche Komponente ist von entscheidender Bedeutung, denn sie weist auf die dialektische Verschränkung zwischen Freud und Leid hin. Der Zustand kompletter, dauerhafter Freude ist erstrebenswert, aber faktisch nicht erreichbar. Das Leben zeichnet sich nun einmal durch das Aushalten von Ambivalenzen aus. Anders gesagt: Wer Leid und Trauer erlebt hat, wird irgendwann in der Lage sein, Freude zu empfinden – und vice versa. In das hier vorgelegte „Affektregister" gehören viele Gefühle – und dazu zählen längst nicht nur die positiven. Ebenso unterhält die Freude eine interessante Beziehung zur Melancholie, wie Detlev Schöttker aus dem Reich der Kulturwissenschaften zu berichten weiß. „Auch in den modernen Kulturwissenschaften hat deshalb nicht der heitere, sondern der melancholische Blick auf die Welt die größte Aufmerksamkeit beansprucht, wie zahlreiche Studien zur Rolle der Melancholie in Künsten und Wissenschaften zeigen." Die melancholische Grundstimmung regt die Fantasie und das Nachdenken mutmaßlich mehr an als ein Leben in Glückseligkeit. Dieses Klischee enthält einen Funken Wahrheit.

Resümee Der Zustand der Freude ist vorübergehend und hat, wie gezeigt worden ist, affektive und emotionale Komponenten. An die Arbeiten von Bosch (2019) und Casiraghi und Maggiori (2019) anschließend, kann Freude „als körperlich verankerte Daseinsfreude" verstanden werden, „die Mit-Freude als Empfindung der Verbundenheit mit Anderen und der Welt einschließt" (Bosch 2019, S. 148). Die körperlich-leiblich gebundene Erfahrung der Freude ist in der Regel von kurzer und manchmal intensiver Dauer. Sich leise zu freuen oder die heimliche Freude ist eine sehr große Befriedigung. Schadenfreude ist zwar einfach nur schäbig, aber eben gar nicht so selten. Man labt sich am Unglück anderer und genießt es trotzdem. Die Anhedonie kann sowohl pathologische als auch vergleichsweise alltagsspezifische Formen annehmen. Im affektiven Kontext währt die Freude meist kurz, sollte jedoch nicht unterschätzt werden, da sie häufig mit einer großen Intensität einhergeht. Wir sollten die Momente der Freude möglichst auskosten, denn die Lebenserfahrung zeigt, dass sie nicht so häufig eintreffen.

Nostalgie

Herkunft und Bedeutung „Der Begriff Nostalgie setzt sich aus den griechischen Wörtern ‚nóstos‘ (Heimkehr, Rückkehr) und ‚álgos‘ (Schmerz, Leid, Leiden) (Jankélévitch 1974) zusammen. Anders ausgedrückt handelt es sich um die Sehnsucht nach einer Rückkehr, um das Verlangen danach, in sein Land zurückzukehren, so als ob der Begriff bereits das Heilmittel für das Leiden, das er beschreibt, bereithalten würde. Im Laufe der Zeit wandelte sich die ursprüngliche medizinische Bedeutung des Begriffs als potenziell tödliches Heimweh hin zu der Bedeutung des Fehlens und der Abwesenheit von ‚etwas‘ Vergangenem oder Verlorenem." (Chauliac 2023, S. 139) Dabei ist es wichtig, Nostalgie oder nostalgische Gefühle stets im Kontext von historischen, geografischen und kulturellen Gegebenheiten zu betrachten. Wenig verwunderlich spricht man von „Ostalgie", „Nostalgerie" oder neuerdings auch von „Solastalgia".[1]

Affekt & Emotion Aus einer affekttheoretischen Perspektive lässt sich feststellen, dass Nostalgie sowohl zu einer Lähmung von Handlungen als auch zu einer kollektiven Mobilisierung führen kann. Des Weiteren ist zu beobachten, dass sich Nostalgie sehr schnell entzünden und ebenso schnell wieder verschwinden kann. Ein nostalgischer Anflug, der ebenfalls wieder vergeht, gehört ebenso zur Palette der Gefühlsregungen wie ein lang anhaltendes, mitunter melancholisches Gefühl des Mangels und des (scheinbar für immer) Verlorenen. Nostalgische Gefühle sind beim Hören von Musik oder dem Betrachten von Fotos durchaus üblich und somit nicht als außergewöhnlich zu betrachten. Auch können nostalgische Episoden durch bestimmte Reize, wie beispielsweise einen Essensgeruch, ausgelöst werden. Wie Chauliac (2023, S. 149) betont, sollte die Funktionalität von Nostalgie nicht

---

[1] Damit ist der drohende Verlust der Biodiversität gemeint (vgl. dazu Reckwitz 2021).

unterschätzt werden. „Weil sie es ermöglicht, die Vergangenheit als Ressource zur Bewertung der Gegenwart heranzuziehen, gibt Nostalgie dem Leiden, das durch den Verlust eines sozialen Status oder von emotionalen Bindungen verursacht wird, einen Sinn; sie schafft wieder eine Form der Kontinuität und bietet dadurch neue räumliche und zeitliche Bezugspunkte in einer Krisensituation." Neben der Zeitreise, die nostalgische Gefühle evoziert, wird hier zu Recht die räumliche Dimension von Nostalgie thematisiert. Insbesondere die von dem französischen Historiker Pierre Nora und anderen beschriebenen Gedächtnisorte („lieux de mémoires") bieten Anlass, um Nostalgie (oft mit Melancholie und Trauer assoziiert) beispielsweise bei dem Besuch von Gedenkstätten freizusetzen.

Phänomenologie der Nostalgie Für den Philosophen Jankélévitch ist Nostalgie eine „menschliche Melancholie, die durch das Bewusstsein möglich wird, das zugleich Bewusstsein von etwas anderem, Bewusstsein eines Anderswo und Bewusstsein eines Gegensatzes zwischen Vergangenheit und Gegenwart, Gegenwart und Zukunft ist" (1974, S. 280 f.). Nostalgie steht für ein durch Zeit und Raum vermitteltes (krankmachendes) Heimweh. Nostalgische Gefühle, die mit Sehnsucht verbunden sind, entzünden sich in vielen Zusammenhängen. Wer ist schon komplett frei davon? Die Erinnerung an einen schönen Ort, an ein besonderes Erlebnis, die Sehnsucht nach einem Menschen – all das sind Gelegenheiten und Möglichkeiten, nostalgisch zu werden. Dazu beziehen wir uns auf etwas Abwesendes, auf etwas, was wir aus irgendeinem Grund vermissen. Damit ist auch schon der subjektive Anteil des Nostalgiegefühls angesprochen. Ich bin nicht verpflichtet, nostalgische Gefühle für etwas zu entwickeln, woran jemand anderes nostalgische Gefühle hat. Selbst wenn es sich um das gleiche Erlebnis handelt, ist das kein Garant. Menschen sind einfach zu unterschiedlich, auch zu unterschiedlich anfällig für nostalgische Gefühle. Anders gesagt: Nostalgie kann an und in vielen Orten begründet sein und das Gefühl, irgendwo zu Hause zu sein, muss nicht mit unserem Wohnort identisch sein. Ich bin mir nicht sicher, ob das nostalgische Gefühl verschwindet, wenn wir die freie Wahl haben, unseren Wohnort und unsere Art zu wohnen auszuwählen. Wohl kaum. Dennoch bleibt die Frage offen: Wo fühlen, wo sind wir wirklich zu Hause? Oder ist diese Frage vielleicht gar nie abschließend zu beantworten?

Die Frage „Wann sind wir wirklich zuhause?" wird von der Philosophin Barbara Cassin in ihrem Buch *Nostalgie. Eine kritische Untersuchung* (2021) erörtert. In der Konsequenz gelangt sie unter Rückbezug auf genealogische Überlegungen zu Odysseus, Hannah Arendt und Jacques Derrida zu der Erkenntnis, dass die Muttersprache als Heimat fungieren kann, wenngleich dies einen Widerspruch in sich birgt. Auch deshalb, weil wir nie eine Sprache, auch nicht unsere Muttersprache (vollständig) besitzen, sondern die Sprache uns besitzt. Obgleich wir uns der Sprachen bedienen, verspüren wir eine Kluft und eine Unterbrechung, wenn wir beispielsweise den Versuch unternehmen, unseren Gefühlen sprachlichen Ausdruck zu verleihen. Die Beherrschung einer oder mehrerer Sprachen hat einen wesentlichen Einfluss auf die Persönlichkeit und die Identität eines Menschen. Die vielfältigen Ausdrucksmöglichkeiten, die Sprache bietet, machen jedoch auch deutlich, dass die Suche nach einer Identität immer auch relativ ist. Die Identität eines Menschen ist nicht statisch, sondern wird durch die Sprache und die damit verbundenen Erfahrungen geprägt (Cassin 2021).

Nostalgie und Gedächtnis Der Ausdruck „in der Vergangenheit schwelgen" deutet den individuellen Bezug zum sozialen und kollektiven Gedächtnis an, denn als Einzelner beziehe ich mich auf ein sozial geteiltes und konstruiertes Ereignis, und zwar anhand der von Maurice Halbwachs beschriebenen „sozialen Bezugsrahmen" (Halbwachs 1985, orig. 1925). Ähnlich wie das kollektive Gedächtnis, funktioniert die Nostalgie zeitlich betrachtet in beide Richtungen: in die Vergangenheit und in die Zukunft. „Der nostalgische Bezug zur Vergangenheit lässt diese sowohl zu einer Ressource für Kritik an der Gegenwart als auch zu einer Utopie oder einer Wunschvorstellung der Zukunft werden." (Chauliac 2023, S. 144) Die Annahme, dass in früheren Zeiten generell alles besser gewesen sei, wird häufig von nostalgisch verklärenden Rückblicken auf die Vergangenheit gestützt. Diese Haltung spielt vor allem den Bewahrenden und Konservativen in die Hände. In progressiv-aufgeklärten Kreisen werden Nostalgie und nostalgische Gefühle hingegen häufig mit Skepsis betrachtet. Nostalgie wird in progressiv-aufgeklärten Kreisen sogar als verpönt betrachtet, da sie als Indikator für eine gewisse Rückwärtsgewandtheit gilt, von der man sich distanzieren möchte. Die dabei spannende Frage lautet, welche Elemente der Vergangenheit bewahrt (erinnert) werden sollen und welche aktiv oder passiv aus dem kulturellen Gedächtnis entfernt werden, wodurch sie der Nostalgie entzogen werden. Ohne die Prozesse des Erinnerns und Vergessens verblasst das historische Bewusstsein, wodurch die Fähigkeit zur Differenzierung und Tiefenschärfe beeinträchtigt wird. Die Tendenz zur Oberflächlichkeit kann mittlerweile als Persönlichkeitsmerkmal bezeichnet werden. Der gegenwärtig vorherrschende Gegenwartsbezug, zu dem die sozialen Medien maßgeblich beitragen, muss nicht zwangsläufig geteilt werden, da er eine Verringerung der Erlebnisvielfalt und zumindest eine eindimensionale Wahrnehmung zur Folge haben kann. Die sog. sozialen Medien können für viele, insbesondere junge Menschen, eine Art Heimat oder Zufluchtsort darstellen. Allerdings dienen sie in erster Linie als Echo-Räume, in denen nostalgische Gefühle weniger präsent sind, als „heiße" Emotionen wie Neid, Ressentiment oder Hass.

Der imaginäre Bezugspunkt einer Heimat erzeugt in uns erst dieses Gefühl der Nostalgie. Wenn eine Person oft unterwegs ist, sich auf Reisen befindet, kommt sie gar nicht darum herum, diese Gefühle in sich zu entdecken. Ansonsten sind wir „lost in space". Und wie endet bezüglich dieses Sachverhalts das Buch von Cassin? „Eher als die Wurzeln würde ich das Anderswo pflegen, eine sich nicht abschottende Welt voller unterschiedlicher „Mitmenschen", die einem ähneln und nicht ähneln. Wann sind wir wirklich zuhause? Wenn wir selbst, unsere Nächsten und unsere Sprache bzw. Sprachen willkommen sind." (2021, S. 119/120)

Ethik der Nostalgie In der Reflexion über Nostalgie liegt folglich das Potenzial für eine Ethik des Nachdenkens begründet. Ein „Anderswo pflegen" impliziert für uns die kontinuierliche (Lebens-)Aufgabe, Orte im Verlauf des Lebens zu identifizieren und zu besetzen, sodass sich daraus Bezugspunkte zu dem jeweils aktuellen Standpunkt entwickeln, unabhängig davon, ob dieser materiell oder geistig determiniert ist. Sofern dies gelingt, leben wir faktisch in vielfältigen Konstellationen, die, ähnlich wie beim Erinnern, sowohl in die Vergangenheit als auch in die Zukunft gerichtet sind. Eine weitere, alternative Betrachtungsweise lautet wie folgt: Die Nostalgie bezeichnet eine Differenz zwischen dem gegenwärtigen und einem vergangenen Zustand, welche zudem positiv bewertet wird. Die Sehnsucht oder gar das Verlangen im Sinne einer Begierde entzünden sich an dieser Differenz, wobei es irrelevant ist, ob es sich letzten Endes um eine reale Begebenheit oder lediglich um eine imaginierte Vorstellung handelt. Die Erinnerungsforschung hat aufgezeigt, dass beim Erinnerungsakt eine Vermischung von faktischen Gegebenheiten und fiktiven Elementen stattfindet (Shaw 2016). Dies ist nicht als Problem zu werten, sondern betont den konstruktiven Aspekt unserer Erinnerungen. Mit der Zeit verblassen diese Erinnerungen, können jedoch durch nostalgische Anflüge wiederbelebt werden. Für das Stattgeben dieser Anflüge bedarf es lediglich geringer Impulse.

Die Konzeption eines Ichs erfolgt jedoch erst durch die Differenzierung zu einem anderen Ich, welches entweder als vergangenes Selbst oder als imaginiertes zukünftiges Selbst wahrgenommen wird. Diese Differenzierung generiert eine produktive Spannung. Insofern kann der Auffassung von Barbara Cassin, wonach der Ort des Zuhauses letztlich dort zu finden ist, „wo man selbst, die Nächsten und die eigene Sprache bzw. die Sprachen willkommen sind", beigepflichtet werden. Eine „Ethik der Gastfreundschaft" ist erforderlich, damit ein Gefühl der Zugehörigkeit und Akzeptanz sowohl für die eigene Person als auch für Fremde, zu denen man im nächsten Moment selbst werden kann, entsteht.

Bezüge zu anderen Affekten & Emotionen Die Nostalgie wird häufig mit Trauer und Melancholie assoziiert. Das Betrauern der vermeintlich so viel besseren Vergangenheit sowie das melancholisch eingefärbte Abschweifen in die alten Zeiten stellen beliebte Praktiken dar, denen eine Funktionalität innewohnt. Sie errichten gleichsam eine zeitliche Brücke in unsere eigene Vergangenheit und unterstützen dadurch deren erneute Vergegenwärtigung. Die gemeinsame Erfahrung von Nostalgiegefühlen kann zudem positive Emotionen wie Freude und Zufriedenheit hervorrufen. Insbesondere in Freundschaften und Liebesbeziehungen sind nostalgische Gefühle beim gemeinsamen Rückblick auf die „guten, alten Zeiten" keine Seltenheit. Diese können, sofern sie tatsächlich wahrgenommen werden, auch Gefühle der Scham und Peinlichkeit hervorrufen. Zudem kann Nostalgie zu einer Zuschreibung mit vorwurfsvollem Charakter werden, wenn lediglich ein Teil dazu bereit ist, sich den nostalgischen Gefühlen hinzugeben. Eine Verklärung der Vergangenheit ist eine mögliche Konsequenz, jedoch ist die Nostalgie zumindest ein Faktor, der dazu beiträgt, dass eine Reise in die gemeinsame Erinnerung überhaupt unternommen wird.

Eine *Soziologie des Verlusts* (Reckwitz 2021), und dadurch auch Verlustgefühle, stehen in Verbindung mit dem „kulturellen Format der Nostalgie", und zwar insofern, als diese eine verbreitete Umgangsweise mit Verlusten sichtbar macht und diese „Verluste imaginativ überformt werden, wodurch der verlorene Zustand seine ,Größe' erst der Erinnerung verdankt" (ebd., S. 12). In Anbetracht der zahlreichen tatsächlichen oder potenziellen Verluste sowohl auf gesellschaftlicher als auch auf individueller Ebene kann die retrospektive, nostalgische Erinnerung an die Vergangenheit eine Form der Bewältigung darstellen. Die Gewinn- und Verlustrechnung ist nicht nur ein kaufmännisches Prinzip, sondern findet auch in der Biografie immer wieder Anwendung, beispielsweise bei der Erstellung von Lebensbilanzen.

Resümee Je nach Perspektive kann Nostalgie, wie Becker und Stach (2021, S. 8) festhalten, „Sehnsucht nach einem goldenen Zeitalter, Anachronismus oder Rückwärtsgewandtheit bedeuten. Meist dient der Begriff aber dazu, anderen solche Haltungen und damit einen Mangel an Gegenwartssinn und Zukunftsoffenheit zu bescheinigen". Nostalgie ist ein ambivalentes Gefühl, das sich sowohl affektmäßig Geltung verschaffen kann, beispielsweise durch einen bestimmten Sinneseindruck, als auch zu einer nostalgischen Grundstimmung beitragen kann. Die Nostalgie führt zu einer Erinnerung an die Vergangenheit und stellt somit eine Differenz zwischen der heutigen und der damaligen Situation dar. Dabei wird die damalige Situation prinzipiell als etwas Positives memoriert. Nostalgie entzündet sich an einer Vielzahl von sinnlichen Wahrnehmungen und Reizen, wobei die kontextuellen, kulturellen und geographischen Einflüsse als wesentlich zu betrachten sind. Die „Ostalgie", also die Sehnsucht nach der „guten alten DDR", kann von Nicht-Ostdeutschen möglicherweise nachvollzogen werden, jedoch ist eine gefühlsmäßige Erfahrung derselben nicht zu erwarten. Um ein „Anderswo" im Strudel nostalgischer Gefühle pflegen zu können, ist eine Ethik und Politik der Gastfreundschaft erforderlich, d. h. eine Offenheit für das Andere und Fremde. Die Tatsache, dass mit der Nostalgie eine ganze Reihe von Affekten und Emotionen tangiert sind, zeigt sich insbesondere an Trauer, Melancholie und Freude.

Gleichgültigkeit

Begriff und Bedeutung Das Wort „Gleichgültigkeit" erschien im Deutschen erstmals im Jahr 1680. Ursprünglich wurde es von dem Philosophen Christian Wolff verwendet, um die „gleiche Bedeutung von Wörtern und Aussagen" zu beschreiben, wobei es keinen ethischen Bezug hatte. Im Laufe der Zeit erweiterte sich die Bedeutung des Begriffs und er wurde auch im Sinne von „Teilnahmslosigkeit, Gefühllosigkeit, Trägheit und Indifferenz" gebraucht. Diese erweiterte Definition umfasst eine affektiv-emotional getönte Haltung, die durch mangelndes Interesse oder Engagement gekennzeichnet ist. (Nusser 1974) Diese wenigen Bemerkungen lassen bereits erkennen, dass es sich bei dem Begriff der Gleichgültigkeit um ein schwer fassbares Gefühl oder einen ebensolchen, diffus zu fassenden Affekt handelt. Wie Glosch anmerkt, ist Indifferenz sowohl Positionslosigkeit als auch Stellungnahme. Letztere geht über eine bloße Resignation hinaus, da sie auf der Erkenntnis fußt, dass der Einzelne in der Lage ist, Veränderungen zu bewirken. Glosch schreibt dazu: „Indifferenz bedeutet nicht zwangsläufig Resignation, sondern stellt vielmehr ein Akzeptieren dar, dem der Untergang ohne Aufbegehren eingeschrieben ist. Wenn keine Enttäuschung über die Nichterfüllung von Sinnerwartungen mehr besteht und Makrokonzepte wie das Absurde, das Nichts oder die Leere ihre semantische Kraft verloren haben, kann Differenz in eine Katastrophe münden, sofern allein der Habitus amor fati vorherrscht." (2011, S. 241). Der amor fati, zu verstehen als eine verkörperte Haltung der grenzenlosen Bejahung des Lebens, steht in Opposition zur Gleichgültigkeit.

Affekt & Emotion Gleichgültigkeit ist ein Affekt, der sich häufig leise und scheinbar schwach zeigt. Doch er ist alles andere als schwach! Und eines darf man auf keinen Fall tun: ihre Wirkmächtigkeit unterschätzen. Postindustrielle Gesellschaften des Westens und Nordens gelten gemeinhin als abgekühlte Formationen, während die südlichen Länder als heiße Formationen wahrgenommen werden, denen

D. J. Wetzel, *Affektregister der Gegenwart*, https://doi.org/10.1007/978-3-658-46134-8_7

die Gleichgültigkeit fremd sei. Auf der Makroebene sind solche Unterschiede im Kulturvergleich jedoch schwer zu belegen. Sie entspringen häufig einer Stereotypisierung. In der Gesellschaft, zumal unter fremden Menschen, ist die Haltung der Gleichgültigkeit oder eben der Indifferenz eine mitunter notwendige Disposition.

In diesem Kontext erweist sich die Differenzierung zwischen Gemeinschaft und Gesellschaft als maßgeblich. Dabei ist zu berücksichtigen, dass die Gemeinschaft eine Haltung der Gleichgültigkeit im Sozialverhältnis nicht vorsieht. Demgegenüber ist die Gesellschaft durch eine gewisse Indifferenz ihrer Mitglieder gekennzeichnet (Plessner). Die bewusste Haltung zur Welt oder zu anderen kann zu einer starken Emotion der Gleichgültigkeit führen. Diese Haltung kann jedoch auch von einer bewussten Praktik zu einer unbewusst verankerten Verhaltensorientierung werden, was wiederum mit dem Phänomen der sozialen Kälte in Verbindung steht. Eine Haltung der Eliten, die sich von den Belangen der Allgemeinheit abwendet und ein „eigenes Ding" durchführt, beispielsweise in Reaktion auf den Klimawandel, kann als zynische, kalkulierte Praktik bezeichnet werden (Latour 2018). Die Indifferenz gegenüber anderen erfordert die Gleichgültigkeit gegenüber deren Position, um die eigene Haltung zu rechtfertigen. Dabei ist zu beachten, dass sich hinter der Gleichgültigkeit unterschiedliche Motive verbergen können, weshalb eine Spezifizierung des Begriffs erforderlich ist.

Differenzierung des Begriffs Die bereits erwähnte Literaturwissenschaftlerin Kathrin Glosch (2011) begreift Gleichgültigkeit als ein „Soziopsychem" (ebd., S. 14 f.),[1] wobei dieses sich auf das Ganze einer Erscheinung oder Person beziehe und diese „eine gesellschaftliche Grundproblematik in eine Begrifflichkeit psychischer Qualität" (ebd., S. 15) transformiere. Des Weiteren differenziert Glosch nach drei unterschiedlichen Ausprägungen: „a) Indifferent-gemacht-werden, b) Indifferent-sein, c) Indifferent-sein-wollen" (ebd., S. 19). Der Begriff *„Indifferent-sein-wollen"* bezeichnet eine aktive eingenommene Haltung, die in einer fordernden und reizüberfluteten Umwelt zum Selbstschutz oder aus Protest reklamiert wird. Es ist schlicht und ergreifend unrealistisch, sich überall einzumischen. Prinzipiell kann festgestellt werden, dass ein Interesse an globalen Themen besteht, wobei die Frage aufgeworfen wird, ob ein solcher Zustand dauerhaft aufrechterhalten werden kann.

---

[1] Während das Psychem für die psychischen Aspekte einer Sache steht und der Subjektseite eine wichtige Bedeutung beimisst, handelt es sich bei dem Soziopsychem um eine stärkere gesellschaftliche Dimensionierung eines Phänomens. „Dabei verweist Indifferenz auf Gesellschaft, ohne von ihr zu sprechen; gerade in ihrer Stummheit ist sie die sprechendste Form eines Gesellschaftsverhältnisses, und bei aller definitorischer Schwierigkeit ist Indifferenz auch nicht allein ein Konstrukt von Gesellschaft, sondern mindest (sic!) ebenso deren reales Substrat." (Glosch 2001, S. 15).

Eine weitere Form des Indifferentseins stellt die bewusste Nicht-Parteinahme für das eine oder andere dar, welche sich von dem zuvor beschriebenen Zustand abgrenzt. Hinter dieser Haltung verbirgt sich häufig eine bequeme Einstellung, die dazu führt, dass sich die betreffende Person der moralischen Verantwortung entzieht. Die Ursachen des „Indifferent-gemacht-Werdens" sind vielfältig. Diese Haltung lässt sich als Abhärtungsstrategie gegen die feindliche Umwelt verstehen, kann jedoch ebenso als eine „Form der Resignation" oder als ein „Schutzmechanismus" (ebd., S. 18) definiert werden, um zuvor bestehende unangenehme Erfahrungen zu vermeiden respektive gar nicht erst entstehen zu lassen. Des Weiteren kann Gleichgültigkeit bisweilen als Grundstimmung in einem Universitätsseminar beobachtet werden, in dem der Seminarleiter kein Interesse bei den Teilnehmenden wecken kann und diese sich folglich mehr oder weniger resigniert zurückziehen.

Georg Lohmann skizziert den Bezug von Indifferenz zu den Prozessen der Entfremdung und der Verdinglichung: „Entfremdung und Verdinglichung können sowohl einen Vorgang wie einen Zustand bezeichnen, der das Resultat eines solchen Vorganges ist. Gleichgültigkeit bezeichnet einen Zustand; der entsprechende Vorgang ist als Vergleichgültigung zu bezeichnen. Indifferenz bezeichnet einen Zustand; ein Vorgang dessen Resultat sie wäre, kann nur umschrieben werden, etwa mit Indifferent-Werden." (1991, S. 17)

Offene und versteckte Gleichgültigkeit Eine offen gelebte und zur Schau gestellte Gleichgültigkeit kann Gegenstand von Kritik sein, wobei diese Kritik zumindest thematisiert werden muss. Eine solche Kritik erfordert eine Reaktion des oder der Kritisierten, wobei im Zweifelsfall eine Rechtfertigung erforderlich ist. Die als „Null-Bock"-Generation bezeichnete Alterskohorte der 1980er Jahre wurde in den 1990er Jahren mit einer Re-Politisierung konfrontiert, welche eine Reaktion auf die unverschuldete Gleichgültigkeit der vorherigen Dekade darstellte. Eine größere Problematik lässt sich jedoch bei der sozialen Praxis einer versteckten oder heimlich gehegten Gleichgültigkeit ausmachen. Der Mensch ist im Allgemeinen in der Lage, „Theater zu spielen" (Goffman 2003), d. h. seine wahren Motive und Absichten zu verbergen. Die Praxis des Interessenbekundens bei gleichzeitigem Desinteresse kann als eine Form einer versteckten oder verheimlichten Gleichgültigkeit bezeichnet werden. Nicht alle Menschen, aber viele verfügen über Formen der Reflexivität, die dabei helfen, Gleichgültigkeit zu kaschieren und dann aufzuheben, wenn der Druck zur Stellungnahme und Parteinahme zu groß wird. Die „gespielte" Gleichgültigkeit fungiert zudem als Machttechnik, beispielsweise in sich anbahnenden Liebesbeziehungen, um dem anderen das eigene Interesse nicht zu deutlich zu bekunden und sich so allenfalls vor möglichen Enttäuschungen zu schützen.

Gegenwartsdiagnose Warum und inwiefern entsteht eine gleichgültige, indifferente Haltung? Seyda Kurt (2023, S. 50 f.) macht deutlich, dass vor allem die Konkurrenzgesellschaft dafür verantwortlich ist, dass wir abstumpfen und in einen fortdauernden Vergleichswettbewerb gezwungen werden. Gleichgültigkeit bedeutet, dass es keinen Unterschied macht, ob etwas so oder anders ist. Und genau das ist der springende Punkt. Gleichgültigkeit ist ein schwaches Gefühl, ein milder Affekt – das ist bereits festgestellt worden. Eine gleichgültige Gesellschaft zeigt sich beispielsweise daran, dass sie sich nicht angemessen um die vielen Toten in der Corona-Krise kümmert. Wir nehmen das Sterben billigend in Kauf und verdrängen das Ereignis, je weiter es zurückliegt. Interessant ist es, welche Gründe es dafür gibt. Ein solches Verhalten dient in den meisten Fällen einer „höheren Sache". Dazu zählen beispielsweise das Verhindern eines Lockdowns, das Wirtschaftswachstum, die individuelle Freiheit, die Selbstbehauptung der eigenen Wahrheit und so weiter. Die nach dem Zweiten Weltkrieg von Alexander und Margarete Mitscherlich konstatierte *„Unfähigkeit zu trauern"* vermischt sich mit einer willentlichen Verweigerung, sich mit dem Leid und dem Tod auseinanderzusetzen (Mitscherlich und Mitscherlich 2020). Dahinter stecken häufig die Mechanismen der Verleugnung und der Verdrängung. Manchmal geht es auch um Tabuisierung. So gehen wir mit unangenehmen Dingen um, denen wir auszuweichen versuchen. Es ist einfach nicht besonders klug und zielführend, wenn wir Menschen, Dingen und gesellschaftlichen Entwicklungen zunehmend gleichgültig gegenüberstehen. Denn wir wissen es besser. Nur gemeinsam, im Kollektiv, können wir die gewaltigen Probleme angehen und bewältigen. Geben sich Menschen einer Haltung der Gleichgültigkeit hin, führt das zu einer Verminderung deren moralischer Sensibilität und der moralischen Achtung gegenüber Mensch und Natur. Die Nichtanteilnahme ist eine Seuche, die uns früher oder später alle erfasst und in die Vereinsamung und zum Eigenbrötlertum treibt. Wir können uns nicht mit allem und jedem intensiv ins Benehmen setzen. Spät- oder postmoderne Gesellschaften brauchen die Haltung einer gleichschwebenden Indifferenz (Plessner).

Bezüge zu anderen Affekten & Emotionen Melancholie, Liebe und Hass stehen alle in einer Beziehung zur Gleichgültigkeit: „Liebe richtet sich an ein konkretes Gegenüber, birgt ein wirkmächtiges, affektives Potenzial, Indifferenz hingegen nichtet nicht nur jedes Gegenüber, sondern isoliert das Individuum von seiner Lebenswelt, zerstört soziale Bindungen, birgt destruktives Potenzial. Indifferenz ist im Gegensatz zur Liebe eine Reaktion auf das Ganze, damit ist sie ein Soziopsychem per definitionem, während Liebe erst durch einen interpretativen Akt zum Soziopsychem wird." (Glosch 2011, S. 16) Die Gleichgültigkeit wird so zum Feind des sozialen Miteinanders und verbindet sich mit dem Egoismus und einer narzisstischen Grundhaltung, der es am Ende nur darum geht, sich selbst gegenüber nicht-gleichgültig zu sein. Auch täuschen wir uns, wenn wir glauben, dass die Melancholie mit der Indifferenz irgendwie verwandt sei, „doch ist sie eine ausschließlich subjektreferenzielle Temperierung von Hoch-Stimmung einerseits und Missstimmung andererseits und darüber hinaus eine schöpferische Kraft, die der Indifferenz diametral entgegensteht. Melancholie als Konstitution ist ein beständig arbeitendes, geschlossenes System, das durch ein Außen nicht zu beenden ist, während Indifferenz als soziale Verhaltenseigenschaft von diesem nicht abgetrennt werden kann." (Glosch 2011, S. 3 f.). Die starke Emotion des Hasses kann den Gleichgültigen aus seiner Lethargie reißen und dessen Gefühle in Wallungen bringen. Obgleich der direkte Hass oftmals als Gefühlsäußerung verpönt und gesellschaftlich scheinbar geächtet scheint, manifestiert er sich unter gewissen Umständen und fordert sein Recht ein. Dies hat den Vorteil, dass der Gehasste sich positionieren kann und insofern dem Gleichgültigen überlegen scheint. Allerdings kann der Hass eine Intensität erreichen, die auf die Vernichtung des Gegenübers abzielt, wodurch die Gleichgültigkeit als Haltung vorzuziehen wäre.

Resümee In der gegenwärtigen Zeit lässt sich eine Zunahme der Gleichgültigkeit als Haltung beobachten, die sich in einem gezielten Wegschauen und Ignorieren äußert. Die wohlbekannte These, der zufolge es schlimmer sei, mit Gleichgültigkeit statt mit Kritik konfrontiert zu werden, ist nicht unbegründet. Eine Person, die sich im Zustand der Gleichgültigkeit befindet, nimmt nur noch in begrenztem Umfang am sozialen Leben anderer teil. In anderen Worten und in normativer Formulierung ausgedrückt: Es bedarf einer Kompetenz zur Nicht-Gleichgültigkeit. Insofern wird hier für ein Plädoyer und ein aktives Sich-Wehren gegen ein Indifferent-gemacht-Werden sowie gegen ein „Indifferent-Sein" eingetreten. In Anbetracht der gegenwärtigen, herausfordernden Umstände kann es jedoch ratsam sein, eine gewisse Gleichgültigkeit nach Einzelfallprüfung als Haltung beizubehalten. Dies kann als eine Art Schutzreaktion betrachtet werden, die aus der Angst vor der eigenen Verletzlichkeit resultiert. Eine nicht indifferente Haltung impliziert die Bereitschaft, sich zu positionieren und dadurch eine gewisse Exposition zu riskieren. Eine Haltung der Indifferenz, der es einerlei ist, was draußen in der Welt wirklich geschieht, wird kultiviert, wenn alles an einem vorbeischwebt und keinerlei Stellung bezogen wird. Diese Einstellung kann im schlimmsten Fall zur Selbstentfremdung und zur Entfremdung vor anderen führen. Die Folge ist, dass der Bezug zur Welt verloren geht und sich über die „flache" Beschaffenheit der Welt gewundert wird. Die Gegenposition zur gleichgültigen Haltung ist die Leidenschaft, die als Gefühlsäußerung in eine bestimmte, mitunter gefährliche Richtung abdriftet. In diesem Fall ist der

Gefühlshaushalt nicht „wohltemperiert" und auf Ausgeglichenheit bedacht, sondern in das Geschehen körperlich-affektiv involviert.

Ambivalenz

Begriff und Bedeutung „Der Neologismus Ambivalenz (vom Griechischen amphi = zweifach, doppelt und Lateinischen valere = gelten, stark/kräftig sein) ist etwas mehr als hundert Jahre alt." (Battegay 2023) Ambivalenz steht für Doppelwertigkeit oder Doppelgerichtetheit, ein von Bleuler im Jahr 1910 eingeführter Begriff, und beschreibt ein Grundsymptom der Schizophrenie: das gleichzeitige Vorhandensein angenehmer und unangenehmer Gefühle, widersprüchlicher Aussagen, Wünsche und Wertungen sowie das gleichzeitige Bestehen von Ja und Nein. Freud nutzte den Begriff kurz darauf, um neurotische Personen zu kennzeichnen, die beispielsweise extrem zwischen Liebe und Hass schwanken. Heutzutage wird die Fähigkeit, Ambivalenz zuzulassen, als Ambivalenztoleranz bezeichnet und gilt als ein Zeichen für Ich-Stärke.[1] Die Frage ist dann nur, inwieweit die Ausbildung der hier beschriebenen Ich-Stärke tatsächlich gelingt, oder ob sich auf der anderen Seite gerade in unsicheren und prekären Zeiten ein starkes Bedürfnis nach Eindeutigkeit und insofern Ambivalenzfreiheit auszubreiten scheint. Im Rückblick auf die Begriffsgeschichte, aber auch für ein aktuelles Verständnis von Ambivalenz hält Lüscher (2011, S. 327) diese für eine „Bedingung menschlicher Freiheit". Das leuchtet ein, denn der Zwang zur Eindeutigkeit oder Vereindeutigung geht herkömmlicherweise mit einem erheblichen Freiheitsverlust einher.

Affekt & Emotion Ambivalenz bezeichnet ein Gemisch von widersprüchlichen Empfindungen, das sich jederzeit an einem Menschen, einem Ding oder einem Sachverhalt entzünden kann. Insofern ist diesem Gefühl eine affektive Komponente immanent. Ein Leben ohne Ambivalenzgefühle erscheint kaum möglich und wäre zudem kaum erstrebenswert. In Situationen, in denen eine unmittelbar anstehende

---

[1] https://www.spektrum.de/lexikon/psychologie/ambivalenz/747

Entscheidung getroffen werden muss, können affektive Momente der Ambivalenz auftreten, die dazu führen, dass die Entscheidung aufgeschoben wird oder letztendlich zu einer unbefriedigenden Lösung führt. Obgleich Ambivalenzgefühle in hohem Maße persönlich und subjektiv ausgebildet und empfunden werden, unterliegen sie in ihrer Ausprägung zugleich gesellschaftlichen und kulturellen Einflussnahmen und Normierungen. So können religiöse Normen dazu beitragen, dass Ambivalenzen gar nicht erst ins Spiel kommen, beispielsweise wenn es um die Frage der eindeutigen Geschlechtszugehörigkeit geht. In diesem Kontext werden Unsicherheiten oder gar Überlegungen zu einem dritten Geschlecht ausgeblendet respektive verboten. Die Arbeiten von Arlie Hochschild (1979) verdeutlichen, dass kulturelle und soziale Normen die emotionalen Reaktionen präfigurieren und die Ausdrucksweisen von Gefühlen wie Ambivalenz formen und managen. Die Tätigkeit als Flugbegleiterin bzw. Flugbegleiter in einem Flugzeug ist häufig mit ambivalenten Gefühlen gegenüber den Passagieren verbunden. Einerseits besteht der Wunsch, die Passagiere zuvorkommend und höflich zu bedienen, andererseits können jedoch auch negative Gefühle wie Ablehnung oder sogar Hass gegenüber bestimmten Passagieren entstehen. In diesem Kontext stellt sich die Frage, wie mit Passagieren umgegangen werden sollte, die sich gegenüber Flugbegleiter:innen verletzend, vielleicht sogar sexistisch oder rassistisch verhalten. Das „zufällige" Auskippen eines Glases Rotwein auf dem blütenweißen Hemd des unflätig sich verhaltenden Passagiers kann eine an dem Gefühl der Rache orientierte Reaktion darstellen. Dadurch wird aus der vorhandenen Ambivalenz, einerseits eine gute Flugbegleiterin sein zu wollen, andererseits aber die Grenzen des Anstands und der Höflichkeit gelten sollten, eine eindeutige Haltung, die vor allem auch der eigenen Psychohygiene dienen mag.

Soziologisch betrachtet, fasst Kurt Lüscher Ambivalenz wie folgt zusammen: „Gemeint sind damit jene zwischen Gegensätzen oszillierenden Prozesse der Suche nach dem Sinn der Dinge und sozialen Beziehungen. Diese sind für das Verständnis seiner selbst im Umgang mit den anderen konstitutiv." Sie sind sowohl im Alltag als auch in dessen wissenschaftlicher Analyse von enormer Bedeutung, wie die aktuellen kultur- und sozialwissenschaftlichen Arbeiten an einer „Theorie der Praxis" eindrucksvoll belegen. Lüscher (2011, S. 326) zielt dabei auf die vielfältigen Modi der Erfahrungen ab, mit denen Ambivalenz erlebt wird. Für ihn sind Menschen „als ,homines ambivalentes' denkbar" (ebd., S. 327). Dabei kommt es empirisch darauf an, ob, in welcher Weise und unter welchen Bedingungen die Möglichkeiten dieses Erlebens und Erfahrens zum Ausdruck kommen, ob Ambivalenzen konkret erkannt werden und wie damit umgegangen wird (ebd.). Anders formuliert, wie Caspar Battegay (2023) es ausdrückt: Ambivalenzerfahrungen sind immer in Relation zu anderen Dingen und Prozessen zu betrachten. Sie betreffen die Identitätsbildung, die in Momenten des Zögerns, des Innehaltens und vor Entscheidungen stattfindet.

Affektive Ambivalenz ist ein primär psychologisches Phänomen, bei dem eine Person zwei widersprüchliche Emotionen gleichzeitig und mit gleicher Intensität erlebt. Es ist nur logisch, dass dies zu einem Gefühl der Lähmung führt. Die widersprüchlichen Emotionen machen die Person unfähig, Entscheidungen zu treffen oder Maßnahmen zu ergreifen. Sie tritt häufig in sozialen Beziehungen auf, in denen sich Gefühle wie Liebe und Hass, Loyalität und Verrat, Bewunderung und Verbitterung gegenüberstehen. Affektive Ambivalenz lässt sich auch in Situationen beobachten, in denen es um Vertrauen und Misstrauen, Freude und Verzweiflung, Begeisterung und Gleichgültigkeit geht. Ich erfahre und erlebe mein Gegenüber in einer Liebesbeziehung durchaus ambivalent. Ich muss aber grundsätzlich das positive Grundgefühl gegenüber dieser anderen Person erleben, denn sonst würde ich perspektivisch in einer schlechten Partnerschaft verharren und diese früher oder später auflösen. Die Erfahrung affektiver Ambivalenz bedeutet, dass man von der Intensität positiver und negativer Gefühle gleichzeitig emotional überwältigt wird. Das kann dazu führen, dass sich eine Person völlig hilflos fühlt, wenn es darum geht, sich zwischen diesen beiden gegensätzlichen Gefühlen zu entscheiden. Infolgedessen können Menschen in einem Teufelskreis der Unentschlossenheit feststecken, aus dem sie ohne angemessene Anleitung oder Unterstützung durch andere nur schwer ausbrechen können. Diese Gefühlskonfusion mag für eine gewisse Zeit erträglich sein, auf lange Sicht müssen diese Formen von Ambivalenz jedoch aufgelöst werden.

Gegenwartsdiagnose Ein Moment des Innehaltens ist hinreichend wichtig, um eine Reflexion zu initiieren. In vielen Situationen zeigen Menschen ambivalentes Verhalten und sind von Ambivalenzen umgeben. Eine ambivalente Haltung ist nicht nur gegenüber anderen Individuen, sondern auch gegenüber einer Vielzahl von Dingen zu beobachten. In der Tat manifestiert sich Ambivalenz als ein Grundgefühl, welches in unserem (spät-)modernen Zeitalter kaum zufällig weitverbreitet ist (vgl. Bauman 1995). Es empfiehlt sich, dieses Gefühl oder auch den Zustand zunächst einmal auszuhalten, da ein (Gegen-)Trend zur zwanghaften Vereindeutigung gewaltsame Effekte evozieren kann. Anders formuliert: Die Fähigkeit, Ambivalenzgefühle zuzulassen und nicht automatisch abzuwehren, gehört nicht nur zur anthropologischen Verfasstheit des Menschen, sondern stellt eine wichtige Fähigkeit des Menschen dar. Allerdings kann eine übermäßige Ambivalenz dazu führen, dass Entscheidungs- und Beurteilungsschwierigkeiten auftreten, Dinge (unnötig) herausgezögert werden. Es besteht die Notwendigkeit, nicht alle als ambivalent empfundenen Sachverhalte dauerhaft in einem ambivalenten Zustand zu belassen. Insofern kann es nicht darum gehen, Ambivalenzen zu zelebrieren, sondern vielmehr darum, ihre Funktionalität und ihr Potenzial zu beleuchten. So kann beispielsweise das Schwelgen in Ambivalenzen, das Nicht-Treffen klarer Entscheidungen, etwa in sich anbahnenden (oder zu Ende gehenden) Liebesbeziehungen, für den sich ambivalent äußernden und verhaltenden Menschen von Vorteil sein. Dieser kann dadurch eine Machtposition gegenüber dem anderen einnehmen und diesen warten, also im Ungewissen lassen (Wetzel 2019).

In seiner beeindruckenden Arbeit *Die Vereindeutigung der Welt. Über den Verlust von Mehrdeutigkeit und Vielfalt* (2018) legt Thomas Bauer überzeugend dar, dass wir zunehmend in einer Welt leben, die in vielen Bereichen nach Vereindeutigung strebt und dadurch Ambivalenzen zu reduzieren versucht. Dies betrifft sowohl die Kunst, die Politik, die Wirtschaft als auch unsere eigene Identität. Bauer stellt die entscheidende Frage: Welches Ideal verbindet sich mit dieser Entwicklung? „Vielleicht ist dies überhaupt die große Utopie unserer Zeit: Ideal ist der schwitzende, authentische, ambiguitätsfreie Maschinenmensch, der selbstoptimiert im kapitalistischen Verwertungsprozess völlig effektiv funktioniert." (ebd., S. 94) Wenn sich eine solche Utopie realisiert, wie es zunehmend der Fall ist, dann ist das die Zeit der sozialen Kälte und des Hyperindividualismus. Jeder und jede liefert bewusst oder unbewusst einen Beitrag zur Entfaltung der von Bauer beschriebenen Utopie. Das emsige Streben nach Eindeutigkeit geht immer mit dem Versprechen der Authentizität einher. Der Konsumkapitalismus hat diese Sehnsucht nach Authentizität und Wahrhaftigkeit längst für sich genutzt (Illouz 1997; Wetzel 2019). Wenn sich bei Konsument:innen eindeutige Präferenzen ausbilden oder noch besser: diese von den Anbieter:innen künstlich geschürt werden können, dient dies ganz klar der eigenen Identitätssicherung und der Abgrenzung von anderen.

Bezüge zu anderen Affekten & Emotionen Das Gefühl der Ambivalenz steht in vielfältigen Beziehungen zu anderen Affekten und Emotionen. Ich bin überzeugt, dass viele der hier angeführten Affekte und Emotionen als ambivalent zu bewerten sind. Hass kann sehr zerstörerisch sein, keine Frage. Andererseits mobilisiert er auch Kräfte und Energien. Ich kann mich vom Neid anstacheln lassen, genauso gut aber auch von diesem zerfressen werden, wenn ich nur die negativen Auswirkungen der (scheinbaren) Unterlegenheit registriere. Ambivalenz ist ein grundlegender Bestandteil von Liebesbeziehungen. Es gibt keine völlig ambivalenzfreien Beziehungen. Ein besonders deutliches Beispiel für dieses Phänomen ist die „Hass-Liebe". Sie führt oft dazu, dass Paare sich nicht trennen können. Auch die Wut ist ein Gefühl, das sich auflädt und ambivalent zum Ausdruck kommt. Soll ich auf die dabei entstandenen Aggressionen in Form von Wut verzichten und diese unterdrücken, wenn mir etwas Negatives oder Ungerechtes widerfährt, oder soll ich diesen Gefühlen freien Lauf lassen? Das wirft die Frage auf, wie ich mit meinem Zorn umgehen soll. Soll ich ihn in mich hineinfressen und mich im stillen Kämmerlein aufhetzen, oder soll ich meine Wut an anderen auslassen? Auch Freundschaften sind oft von ambivalenten Gefühlen geprägt. So kann Bewunderung für den erfolgreichen Freund ganz schnell in Neid und Missgunst umschlagen. Lob von Freunden wird gerne gehört, aber Kritik registriert man mit feinen Antennen. Man fühlt sich missverstanden, weil man sich doch eigentlich so nah steht und auf die Unterstützung durch den Freund gehofft hat. Doch nicht nur auf der Mikro- und Mesoebene zeigen sich Ambivalenzen, sondern auch auf gesellschaftlicher Makroebene. Dafür stehen die vielfältigen Arbeiten des polnischen Soziologen Zygmunt Bauman.

Ambivalenz als Signum der (Post-)Moderne Die Arbeiten des Soziologen Zygmunt Bauman (2000, 2003) haben sich dem Phänomen der Ambivalenz immer wieder genähert und es quasi als Grundsignatur der (Post-)Moderne beschrieben, insofern es „als ein Grundmerkmal von Vergesellschaftungsprozessen" (Junge 2014, S. 69) fungiere. Bauman zufolge führt der beständige Wandel und die dadurch erzeugte Ungewissheit in Gesellschaften zur Ausbildung einer „liquid modernity" (2000). Traditionelle Sozialstrukturen und Rollenvorstellungen geraten zunehmend unter Druck, verflüssigen sich, was zu vermehrten Ambivalenzerfahrungen führt. Das Auseinanderklaffen von Erwartungen und tatsächlichen Realisierungschancen spielt dabei eine entscheidende Rolle. Das Aufstiegsversprechen ist fest in die DNA nicht nur der deutschen Bevölkerung eingeschrieben. Die neoliberal verfasste und meritokratisch orientierte kapitalistische Gesellschaft sagt dem Einzelnen immer wieder: Du kannst, wenn Du nur richtig willst. Doch die damit geschürten Hoffnungen und Erwartungen zerschellen nicht selten an einem wenig durchlässigen Bildungssystem und einer zunehmend ungleicher werdenden Reichtumsverteilung. Das hat Michael Sandel in seinen Arbeiten eindrucksvoll aufgezeigt (2020).

Matthias Junge weist auf die Notwendigkeit hin, *Ambivalenz* und *Ambiguität* voneinander möglichst klar zu unterscheiden (was Zygmunt Bauman so beispielsweise nicht macht): „Wichtig ist, dass Ambiguität das sprachtheoretische Problem der Herstellung begrifflicher Zu- und Einordnungen meint, während Ambivalenz sich auf den Bewertungsprozess im Erleben und Handeln bezieht (…). Ambiguität als Vieldeutigkeit ist von Ambivalenz als einer Mehrwertigkeit von Bewertung klar zu unterscheiden." (2014, S. 72) Wenn wir Ambivalenz als zentralen Begriff moderner Gesellschaften ernst nehmen, dann dient Vergesellschaftung als „Prozess der Erzeugung von Ordnungen der Ambivalenzbewältigung" (ebd., S. 84).

Resümee Ambivalenz ist ein Gefühl, das auf widersprüchlichen Eindrücken basiert. Es ist nicht immer einfach, damit umzugehen. Dennoch muss festgehalten werden, dass es im Sinne einer im Lauf des Lebens auszubildenden Grundkompetenz von zentraler Bedeutung ist. Nur so können wir den widersprüchlichen Ansprüchen der Welt- und Selbstbeziehungen einigermaßen gerecht werden. Affektive Ambivalenzen sind unvermeidlich und müssen als Phänomene in den Alltag integriert werden. Vereindeutigung ist ein gefährlicher Trend, der oft mit einem (Heils-) Versprechen daherkommt. Dahinter stecken oft Machtprozesse, die von einer solchen Vereindeutigung profitieren (Sekten, populistische Parteien etc.). Deshalb ist Vorsicht geboten. In der Spät- oder Postmoderne ist der Nährboden für Ambivalenz bereitet. Dort gelten solche Lebensformen als erstrebenswert, „die unvollständige Begegnungen mit anderen in einem Meer von Begegnungen ertrinken lassen, ohne dass diese als Einzelne mit Bedeutung zurückbleiben" (Junge 2014, S. 82). Die Beurteilung solcher Lebensformen ist jedoch ambivalent, da sie einerseits große Freiheiten versprechen und auch tatsächlich ermöglichen, andererseits jedoch Bindung, Gemeinsinn und Solidarität eher verunmöglichen. Battegay (2023) gibt hierzu folgende Einschätzung ab: „Wir benötigen nicht mehr Ambivalenztoleranz, wie es manchmal heißt, vielmehr benötigen wir Verfahren, um die Ambivalenz in und um uns besser wahrzunehmen, zu beschreiben und zu nutzen."

Angst

Herkunft und Bedeutung Das Wort „Angst" hat seinen Ursprung im Mittelhochdeutschen (Mhd.) und Althochdeutschen (Ahd.), wo es ursprünglich die Bedeutung „Enge, Bedrängnis" hatte und sich auf eine physische oder psychische Erfahrung von Enge oder Beklemmung bezog. Die etymologischen Wurzeln des Wortes lassen sich weiter zurückverfolgen bis zum Indogermanischen, einer vorhistorischen Sprachfamilie, aus der die meisten europäischen Sprachen sowie einige Sprachen in Asien hervorgegangen sind. Im Indogermanischen findet sich die Wurzel *angh-, die mit „eng, beklemmend" assoziiert wird. Diese Wurzel findet sich auch in anderen germanischen Sprachen wieder, beispielsweise im Englischen (anxiety, Angst, Sorge) oder Gotischen (aggwus, eng). Im Laufe der Zeit hat sich die Grundbedeutung von „Enge" oder „Beklemmung" auf psychologische Zustände übertragen, sodass heute im Deutschen ein Gefühl der Furcht oder Besorgnis bezeichnet wird, das häufig ohne spezifischen oder erkennbaren Grund auftritt. (Dudenredaktion 2020) Rackow et al. (2012, S. 394) betrachten aus einer dezidiert soziologischen Perspektive Angst „als eine Reaktion auf oder Antizipation von unerwünschten Ereignissen oder Gefahren, die zumeist alternativlos wahrgenommen wird und von Hilflosigkeit, Unsicherheit und geringen Kontrollchancen begleitet wird. Dieses unangenehme Gefühl kann Menschen erfassen und ihnen das Leben zur Hölle machen. Aber Angst besitzt auch eine wichtige Funktion: Sie warnt uns vor Gefahren und Risiken, die wir unbedingt berücksichtigen müssen, um zu überleben und ein vergleichsweise sicheres Leben zu führen.

Affekt & Emotion Der affektive Gehalt oder Anteil am Phänomen der Angst ist häufig nicht so leicht ersichtlich, aber es besteht ein Zusammenhang. Eine konkrete emotionale Erfahrung, beispielsweise die Furcht vor etwas, kann dazu führen, dass Angst zu einem Affekt mutiert und andere ansteckt. Dieser Prozess ist übrigens ganz ähnlich wie bei einem Virus. Ich will damit sagen: Solange die Angst eine Emotion

D. J. Wetzel, *Affektregister der Gegenwart*,
https://doi.org/10.1007/978-3-658-46134-8_9

oder ein Gefühl bleibt (und sich als Furcht konkretisiert), ist sie im Prinzip hand-habbar. Problematisch wird es, wenn sich die Angst zu einem Affekt entwickelt. Dieser funktioniert häufig weniger bewusst, frei flottierender und übersubjektiv. Und genau das kann beispielsweise in Pandemien passieren. Eine konkrete Bedrohung, die es durchaus ernst zu nehmen gilt, kann zu einer affektiv getönten Angst werden, die in mancher Hinsicht in Hysterie und andere Irrationalitäten umschlägt. Hier wird deutlich, dass Angst ambivalent ist. Wir leben in einer „Gesellschaft der Angst". Das heißt, wir sind sehr stark mit Ängsten konfrontiert und müssen jederzeit damit rechnen, mit den Ängsten anderer und den eigenen Ängsten konfrontiert zu werden. Zugleich möchte ich jedoch vor einer Pauschaldiagnose warnen, da diese den Umstand verdeckt, dass Menschen unterschiedlich anfällig für Ängste und Angstgefühle sind, beispielsweise je nach sozialstruktureller Lage (Eckert 2019).

Die Ambivalenz der Angst ist ein entscheidender Faktor. Einerseits dient sie uns als Frühwarnsystem, andererseits kann sie auch irrationale Züge annehmen und in (Massen-)Panik oder Hysterie kippen. Die diffuse Angst hat auch damit zu tun, dass wir alle etwas zu verlieren haben. Die Ausbreitung des Corona-Virus zeigt uns zudem, dass unsere vermeintlichen Sicherheitsgesellschaften durchaus verwundbar und verletzlich sind. Ängste werden auch gezielt geschürt und verstärkt, wenn dies in einem politischen Interesse ist. Ein Beispiel dafür ist die Angst vor einem Atomkrieg in den 1980er Jahren. Das Wettrüsten wurde daraufhin beendet.

Angst als Resonanzphänomen Phänomenologisch betrachtet ist Angst „immer an Bedrohungen geknüpft, die sich nicht in einem aktuellen Ereignis erschöpfen. Man hat Angst vor dem, was sich gegenwärtig nur ankündigt und somit noch kommen mag. Bedrohungen verweisen, mit anderen Worten, auf ein zukünftiges Potenzial, sie entfalten sich in der Zeitdimension", wie Sven Opitz in seinem sehr interessanten Beitrag „Zur Soziologie der Affekte. Resonanzen epidemischer Angst" (2014) schreibt. Durch eine Verknüpfung der Ansätze von Niklas Luhmann und Brian Massumi gelingt es Opitz aus dezidiert affekttheoretischer Sicht zu zeigen, inwiefern Angst als Resonanzphänomen zu erfassen ist. Eine (sozial-)psychologische Lesart greift hier zu kurz. Es geht nicht primär um das Transportieren von Sinn und Inhalten. Der Affekt entäußert sich in der endemischen, oft auch unbewussten Ausbreitung von Angstaffekten. Beispiele sind (Massen-)Paniken, die übersubjektiv ganze Gruppen befallen. Geschieht dies, so noch einmal Opitz unter Verwendung deleuzeianischen Vokabulars, „kann eine Kommunikation in einen Affekt eingefaltet werden, d.h. sie kann semantisch radikal verknappt ausfallen, weil der Affekt die Übertragung leistet. Umgekehrt kennt man genügend Fälle, in denen eine Kommunikation einen Affekt einfaltet. Die Falte wäre demnach das topologische Milieu der Resonanz" (ebd., S. 279).

Gegenwartsdiagnose Viele Diagnosen mit Blick auf die letzten Jahrzehnte rücken Ängste in den Fokus, wie Eckert (2019, S. 12) rückblickend konstatiert. Diese identifizieren einen wesentlichen gesellschaftlichen Wandel in den letzten Jahrzehnten, bei dem der zuversichtliche Zukunftsoptimismus der Nachkriegszeit ab den 1970er Jahren schrittweise von einer pessimistischen Erwartungshaltung abgelöst wurde. Angst entwickelte sich somit zu einem dominierenden Merkmal westlicher Gesellschaften und prägte diese auf vielfältige Weise. Angst kann mit guten Gründen, wie Rainer Mausfeld betont, als die tiefgründigste Emotion unserer Gegenwart gelten (2019). Prekär wird es vor allem dann, wenn Angst ein Bündnis mit der Macht eingeht. Macht und Ängste sind dabei häufig in ein raffiniertes Spiel verwickelt: „Macht löst bei den ihr Unterworfenen häufig Gefühle aus, von der Macht überwältigt und ihr gegenüber ohnmächtig zu sein. Macht erzeugt also Angst. Da Angst selbst wiederum Macht über die Geängstigten ausübt, haben diejenigen, die es verstehen, Angst zu erzeugen, eine sehr wirkungsvolle Methode, auf diese Weise ihre Macht zu stabilisieren und zu erweitern." (Mausfeld 2019, S. 14) Es ist eine gängige Praxis von Herrschenden, mit den Ängsten der Bevölkerung zu spielen – nicht nur in Zeiten des Krieges, sondern besonders in diesen, in denen mit Angst, Schrecken und Terror ein diktatorisches Regime gestützt werden soll (Nussbaum 2019).

Im neoliberalen Projekt einer Leistungs- und Konkurrenzgesellschaft hat das politische Regieren über Ängste eine hegemoniale Stellung eingenommen. Die Angst, den Job zu verlieren, die Angst, ausgeschlossen zu werden, nicht gesehen zu werden, zum Beispiel in den sog. sozialen Medien – das kennt jede/r. Alain de Botton thematisiert die Angst vor Statusverlust eindrucksvoll in seinem Werk *StatusAngst*. „Beständige Sorge von so verderblichem Einfluss, dass sie Jahre unseres Lebens zu überschatten vermag. Wir fürchten, die von der Gesellschaft vorgegebenen Kriterien des Erfolgs zu verfehlen und folglich Ansehen und Respekt einzubüßen. Wir fürchten, dass wir einen allzu bescheidenen Rang einnehmen und Gefahr laufen, noch weiter abzurutschen." (2006, S. 8).

Doch auch die Versagensangst darf hier nicht ungenannt bleiben. Damit ist die Angst gemeint, den eigenen oder fremden Ansprüchen nicht zu genügen (real oder imaginär). Scham ist dann schnell zur Stelle und macht uns klar, dass wir nicht gut genug sind. In den westlichen Gesellschaften werden Ängste sehr stark individualisiert und insofern dem/der Einzelnen überlassen – und das ist ein Fehler.

Soziale Ungleichheit und Angst Die häufig kolportierte „Angst der Mittelschichten" halten Rackow et al (2012) für eine verfehlte Diagnose, da ihre empirischen Ergebnisse verdeutlichen würden, „das vor allem tatsächliche Exklusion und geringe Einkommen im Gegensatz zu antizipierten Verlusten Prädiktoren von Angsterfahrungen sind" (ebd., S. 406). Wer nicht arbeitet, erhält weniger Identität und

Anerkennung. Und er ist anfälliger für Angst. Die sozioökonomisch gut situierte Mittel- und Oberschicht hingegen ist vergleichsweise wenig mit Ängsten konfrontiert. Dafür macht sich eine andere, ebenso unangenehme Emotion breit: Ärger.

Gründe der Angst Es gibt eine Menge Gründe, Angst zu erleben. Die größte Angst ist die Angst des Menschen vor dem eigenen und dem Tod anderer, vor allem der nahestehenden anderen. Der Mensch muss lernen, mit potenziellen und tatsächlichen Verlusterfahrungen umzugehen. Ganz verwinden wird er sie letztlich nie. Der Tod der anderen erinnert uns Menschen zugleich an unseren eigenen Tod und unsere eigene Endlichkeit. Dieses Grundgefühl wird im Lauf des Lebens immer stärker und betrifft alle Generationen. Denn die Gründe für das Empfinden von Angst sind generationsgebunden. So herrscht für die heutige Generation ein spezifisches Angstgefühl vor, wie Heinz Bude schreibt: „Die Angst kommt daher, dass alles offen ist, aber nichts ohne Bedeutung ist. Man glaubt, in jedem Moment mit seinem ganzen Leben zur Disposition zu stehen. (…) Angststress ist Sinnstress, von dem einen kein Staat und keine Gesellschaft erlösen kann (2014, S. 20). Es gibt nichts Wirksameres gegen ein lähmendes Angstgefühl als sich mit den Möglichkeiten einer sinnhaften Lebensführung auseinanderzusetzen. Das permanente Ausgesetzt-Sein gegenüber der Angst, die über Menschen hereinbrechen kann, erinnert an die Kategorie des Unheimlichen bei Freud.[1] Eine Kontrolle des Angstgefühls ist daher eine Illusion. Es entzieht sich letztlich immer auch ein Stück weit dem Zugriff."

Angst und Furcht, eine Differenzierung Während die Angst ein sehr diffuses Gefühl impliziert, richtet sich die Furcht auf eine konkrete Bedrohung. Schon Kierkegaard hatte auf diesen Unterschied aufmerksam gemacht: „Der Begriff Angst ist gänzlich verschieden von der Furcht und ähnlichen Begriffen, die sich auf etwas Bestimmtes beziehen. [...] Angst kann man vergleichen mit Schwindligsein. Derjenige, dessen Auge plötzlich in eine gähnende Tiefe hinunterschaut, der wird schwindlig." (Kierkegaard 1996, orig. 1844, S. 40, 57) Diese „Schwindelgefühle" stehen für die Ungreifbarkeit der Angst, ihre Diffusität und Nicht-Handhabbarkeit. Sie überkommen den Menschen, manchmal aus dem Nichts, und genauso schnell kann sie sich auch wieder verflüchtigen. In der realen Welt gibt es allerdings Mischformen. Der ängstliche Mensch hat Angst im dunklen Wald, sobald er ein unbekanntes

---

[1] Das Unheimliche bei Freud (1989, orig. 1919, S. 217) steht für das Folgende: „Das Unheimliche des Erlebens kommt zustande, wenn *verdrängte* infantile Komplexe durch einen Eindruck wieder belebt werden oder wenn *überwundene* primitive Überzeugungen wieder bestätigt scheinen."

und nicht zuordenbares Geräusch hört. Der furchtlose Mensch hingegen durchquert den Wald ohne mit der Wimper zu zucken und versteht die ganze Aufregung nicht.

FOMO – The Fear Of Missing Out Die Angst, etwas zu verpassen, ist in unseren aufmerksamkeitsgesteuerten Gesellschaften weit verbreitet. Und das ist ein Problem! Gerade bei Jugendlichen zeigt sich dieses Gefühl in seiner ganzen Bedrohlichkeit. Der Glaube an die Verfügbarkeit und Vernetzung mit der ganzen Welt via Smartphone hat eine empfindliche Kehrseite: die Verletzbarkeit durch fehlende Aufmerksamkeit und ausbleibende Antworten. Hinter dem „Fear-of-Missing-Out" steckt das Versprechen: Lebe dein Leben so, dass du nichts verpasst. Die täglich inszenierte Dauerbefeuerung durch die sog. sozialen Medien und die traditionellen Medien gleicht einem Affektstrom, der uns nicht nur ständig affiziert, sondern zugleich überfordert. Die Konsequenz ist, dass es immer weniger eindeutig richtige (und dementsprechend falsche) Entscheidung geben kann.

Bezüge zu anderen Affekten & Emotionen In philosophisch-soziologischen Kontexten werden sowohl Angst und Scham als auch Angst und Hoffnung häufig in einem gemeinsamen Kontext diskutiert (vgl. Demmerling und Landweer 2007). In Momenten erlebter Scham besteht die Gefahr eines Werteverlusts. In der Konsequenz wird dem Individuum die subjektive Sicherheit entzogen, die als Grundlage für die Teilhabe am gesellschaftlichen Leben betrachtet werden kann. In der Konsequenz manifestiert sich eine soziale Angst, die sich zur existentiellen Furcht verdichtet, beispielsweise die Furcht, verlassen oder nicht mehr akzeptiert zu werden. Auch der potenzielle Ausschluss aus einer Gemeinschaft kann derartige Ängste zur Folge haben. Diese Angst basiert auf einer realen oder subjektiv als negativ empfundenen Bewertung des eigenen Selbst (Neckel 1993). Damit einhergehend sind Ängste mit Urteilen verbunden, die sich mitunter auf ein drohendes, zu erwartendes Unheil beziehen. In dieser Angst-Scham-Spirale gefangen, ist das Individuum ab einem gewissen Grad nicht mehr in der Lage, sich selbst zu befreien, und ist folglich auf professionelle Hilfe von außen angewiesen.

Im Unterschied zur Angst zeichnet sich die Hoffnung dadurch aus, dass das Eintreten eines positiven Ereignisses oder zumindest eine Verbesserung der gegenwärtigen Situation als wahrscheinlich erachtet wird. Aus leiblicher Perspektive lässt sich feststellen, dass mit der Hoffnung ein Gefühl der Weite und des Sich-Öffnens einhergeht, wohingegen die Angst das Gefühl der Enge evoziert. Die Fähigkeit, Mut zu fassen und Hoffnung zu schöpfen, sind wesentliche menschliche Kompetenzen, die insbesondere in herausfordernden Zeiten von grundlegender Bedeutung sind.

Resümee Die Wirkmächtigkeit von Ängsten ist als diffus wahrgenommene Befürchtung nicht zu unterschätzen. Wird aus einer diffusen Angst eine konkrete Furcht, besteht die Möglichkeit, sich diesem Furchtempfinden zu stellen und es auf diese Weise zu überwinden. In manchen Fällen ist hierfür die Unterstützung durch therapeutische Fachkräfte erforderlich (Stossel 2014). Affektive Anteile bei Ängsten, insbesondere bei einem Überwiegen derselben, können sich zu Paniken, Hysterien und weiteren irrationalen Zuständen entwickeln, welche sich einer Kontrolle entziehen. Von zentraler Bedeutung ist die Verbindung zwischen Angst und Macht, insbesondere wenn Angst zum Instrument mächtiger Herrscher oder Interessen wird. In vielen Fällen sind Ängste mit Schamgefühlen verbunden, was dazu führt, dass sie nicht offen gezeigt werden. Stattdessen manifestieren sie sich häufig auf indirekte Weise oder werden vollständig verborgen gehalten. Des Weiteren ist es erforderlich, Angst als generationsspezifisches Phänomen zu untersuchen. Die Ängste der älteren Generation sind vielfach von den Themen Krankheit, Sterben und Tod geprägt. Die Millenials hingegen sehen sich mit einer möglicherweise in dieser Form noch nie dagewesenen Zukunftsangst konfrontiert, welche die sozialen Bewegungen „Fridays for Future" oder die „letzte Generation" kaum zufällig auf den Plan gerufen hat. Des Weiteren ist das Gefühl der „Fear of missing out", also die Angst, etwas Entscheidendes zu verpassen, zu nennen. Die Enge der Angst steht in Korrelation mit der Weite der Hoffnung. Wem es gelingt, sich aus dem engen Korsett der Angst zu befreien, vermag Hoffnung und Zuversicht zu empfinden, was angesichts der Weltlage als durchaus bemerkenswert zu erachten ist.

Scham

Herkunft und Bedeutung Die etymologische Wurzel des Wortes „Scham" im Deutschen lässt sich auf das althochdeutsche „scama" zurückführen, welches im Mittelhochdeutschen als „scham" weiterlebte und im heutigen Deutsch als „Scham" erhalten ist. Der Begriff umfasst sowohl das Gefühl der Peinlichkeit oder des Unbehagens, das mit bestimmten sozialen oder moralischen Situationen verbunden ist, als auch das schamhafte Bedecken der Genitalien. Dies verweist auf eine enge Verknüpfung von Körperlichkeit und sozialen Normen. Das indogermanische Wort, aus dem „Scham" hervorgegangen ist, trug bereits die Bedeutung von etwas, das verborgen oder bedeckt gehalten werden sollte, sowohl im physischen als auch im übertragenen Sinn. Diese Konzeptualisierung findet sich in der Verwendung des Wortes in verschiedenen germanischen Sprachen wieder, wo ähnliche Konzepte von Verlegenheit, Bescheidenheit oder dem Bedürfnis, bestimmte Körperteile zu verbergen, beschrieben werden. Die Etymologie des Wortes „Scham" verweist demnach auf eine lange Geschichte der Assoziation zwischen moralischen oder sozialen Normen und der Körperlichkeit, die in vielen Kulturen und Sprachen zu beobachten ist. (Dudenredaktion 2020)

Affekt & Emotion Eine von dem Philosophen Robert Pfaller der Scham zugeschriebene „obszöne Überschüssigkeit" sorge dafür, dass es immer auch um die Frage eine Affektlinderung oder gar dessen Beseitigung gehe (Pfaller 2022b, S. 60). Der affektive Charakter von Scham manifestiert sich in unmittelbar körperlich gebundenen Reaktionen, wie beispielsweise dem Erröten, der spontanen Fleckenbildung im Hals- und Dekolleté-Bereich oder auch dem Stottern. Bemerkt die betroffene Person ihre Schamentäußerung, transformiert sich diese in ein mehr oder weniger handhabbares Gefühl. Die Fähigkeit zur Selbstreflexion und damit einhergehend die Möglichkeit, die eigene Scham zu bemerken, ist dem Menschen durch die „exzentrische Positionalität" (Plessner 1975) gegeben. Dennoch ist das Moment der

D. J. Wetzel, *Affektregister der Gegenwart*,
https://doi.org/10.1007/978-3-658-46134-8_10

Unverfügbarkeit konstitutiv für das Phänomen der Scham, da diese plötzlich und unvermittelt den Menschen ergreifen und in ihren Bann schlagen kann. Von entscheidender Bedeutung ist in diesem Kontext das damit einhergehende Ohnmachtsgefühl, welches erst dann endet, wenn die peinliche oder schamerfüllte Situation ihr Ende gefunden hat.

Als Auslöser für Scham werden in der Literatur soziale Prozesse angeführt (Neckel 1993, Pfaller 2022a), deren Wirkungen sich primär in der Interaktion zeigen würden. Zentral ist dabei die Funktion des Erhaltens der sozialen Ordnung. Bei einem moralischen Vergehen sorgt die Scham für geregelte Verhältnisse. Konkret entsteht Scham „instinktiv" und ist auch nicht direkt verhandel- oder steuerbar. Neckel beschreibt sie treffend als „eine Wunde am Selbst" (Neckel 1993, S. 244), die uns angreifbar und verletzbar macht. Scham wird herkömmlich mit dem Gefühl eines realen oder befürchteten Verlusts in Verbindung gebracht. Für Robert Pfaller ist die Scham „nicht nur ein Affekt, sondern ein soziales Regulierungssystem, so wie die Schuld auch. Und zu diesem System gehört ganz entscheidend das Diskretionsgebot. Dieses Gebot wird bei uns aber massiv missachtet, denn wir leben in einer Schuldkultur. Darum können wir mit der Scham nicht mehr so gut umgehen wie andere Kulturen." (Pfaller 2022b)

Klassiker der Schamtheorie Dahinter steckt der von Norbert Elias diagnostizierte „Prozess der Zivilisation" (1989). Dieser besagt, dass sich Scham- und Peinlichkeitsgrenzen im Zuge einer zunehmenden Rationalisierung verändern. Scham spielt bei der Verwandlung von Fremd- in Selbstzwänge eine zentrale Rolle. Hans-Peter Duerr widerspricht dem von Elias behaupteten Zivilisationsprozess und begreift diesen als „Mythos" (Duerr 1994). Er proklamiert für moderne Gesellschaften eine Krise der Scham und stellt fest, dass es Individuen zunehmend einfacher falle, sich beschämenden Situationen zu entziehen. Ich bin überzeugt, dass diese Einschätzung angesichts des Einsatzes der sogenannten sozialen Medien überprüft werden muss. In der digitalen Welt kann sehr schnell (und oftmals zu Unrecht) ge- und verurteilt werden, was Schamgefühle evoziert.

Phänomenologie der Scham Pfaller betont zurecht den „binären Charakter" der Scham: „Sie ist kaum jemals graduell, sondern immer *total;* es geht um Sein oder Nichtsein." […] Außerdem sei die Scham „trianguliert". „Das bedeutet, sie bezieht sich auf einen Tatbestand und ist nicht bloß die Meinung anderer." (2022, S. 60) Diese hartnäckige Faktizität der Scham lässt sich nicht leugnen. Sie scheint im Sinne einer anthropologischen Grundkonstante in die Körper eingeschrieben zu sein. Die Frage nach einer *unbewussten Scham* (Wurmser 1998) ist ebenfalls von großem Interesse. Diese Art von Scham tritt in verschiedenen Masken in Erscheinung. „Sie zeigt sich in Gestalt von Reaktionsbildungen: zum Beispiel als Kälte, Erstarrung, scheinbare Arroganz, Verachtung, oder auch umgekehrt als Unterwürfigkeit, Tendenz zur Selbsterniedrigung, Gehemmtheit, Ängstlichkeit, als Schuldgefühl, als Phobie [...], in Trotzhandlungen, als Lust an der Peinlichkeit, Exhibitionismus, als zwanghafter Ehrgeiz und Erfolgsstreben, kontraphobische Aggression etc." (Pfaller 2022, S. 54). Diese Lust an der Verwandlung macht die Identifikation der Scham nicht immer einfach, vielmehr zu einem mitunter detektivischen Unterfangen.

Scham und Schuld[1] Durch die Einsicht in das Übertreten von Normen, deren Geltung eine Gesellschaft oder ein Individuum anerkannt haben, fühlen sich Menschen normalerweise schuldig. „Die Schuld entspricht darum in vielen Fällen stärker den eigenen Überzeugungen der Schuldbewussten, wohingegen die Scham ihre Subjekte meist gegen deren Willen und oft gegen deren Überzeugung befällt." (Pfaller 2022a, S. 51) Insofern Neckel moralische und soziale Scham voneinander unterscheidet, entsteht letztere für ihn durch äußere Zwänge oder Konventionen. In Konsequenz dessen resultiert eine Beeinträchtigung des Selbstwertgefühls bei einer Verletzung von Konventionen oder dem Negieren von auferlegten Zwängen. In gewisser Weise vergleichbar mit Freuds Vorstellung des Über-Ichs betrifft die moralische Scham die inneren Gebote und ist stärker von Schuldgefühlen umrahmt. Obwohl Schuld und Scham häufig miteinander verbunden sind, besteht ein wesentlicher Unterschied darin, dass Schuld einer Normverletzung folgt, während Scham auf der Vorstellung beruht, dass andere von der Normverletzung wissen könnten und damit die „Diskrepanz zwischen dem realen und idealen Selbstbild" (Neckel 1993, S. 249) zur Geltung gebracht wird.

Gegenwartsdiagnose Wenn sich Menschen in Gesellschaften für gar nichts mehr schämen würden, wäre das ein ernsthaftes Problem. Denn sich zu schämen, gehört zur anthropologischen Verfasstheit des Menschen ganz wesentlich. Wer sich nicht mehr schämt, handelt unmenschlich. Wenn Menschen das Gefühl haben, etwas falsch oder nicht gut gemacht zu haben, ist das Gefühl der Scham nicht weit. Die Poetin Lea Schneider schreibt: „Scham erinnert uns, unkontrollierbar und schmerzhaft, dass wir Körper sind, die zum Überleben auf die Hilfe anderer Körper angewiesen sind." (2021, S. 32) Wir setzen uns immer wieder anderen Körpern aus, weil wir gar nicht anders können. Und gerade dadurch machen wir uns verletzbar, zeigen

---

[1] Eine Unterscheidung in Scham- und Schuldkulturen, wie diese von Ruth Benedict vorgenommen worden ist, halte ich für eine zu einfache Dichotomisierung und zu pauschalisierende Zuschreibung.

unsere Vulnerabilität: „As potenzial, vulnerability is a condition of openness, openness to being affected and affecting in turn." (Gilson in Schneider 2021, S. 33) Mit anderen Worten: Scham verbindet uns, hält uns in Kontakt mit anderen Menschen, auch wenn es sich um ein meistens negativ bewertetes Gefühl handelt, wenn wir konkrete Scham empfinden. Welche Haltung nehmen Menschen ein, wenn diese Scham empfinden? Es findet ein Rückzug in sich selbst statt, Individuen wenden sich von anderen Menschen ab. In diesem Moment des Schamempfindens wollen Menschen möglichst allein sein – und darauf hoffen, dass das negative Gefühl doch nun endlich vergehen werde. Tatsächlich lässt sich die Haltung, mit der des Lesenden parallel setzen. „If the lowering of the eyelids, the lowering of the eyes, the hanging of the head is the attitude of shame, it may also be that of reading", wie Sedgwick mutmasst (zitiert in: Schneider 2021, S. 36).[2]

Fremdschämen Das Phänomen des Fremdschämens tritt auf, wenn Menschen sich danebenbenehmen, ohne dabei Reue oder Scham zu zeigen. Es ist für mich persönlich eine peinliche Situation, wenn eine Person scheinbar grundlos in einen Tobsuchtsanfall gerät und sich dabei nicht zurückhalten kann. Ein weiteres Beispiel für das Phänomen des Fremdschämens ist die Situation, in der eine Person, der man vertraut, sich zu einer Aussage hinreißen lässt, die als hirnrissig bezeichnet werden kann. Dem Phänomen des Fremdschämens liegen stets (moralische) Beurteilungen zugrunde, die im Zweifelsfall nicht von allen geteilt werden müssen. Der Druck, der vom sich Fremdschämenden auf den sich gefälligst zu Schämenden ausgeht, kann gesellschaftlich betrachtet angemessen sein oder auch danebenliegen. Insofern lässt sich eine auch moralisierende Praktik beobachten, die eine machtvolle Asymmetrie zwischen dem Fremdschämenden und dem davon Betroffenen erzeugt. Die Anmaßung, über die affektive Regulierung bei anderen zu entscheiden, beinhaltet eine sozial regulative Funktion, die für Ordnung sorgen soll. Die soziale Positionierung ist durch schamhaftes und schuldvolles Verhalten bedingt und dient der Orientierung in sozialen Situationen. Gleichzeitig kann die Praktik des Fremdschämens auch von eigenen Vergehen und Fehlverhalten ablenken und den Fokus auf moralisch vermeintlich unterlegene Menschen verschieben. Dabei wird das Gefühl für Fairness und Gerechtigkeit dem anderen gegenüber beeinträchtigt. Stattdessen dient eine solche Praktik des Fremdschämens der eigenen moralischen Überhöhung. Damit wird das meistens vorherrschende Unverständnis über den Sich-Schämenden gleichsam umgangen.

---

[2] Das beim Akt des Lesens sich vollziehende Abwenden von der Welt, kann durchaus schambehaftet sein, insofern sich die Lesenden selbstbezogen nicht um die anderen oder um die Missstände der Welt kümmern.

Techniken, Strategien und Praktiken der Beschämung (shaming) Im Zuge des Individualisierungsprozesses wird die Verantwortung für das (vermeintliche) Versagen des Individuums zunehmend diesem selbst zugeschrieben, wodurch der/die Einzelne anfälliger und verletzlicher für Praktiken der Beschämung wird (Neckel 1993). Die sozialen Medien fördern den Prozess der Beschämung, insbesondere in den sog. sozialen Netzwerken. Die größere Reichweite und Sichtbarkeit von (Self-) Postings erzeugt auf der einen Seite einen verstärkten Druck zur Selbstbehauptung. Gleichzeitig macht sich das Individuum verletzlicher für diverse Beschämungsmittel, zu denen Praktiken des Ausschließens, der Degradierung, der Prüfung und der Entwertung zählen, zugänglich. Andererseits führt die Möglichkeit der anonymen Meinungsäußerung zu einer Verschiebung der Schamgrenze, wodurch die Einflussnahme der Beschämungsmittel relativiert wird. In der Konsequenz bedeutet dies, dass das „sichtbare Individuum" einer erhöhten Beschämungsgefahr ausgesetzt ist, welche ihrerseits vom „anonymen Individuum" ausgeht.

Bezüge zu anderen Affekten & Emotionen Das Zusammenspiel von Macht, Scham und Schuld lässt sich exemplarisch am Verhalten von Donald Trump verdeutlichen. Das als scham- und ruchlos zu qualifizierende Verhalten Trumps muss als Kalkül (oder zumindest als in Kauf genommene Praktik) verstanden werden. Dieses Vorgehen ermöglicht es ihm, seine Anhänger:innen zu affizieren und letztlich zu mobilisieren, wie der Sturm auf das Kapitol exemplarisch verdeutlicht. Der gezielte und wiederholt praktizierte Tabu- und Regelbruch verschafft Trump die medienwirksame Aufmerksamkeit, die er benötigt, um seine politischen Kontrahent:innen zu desavouieren. Als knallharter, narzisstischer Machtpolitiker ohne Rücksicht auf Verlust verfängt seine Kampagne „Make America Great Again" auch als Strategie der Beschämung. Dies wird ersichtlich, wenn betrachtet wird, wie Trump wiederholt versucht, seine Gegner:innen als unpatriotisch, als Heimatverräter:innen oder als Kommunist:innen bloßzustellen. Obgleich Trump aufgrund einer Vielzahl von Vergehen und Straftaten längst hinter Gittern sitzen müsste, gelingt es ihm und insbesondere seinen Anwälten (bis hin zum Supreme Court), jegliche Schuld von sich zu weisen beziehungsweise sich durch Geldzahlungen freizukaufen. Zur Kenntnis genommen werden muss, dass eine Reuebekundung oder ein Schuldbekenntnis seitens Trumps nicht zu erwarten ist, wobei dies nicht allein auf juristische Gründe zurückzuführen ist. Bei denjenigen US-Amerikaner:innen, die sich nicht zu den Trump-Anhänger:innen zählen, könnte es zu Momenten des Fremdschämens kommen. Diese müssten sich die Frage gefallen lassen, wie es dazu kommen konnte, dass jemand wie Trump das höchste Amt der Vereinigten Staaten von Amerika überhaupt erlangen konnte. Möglicherweise empfindet Trump mit seinem absurd-grotesken Gebaren zumindest so etwas wie Statusscham.

Statusscham Neben der sattsam bekannten *Statusangst* (Alain de Botton) manifestiert sich in spät- und postmodernen Gesellschaften verstärkt die Statusscham. Es lässt sich vermuten, dass ein solches Gefühl bereits in früherer Zeit in unterschiedlichen Formen existierte, sobald sich Menschen in Gemeinschaften organisierten. In diesem Kontext kann auf die von Freud geprägte Bezeichnung „Urhorde" verwiesen werden. Im Allgemeinen steht Statusscham für ein Gefühl der ökonomisch-sozialen Unterlegenheit, also die Wahrnehmung, gesellschaftlich nicht mehr mithalten zu können oder sich aus subjektiver Sicht in der falschen, weil inferioren sozialen Position zu befinden. Der Bezugsrahmen bildet dabei das eigene soziale Umfeld, das eigene Milieu, allenfalls noch die soziale Schicht. Das Unbehagen über die eigene Positionierung, welches vielen Menschen vertraut ist, wird in einer Gesellschaft, die mit einem Aufstiegsversprechen ausgestattet ist, als „normal" wahrgenommen. Dies führt unmittelbar zu einer Suche nach einem Schuldigen. Die Frage, ob der/die Einzelne selbst schuld ist (und sich für seine/ihre inferiore Lage zurecht schämt) oder ob andere dafür verantwortlich gemacht werden, steht im Mittelpunkt der Betrachtung. Der neoliberale Diskurs über die Verantwortung des Einzelnen wälzt die Schuld auf den Einzelnen ab, wodurch das Potenzial für Schamgefühle eher ansteigt als abnimmt. Die Person, die sich schämt, wird alles in ihrer Macht Stehende tun, um ihren Zustand zu verbergen, da dieser sozial unerwünscht und mit Nachteilen verbunden ist. Es stellt sich jedoch die Frage, welche Umstände dazu führen, dass Menschen ein Gefühl der Scham bezüglich ihres Status entwickeln. Insofern dieses Gefühl tatsächlich empfunden wird, lässt sich eine Form der Vergesellschaftung und/oder Vergemeinschaftung feststellen, der die Einzelnen nicht entkommen können. Der erstrebenswerte Zielpunkt wäre demnach eine Art der Statuszufriedenheit, die tatsächlich realistischerweise erreicht werden kann und insofern als erstrebenswerter Zustand zu betrachten ist.

Resümee Obgleich Scham und Schuld in einem engen Zusammenhang stehen, ist eine analytische Trennung beider Konzepte erforderlich. Die Tatsache, dass Scham häufig unbewusst ist, erschwert ihre Identifikation, macht sie jedoch gleichzeitig zu einer wirkmächtigen Emotion. Im Gegensatz zur Schuld, die sich auf die Verletzung gesellschaftlicher Normen und Konventionen bezieht, betrifft die Scham das „ganze" Individuum und dessen (moralischen) Selbstwert. Soziales Schämen erfolgt, wenn eine Diskrepanz zwischen der Außen- und der Innenwelt entsteht, die auf unterschiedlichen Gründen basiert. Affektive Anteile manifestieren sich in körperlichen Reaktionen, welche sich der Kontrolle der Betroffenen entziehen. Beschämungstechniken finden nicht nur, aber insbesondere in den sog. sozialen Medien Anwendung. Das Ziel ist, dass sich die betroffene Person schämt und sich von der Bühne der Öffentlichkeit zurückzieht, wenn sie sich „unmöglich gemacht" hat. Robert Pfaller bringt dies auf den Punkt. „Denn in der Scham geht es niemals darum, in irgendeiner Hinsicht schlecht abgeschnitten zu haben. Sie entsteht vielmehr dann, wenn man gleichsam überhaupt nicht mehr irgendwie abschneiden kann." (2022, S. 57) Im Kontext der Scham werden zudem andere Affekte und Emotionen evident, wie beispielsweise Angst oder Wut. Der ängstliche Mensch neigt eher zu Scham als der Selbstbewusste und Unerschrockene. Zudem kann eine erlittene Beschämung, gerade weil diese ins Mark des eigenen Selbstverständnisses trifft, Wut und manchmal auch Zorn hervorrufen. Ein besonderes Verhältnis besteht zwischen Scham und Macht. Derjenige, der sich einer Scham ausgesetzt sieht, empfindet in der Regel Ohnmacht, während derjenige, der sich in einer Situation des Fremdschämens befindet, sich selbst in die Position des Überlegenen manövriert. Und manche Menschen scheinen überhaupt kein Scham- und Schuldempfinden an den Tag zu legen. Diesbezüglich sei auf die Person von Donald Trump verwiesen, der zwar andere beschämt, sich aber ganz offensichtlich als keinen Schamgrenzen und Schuldgefühlen unterworfener Mensch versteht. So lebt es sich vermeintlich leichter und unbeschwerter. Die Frage ist dann nur, auf wessen Kosten?

Neid

Begriff und Bedeutung Es erscheint sinnvoll, Neid, Missgunst und Eifersucht voneinander zu unterscheiden. Wenn wir jemandem seinen Besitz oder Erfolg nicht gönnen und diesen selbst haben möchten, sprechen wir von Neid. Dieses Wort stammt vom althochdeutschen „nîd" (auch „nîdh" oder „nîth") und mittelhochdeutschen „nît". Ursprünglich bedeutete es die Absicht, dem Feind im Kampf zu schaden. Laut etymologischen Forschungen hatte der Begriff bis ins Neuhochdeutsche hinein eine positive Bedeutung im Sinne von „Eifer". *Missgunst* hingegen kann aus Neid entstehen und betont die ablehnende Haltung gegenüber einer anderen Person, indem man ihr schaden oder etwas wegnehmen möchte. *Eifersucht* unterscheidet sich vom Neid dadurch, dass hier nicht der Wunsch im Vordergrund steht, sondern die Angst vor Verlust. Wir fürchten, die Liebe oder die Eigenschaften einer Person mit anderen teilen oder abgeben zu müssen.[1]

Affekt & Emotion Der Soziologe Rainer Paris bestimmt den Neid affekttheoretisch folgendermaßen: „Neid ist ein aggressives, mehr oder minder dauerhaftes Gefühl, das einem konkreten anderen einen positiv bewerteten, allgemein sichtbaren Besitz (ersatzweise: Fähigkeiten oder Erfolg) verübelt, den man selbst stark wünscht und erstrebt und der einem gleichzeitig unerreichbar scheint." (2010, S. 7) Neid kann als ein destruktives, unangenehmes und nicht gerne eingestandenes Gefühl definiert werden, welches auf der Praxis des sozialen Vergleichs basiert. Die Nähe zur beneideten Person spielt bei diesem Vergleich eine entscheidende Rolle. Es besteht meistens keine Veranlassung, sich mit dem Reichtum eines Menschen zu befassen, der nicht dem eigenen Bekanntenkreis angehört. Allenfalls mache ich

---

[1] https://taz.de/Von-Nid-zu-Neid-Eine-Woerterkunde/!5493665/

D. J. Wetzel, *Affektregister der Gegenwart*, https://doi.org/10.1007/978-3-658-46134-8_11

mir diesbezüglich aus gerechtigkeits- und verteilungstheoretischen Fragen Gedanken, aber neidisch bin ich nicht. Der Neid wird ausgelöst durch den Anblick des wunderschönen Gartens des Nachbarn, den ich mir ebenfalls wünsche, durch die Erfolgsmeldung eines Kollegen, der erneut einen Preis erhalten hat, oder durch das Konzert einer befreundeten Band, deren Sängerin eine bemerkenswerte stimmliche Leistung erbringt, die ich selbst vermutlich nie erreichen werde. In Abgrenzung zu den vergleichsweise harmlosen Fällen von Neid betonen Maiwald und Sürig (2019, S. 188), dass Neid auch ein zerstörerisches Motiv sein kann. „Es geht nicht nur um das Haben-Wollen, sondern auch um die Zerstörung des Besitzes der oder des anderen. Die Grundhaltung ist gerade nicht: ‚Wenn ich das von dem anderen hätte, wäre ich zufrieden‘, sondern eben: Wenn der andere das (auch) nicht hätte, dann wäre ich zufrieden." (2019, S. 188) Anders gesagt: Wenn ich schon nicht das begehrte Ding oder Gut bekomme, dann soll es der andere erst recht auch nicht bekommen.

Zusätzlich kann der Neid affektiv auftreten, wenn ein Erfolg einer anderen, mir nahestehenden Person eintritt. Dieser zunächst unbewusste und dadurch schwer steuerbare Affekt kann sich zu einem anhaltenden Neidgefühl entwickeln, wenn ich mich fortwährend mit den Erfolgen der anderen konfrontiert sehe. „Zum Gefühl des Neids gehört des Weiteren, so Neckel (2000a), die Vorstellung von der Welt als ein Nullsummenspiel: Das, was die andere hat, fehlt mir; und es fehlt mir deshalb, weil die andere es hat." (Maiwald und Sürig 2019, S. 187) Für den Neiderfüllten spielt es keine Rolle, dass das gar nicht immer richtig und wahr sein muss. Doch eines ist sicher: Es gibt nur eine begrenzte Anzahl attraktiver Jobs, ruhiger Wohnlagen und begehrenswerter Partner:innen. Das führt zwangsläufig zu einem Kampf um diese Dinge und Personen. Und schon tritt der Neid auf den Plan. In einer Gesellschaft knapper Güter, einer begrenzten Anzahl guter Stellen und ungleicher Einkommens- und Vermögensverhältnisse ist das Neidgefühl immer greifbar, sozusagen in Reichweite.

Phänomenologie des Neids Neid ist eine feindselige Emotion, das ist faktisch so (Haubl 2001, S. 18). Es ist verpönt, neidisch zu sein oder den Neid direkt zu zeigen. Die neidische Person muss ihre Neidgefühle tunlichst verbergen. Aber manchmal lässt sich der Neid nicht unterdrücken, legt er seine (hässliche) Maske ab. In diesen Momenten macht sich der Neid in Mimik, Gestik und körperlichen Befindlichkeiten bemerkbar, auch deshalb, weil wir diese expressiven Momente im Allgemeinen weniger kontrollieren können. Wolfgang Sofsky beschreibt dies sehr eindrücklich: „Es sticht und nagt in den Eingeweiden, es schnürt die Kehle zu und läßt den Atem stocken. Um sich nichts anmerken zu lassen, beißt der Neider die Zähne zusammen und schaut schräg nach unten. Nur notdürftig verbirgt der scheelsüchtige Blick seine Begierde. Neid spannt den Körper an und steigert die Aufmerksamkeit. Immer neue

Indizien sucht er, und sind keine zu finden, so erfindet er sie einfach. Neid schlägt das Denken in seinen Bann, lenkt Wahrnehmung und Phantasie. Wie ein innerer Zwingherr regiert er Körper, Gefühl und Verstand." (2009, S. 154) Ein Mensch, der von Neid zerfressen ist, wird eine Beeinträchtigung seiner Lebensqualität erleiden, sofern es ihm nicht gelingt, seine Neidgefühle zu kontrollieren. Anstatt sich auf die eigenen Stärken und Erfolge zu konzentrieren, wird er von einem letztlich krank-machenden sozialen Vergleich beeinflusst, was dazu führen kann, dass er entweder von Depressionen oder von Zorn gegenüber anderen Betroffenen geplagt wird.

Subjektivität des Neidgefühls Neid hat immer auch etwas mit der je eigenen Per-sönlichkeit zu tun. Was den einen mit Neid erfüllt, lässt den anderen kalt. Das bedeutet, dass Neid sehr stark an die einzelne Person und deren Gefühle gebunden ist. Ich beneide jemanden wegen seines beruflichen Erfolgs in der Wissenschaft (und gönne es ihm/ihr nicht wirklich). Das kann jemand außerhalb der Wissen-schaft vielleicht nachvollziehen, aber kaum gefühlsmäßig nachempfinden und von sich aus dementsprechend entwickeln. Neid gibt es in vielen Formen und er führt oft zu bösen Konsequenzen. Als Faustregel könnte gelten: Wenn du wieder einmal neidisch bist, erinnere dich daran, dass alles im Leben endlich ist und dass nichts von Dauer ist.

Von einer besonderen Form des Neids, nämlich des *Selbstneids,* berichtet Haubl (2001, S. 28): Demzufolge „beneide ich mich um das, was ich einmal war oder um das, was aus mir hätte werden können. Die Feindseligkeit besteht dann darin, daß ich mich [...] selbst nicht mag, weil meine körperliche Kraft und geistige Frische, auf die ich in meiner Jugend stolz gewesen bin, mit zunehmenden Alter nachlassen". Ich bin überzeugt, dass man eine solche Form des (Selbst-)Neids überhaupt erst identi-fizieren kann, wenn man über eine hohe Selbstreflexivität verfügt. Insgesamt dürfte sie im Vergleich mit dem Neid auf andere doch eher einen geringeren Stellenwert einnehmen. An dieser Stelle ist der Neid auf andere Lebensformen interessanter. Ich bin vielleicht ein wenig neidisch auf das gute Leben meiner Hauskatze, weil sie ein sorgloses und ruhiges Leben verbringt, in dem mir allenfalls die Rolle des sorgenden Dieners zukommt. Die Katze lebt frei von Arbeitszwängen und den damit einhergehenden Stresssymptomen im Hier und Jetzt. Sie spürt intuitiv, dass sie sich auf die Betreuung verlassen kann, und hat dafür sogar noch Kost und Logis frei.

Erscheinungsweisen des Neids Auf der diskursiven und rhetorischen Ebene lassen sich die Praktiken des Lästerns und des Nörgelns beim neidischen Menschen als weit verbreitet beschreiben, wie beispielsweise Sofsky (2009, S. 162) zeigt. Selbstredend werden derlei Praktiken lediglich von anderen angewandt, nicht jedoch von einem selbst. Obgleich man selbst niemals zu einer derartigen Handlung tendieren würde, bleibt die Möglichkeit, dass dies doch irgendwann der Fall sein könnte. Beim Lästern steht die Rufschädigung des Betroffenen sowie dessen soziales Unmöglich machen im Mittelpunkt. Dabei werden Dritte instrumentalisiert, mit denen sich der neidische Mensch zu verbünden trachtet. Nörgeln beinhaltet passiv-aggressive Momente der Unzufriedenheit, die aus verschiedenen Gründen nicht aktiv zum Ausdruck gebracht werden dürfen. Die offene Kritik ist in der sozialen Situation nicht opportun, da Nachteile befürchtet werden. Indizien für eine potenziell neiderfüllte Person sind daher das Grummeln und der böse Blick. Es ist jedoch zu berücksichtigen, dass das Lästern und Nörgeln auch integrative und gemeinschaftsstiftende Aspekte aufweist. Zudem kann Lästern und Nörgeln auch als eine Form der Psychohygiene betrachtet werden, da durch das Ausleben dieser Verhaltensweisen ein Ventil für negative Emotionen geboten wird. Dies kann insbesondere gegenüber Autoritätspersonen oder Kolleginnen und Kollegen der Fall sein.

Neid in der Leistungsgesellschaft *Neidisch sind immer nur die anderen* (2001), so lautet der sprechende und instruktive Titel des Buches von Rolf Haubl.[2] Das galt früher und gilt auch heute noch. Ein Stück weit gehört der Neid zur Leistungsgesellschaft. Es wird so getan, als ob alle alles haben könnten (würden sie sich nur genug anstrengen). Faktisch jedoch schüren die überall vorhandenen großen und kleinen Ungleichheiten das Neidgefühl. Wenn der Neid überhandnimmt, droht er, Beziehungen oder gar ganze Teile der Gesellschaft zu spalten. Der oder die Beneidete wird zum Mittelpunkt, nicht mehr der Wettbewerb als vermeintlich gerechter Verteiler der begehrten Güter. „Denn das Gefühl des Neids unterschlägt das Vermittelte jeder Konkurrenzbeziehung; es fokussiert die Konkurrentin, nicht die Bedingungen der Entscheidung der Konkurrenz. (Und von hier aus öffnet sich dann auch schnell der Weg zum Ressentiment, weil das Imaginäre des Neids eine emotionale Aufladung des Vorurteils ermöglicht.)" (Maiwald und Sürig 2019, S. 188). Während der Neid sich nach einiger Zeit wieder legt, verfestigt sich dieser im Ressentiment und transformiert sich in heimlichen Groll.

Die moderne Gesellschaft hat das Leistungsprinzip als Vorkehrung gegen den Neid erfunden – und das aus gutem Grund! Das meritokratische Prinzip sorge für eine gerechte und angemessene Belohnung. Wer mehr leistet, soll auch mehr bekommen. Im Gegensatz zur Adelsgesellschaft, wo Besitz und Verdienste an die Herkunft bzw. Ständezugehörigkeit geknüpft waren, werden sie jetzt erworben.

---

[2] Haubl geht so weit, von einem „Neidklima", dieses gleichsam zwischen „Neiderregung und Neiddämpfung" situierend, (ebd., S. 12) zu sprechen, was sich in Gesellschaften oder Gruppen zeigen würde. Was für Gruppen vielleicht noch einigermaßen nachvollziehbar anmutet, gerät bei Gesellschaften unter den Verdacht einer zu schnellen Pauschalisierung.

Sighard Neckel zeigt jedoch überzeugend, dass wir eine „Erosion des Leistungsprinzips" erleben (Neckel 1999). Dies liegt vor allem daran, dass spät- oder postmoderne Gesellschaften primär auf Erfolg statt auf Leistung setzen. Was zählt, ist die Logik des (faktischen) und performativ zu wiederholenden Erfolgs. Das ist der Ideologie des meritokratischen Prinzips nicht unbedingt zuträglich. Da sowohl Leistung als auch Erfolg hochgradig sozial zugeschriebene Kategorien sind, sind sie natürlich auch anfällig für Kritik und Vorwürfe der Beliebigkeit. Schließlich sind es ja „nur" konstruierte Begriffe und Konzepte. Ich möchte hier nicht näher auf die komplizierte Diskussion der Bestimmung und des Zusammenhangs zwischen Leistung und Erfolg eingehen. Aber eines sollte klar sein: Dadurch werden Tür und Tor für Neid geöffnet. Denn wenn es ja nur Zuschreibungen sind, können diese auch revidiert werden. Dies kommt besonders dann zur Geltung, wenn man sich unfair und ungerecht behandelt fühlt. Wenn dem nicht stattgegeben wird, entstehen zwangsläufig Neid- und Wutgefühle.

Bezüge zu anderen Affekten & Emotionen Wie wir bereits gesehen haben, ist das Ressentiment ein enger Verbündeter des negativen Neids, aber auch Wut und Hass gehen häufig damit einher, wie Paris zurecht anmerkt, denn der Neid tendiere aus sich heraus, „sich in andere, die aggressiven Antriebe noch einmal verstärkende destruktive Leidenschaften wie Haß und Ressentiment zu transformieren, weil er auf diese Weise seine Handlungshemmung überwinden und sich gleichzeitig ein gutes Gewissen verschaffen kann" (2010, S. 34). Neid hingegen operiert im Unter- oder Hintergrund, um dann punktuell an der Oberfläche aufzutauchen. Wut und Hass hingegen münden häufig in direkt gewaltsame Aktionen, um dem Hassenden Erleichterung zu verschaffen. Neid und Hass wollen beide, dass es dem anderen schlecht ergeht und im Zweifelsfall (sozial) vernichtet wird. Der Unterschied liegt in der Wahl der Mittel und der Vehemenz. Im Unterschied zum an das einzelne Individuum angebundenen Neid handelt es sich bei Hass und Ressentiments um „kollektivitätsstiftende Gefühle" (ebd., S. 36), die auch Gruppen und Gemeinschaften zu erfassen in der Lage sind. Diese Gefühle sind in sozialen und vor allem politischen Zusammenhängen brandgefährlich.

Verarbeitungs- und Bewältigungsmechanismen Die Präsenz des Phänomens Neid lässt sich über die gesamte Existenz des Menschen hinweg beobachten. Folglich ist es von essenzieller Bedeutung, sich mit dieser Emotion auseinanderzusetzen und adäquate Bewältigungsstrategien zu entwickeln. Dabei zeigen sich hinsichtlich der individuellen Reaktionen und Umgangsweisen mit Neid signifikante Unterschiede. Haubl (2001, S. 17) erwähnt drei Formen der psychosozialen Verarbeitung: (1) „Der depressiv-lähmende Neid", der dann entsteht, wenn ich einsehe, ein bestimmtes

Gut nicht bekommen zu können und mir das gleichsam selbst vorwerfe. Das (ohn-
mächtige) Gefühl der Niedergeschlagenheit ist hier maßgebend. Diese resignative
Haltung macht den Einzelnen tendenziell handlungsunfähig (2) Der „Ehrgeizig-
stimulierender Neid": Hier wird das Neidgefühl in eine Anstrengung transformiert,
denn ich möchte selbst das erreichen, was der von mir Beneidete bereits erreicht
hat. Dieser an sich „positive" Neid kann sich allerdings mit negativen Ausprägungen durchaus mischen, vor allem dann, wenn aus dem ehrgeizigen Aufwand nichts
resultiert (3) „Empört-rechtender Neid": Ein solches Ungerechtigkeitsempfinden
entsteht, wenn eine Person ein Gut oder eine Sache zu Unrecht erhalten hat und ich
dies mit Sicherheit weiß. Dies resultiert in einer Beeinträchtigung meines Gerech-
tigkeitsempfindens. Diese Erfahrung kann bei den Betroffenen zu Wut und Ärger
führen, wobei sich diese Gefühle langfristig zu einem Ressentiment, d. h. einer
dauerhaften, negativen Einstellung, entwickeln können.

Resümee Das Neidgefühl kann sich zwar affektiv entzünden und punktuell in
Erscheinung treten, aber in den meisten Fällen zeigt sich der Neid als ein lang
anhaltendes, destruktives Gefühl. Es ist einfach nicht schön, vom Neid zerfressen zu
sein – weder für einen selbst noch für die anderen. Unsere auf den sozialen Vergleich
ausgerichtete Gesellschaft versteht sich sehr gut darin, den Neid zu kaschieren, zu
verbergen und als sozial verpöntes Gefühl zu brandmarken. Allerdings gelingt das
nicht immer. Dann geht der Neid eine unheilvolle Verbindung mit Wut, Hass und
Zorn ein oder wird gar von diesen aggressiven Gefühlen ersetzt, wie Sighard Neckel
schreibt. „Wo der Neid sozialen Kränkungen noch eine Richtung gab, kündet Wut
von der Aussichtslosigkeit, am Wettbewerb teilnehmen zu können" (1999, S. 162 f.).
Grün vor Neid sein oder gelb vor Neid werden – das sind die zwei Farben des Neids.
Wir unterstellen gerne, dass immer nur die anderen neidisch sind – und wir umgekehrt natürlich nie. Es ist wichtig, zwischen positiven und negativen Ausprägungen
des Neids zu unterscheiden. Während dem negativen Neid etwas Zerstörerisches
in Sozialbeziehungen innewohnt, kann der positive Neid Ansporn und Motivation
liefern. Ich beneide den anderen zwar auch in diesem Kontext, aber ich gönne ihm
seinen (vermeintlichen) Vorteil, ohne dass mich das zerfrisst. In einer von Neid
geprägten Leistungs- und Wettbewerbsgesellschaft ist die Praxis des Gönnens ein
seltenes Gut.

Ressentiment

Begriff und Bedeutung Ressentiment ist genuin kein deutsches Wort, sondern stammt aus dem Französischen und lässt sich wie folgt genauer erfassen. Das Wort „Ressentiment" ist, ähnlich wie „Milieu", ein Begriff aus der französischen Sprache, für den es in keiner anderen Sprache ein passendes Ersatzwort gibt. Es leitet sich vom französischen Verb „ressentir" ab und ist seit dem 16. Jahrhundert in der französischen Literatur belegt. Das Verb bedeutet im Grunde ein intensives und anhaltendes Empfinden, ohne dabei den Inhalt des Gefühls zu bestimmen. In ähnlicher Weise kann das Substantiv „Ressentiment" eine starke und nachhaltige Empfindung bezeichnen, die zunächst neutral sein kann. Allerdings wird dieses insgesamt häufiger mit negativen Gefühlen assoziiert, da solche Empfindungen nachhaltiger und eindrucksvoller sind als positive. Die Bedeutung des Verbs „ressentir" prägt somit auch das Substantiv „Ressentiment" maßgeblich. (Probst 1992, S. 920) Vermutlich kommt dem destruktiven und auf Rache sinnendem Gefühl des Ressentiments im Deutschen das Wort *Groll* am nächsten (Neckel 2021, Haubl 2011).

Affekt & Emotion Den Anfang des Ausbildens eines Ressentiments festzustellen, ist gar nicht immer so einfach. Oft ist der Beginn diffus und affekttheoretisch schwer zu bestimmen. „[Das, D.W] Ressentiment beginnt erst dort, wo bestimmte Affekte an der Stelle von Gründen, unabhängig von richtig und falsch, die Richtung vorgeben", wie Martin Seel schreibt (2004, S. 776). Diese These erscheint plausibel, denn wenn die Arena der Rationalität und des vernünftigen Austauschs verlassen wird, können Affekte und Emotionen einen Raum einnehmen, der ihnen zuvor aus guten Gründen verwehrt geblieben ist. Ein vom Ressentiment behafteter Mensch verliert die Kontrolle über dieses Gefühl, welches ihn gleichsam überkommt. Aus affektiver Perspektive entlädt sich das Ressentiment in einer spontanen Geste der

D. J. Wetzel, *Affektregister der Gegenwart*, https://doi.org/10.1007/978-3-658-46134-8_12

Unduldsamkeit oder dem Tatbestand des Nicht-wahr-haben-Wollens. In einem solchen Moment ist es nahezu unmöglich, das Ressentiment rational zurückzuhalten, es nicht auszuleben, geschweige denn, es zu verheimlichen. Das im Untergrund rumorende Ressentiment drängt an die Oberfläche. Als Hass entlädt sich das aufgestaute Ressentiment, wenn es beispielsweise um die vorgeblich unkontrollierte Migration geht, und Menschen als Antwort auf dieses „Problem" nicht zögern, Asylheime oder andere Unterkünfte anzuzünden.

In der auf sozialen Vergleich getrimmten Wettbewerbsgesellschaft fühlen wir uns alle sehr schnell einmal zurückgesetzt und ungerecht behandelt. Das Verschieben des auftauchenden Ressentiments zu einer anderen Emotion bzw. Situation ist in diesem Zusammenhang ein großes Problem. Ärger und Wut entladen sich nicht immer automatisch und treffen oft den Falschen oder die Falsche. Das gleiche gilt für Ressentiments, die sich im Habitus des Individuums als Grundgefühl niederschlagen. Diese Haltung kann dann als still vor sich hin grollende (und schmollende) Haltung zur (ach so bösen) Welt gehegt und gepflegt werden. Geschieht dies, erfährt das Ressentiment eine Transformation von einem affektiven Zustand hin zu einer dauerhaften Emotion. Der ressentimentgeladene Mensch braucht nur einen Anlass, um sich dieser Stimmung zu bedienen und andere in ihre Schranken zu weisen. Dabei wird die eigene Schwäche und (imaginierte) Unterlegenheit zu einer Geste des Herab- und Zurückweisens.

Phänomenologie des Ressentiments Beim Ressentiment begegnen wir einer „rachsüchtige[n] Haltung" (Haubl 2001, S. 86), die prinzipiell aus ohnmächtiger Wut resultiert.[1] Für Nietzsche steht „die Anerkennung des Ressentiments als schöpferische Kraft" (Gebauer 2004, S. 772) im Zentrum seiner Überlegungen. Was ist damit gemeint? Die Indienstnahme der Feindseligkeit gegenüber anderen befördert das eigene Schaffen und führt zu einer gewissen Heilung (ebd.). Heute würde man vielleicht von Psychohygiene sprechen. Ein heimlicher Groll kann jeden Menschen sehr leicht erfassen. Wir müssen jederzeit damit rechnen, diesem zu begegnen. Er schlägt uns dementsprechend entgegen. Doch sollten wir nicht davon ausgehen, dass wir immer in der Lage sind, den Groll zu bemerken? Wohl kaum. Einer der ersten, der den Begriff „Ressentiment" gezielt verwendet hat, war der deutsche Philosoph und Gesellschaftstheoretiker Max Scheler (1955). Für ihn ist klar: Der „Kern der bürgerlichen Moral" wurzelt im Ressentiment. Ressentiment ist ein psychologischer Zustand des Grollens oder der Verbitterung, der durch wahrgenommene Ungerechtigkeit, Demütigung oder Ausbeutung verursacht wird (Fleury 2022). Das Gefühl ist

---

[1] Die bekanntesten Beispiele für langanhaltende Ressentiments sind der Antisemitismus und die christlichen Ressentiments (Nietzsche).

gekennzeichnet durch tiefsitzende und intensive Wut und Feindseligkeit, die oft mit der Unfähigkeit einhergehen, diese Emotionen direkt auszudrücken. Ressentiment ist ein Gefühl des Unrechts, das zu Rache führt. Diese Art von Ressentiment hat ihre Wurzeln in den Gefühlen der Unterlegenheit, der Machtlosigkeit, der Hilflosigkeit und Hoffnungslosigkeit gegenüber der eigenen Situation.

Soziale Ungleichheit und Funktionalität Der Soziologe Hans-Peter Müller liefert mit Blick auf soziale Ungleichheit (und deren Geschichte) einen „paradoxen Befund" in Sachen Ressentiments. „Im Rahmen einer Kultur der Ungleichheit werden Neid und Ressentiments klein bleiben, weil sie sich allenfalls auf die je eigenen Kreise und ihre sozialen Unterschiede beziehen. In einer Kultur der Gleichheit indes, die allen scheinbar alles verspricht (als Ideal), jedoch nur einigen wenigen den Berufs- und Lebenserfolg eröffnen kann (als Realität), wird auch der Raum für Neid, Mißgunst und Ressentiment weit geöffnet." (2004, S. 889) Je mehr Gleichheit eine Gesellschaft als Ziel anstrebe, desto mehr gehe es um das Bekämpfen und Skandalisieren der „Restungleichheit" (ebd., S. 893) oder zugespitzt formuliert: „Egalisierung schafft Ressentiments – ein unintendierter und perverser Effekt von Nivellierung" (ebd.). Vielleicht liegt darin auch ein Grund, weshalb kommunistische und sozialistische Gesellschaften auf Dauer nicht funktionieren konnten? Die Funktionselite setzt sich vom Rest der „gleichen" Gesellschaft ab und schürt dadurch Ressentiments und Hass in der nivellierten Normalgesellschaft. Spät- oder postmoderne Gesellschaften sind Gesellschaften des sozialen Vergleichs, in denen der „Narzissmus der kleinen Differenz" (Freud) auf dem Weg zu möglichst viel Gleichheit gepflegt wird. Gleichheit als Ziel emanzipatorischer Politik hat mit der Zunahme von Ressentiments zu kämpfen (Rancière 2012).

Auf der anderen Seite darf nicht vergessen werden, dass Ressentiments auch eine soziale Funktion erfüllen. Sie organisieren und kanalisieren die Gefühlsströme in nicht unbeträchtlichem Maße und sorgen mitunter für klare Frontstellungen, zu denen man sich als Gruppe oder Einzelner wieder verhalten muss. Die Ressentiments rechtspopulistischer Parteien im Umgang mit Migrant:innen und Geflüchteten sind offensichtlich. Aber genau deshalb können sie im öffentlich-politischen Diskurs aufgegriffen und bestritten werden. Das heißt: Wenn ein Ressentiment bemerkt wird, sollte die Chance genutzt werden, es als solches zu identifizieren und damit umzugehen.

Zuschreibungen des/der anderen Wenn man erfährt, dass man als Person Ressentiments gegenüber einer anderen Person oder Sache hegt, ist das zunächst einmal ein unangenehmes Gefühl. Man sollte sich davon aber nicht beirren lassen. „Ressentiment gehört zu den Wörtern, die man als Vorwurf am wenigsten auf sich selbst

beziehen möchte: Gemeint sind die anderen, und zwar die besonders Kleinkarrier-
ten. Jemandem vorzuwerfen, er habe Ressentiments, heißt ihm zu sagen, er sei ein
Mensch ohne Selbstbewußtsein, der sich dafür rächen will. Ressentiment ist unter
den negativen Eigenschaften wie Neid oder Haß die niedrigste und der Vorwurf
daher besonders verletzend." (Bohrer und Scheel 2004, S. 743) Diese (vorgebli-
che) moralische Ächtung des Ressentiments ist völlig wirkungslos. Das ausgeübte
Ressentiment verfügt über eine erhebliche *Verletzungsmacht* (Wetzel 2019) und
kann die zunehmende Verwundbarkeit von Individuen und Gemeinschaften gezielt
ausnutzen. Ein Problem dabei ist, dass es ähnlich wie beim Neid oft gar nicht so
einfach und klar ist, ob ein Ressentiment tatsächlich vorliegt oder nicht. Oft liegen Ressentiments in der Luft. Wir spüren ihre Anwesenheit, können sie aber nicht
genauer adressieren. Das liegt daran, dass bei Zuschreibungsprozessen immer auch
Macht- und Herrschaftsverhältnisse eine Rolle spielen, was natürlich eine offene
Adressierung unmöglich macht.

Bezüge zu anderen Affekten & Emotionen Ressentiment ist mehr als nur Wut.
Es ist eine tiefgreifende emotionale Reaktion, die auf einer Vielzahl von Faktoren
basiert. Es besteht aus der kognitiven Komponente der Interpretation von Ereignissen in Bezug auf moralische Werte wie Gerechtigkeit und Fairness. Das Opfer fühlt
sich zum Opfer gemacht, auch wenn ihm kein direkter Schaden entstanden ist. Und
zwar aufgrund von Praktiken oder Verhaltensweisen, die es als unfair empfindet
(Paris 2010). Vom Ressentiment getriebene Menschen legen es darauf an, „bei den
vermeintlich Bessergestellten Scham- und Schuldgefühle hervorzurufen. Die ideale
Rolle für ressentimentgeladene Menschen ist deshalb die Opferrolle" (Haubl 2001,
S. 87). Ressentiments werden also nicht nur durch tatsächliche Missstände ausgelöst,
sondern auch durch wahrgenommene Kränkungen und empfundene Misshandlun-
gen. Diejenigen, die unter diesem Zustand leiden, fühlen sich oft machtlos, ihre
Umstände zu ändern. Und sie sehen kaum Chancen auf Vergeltung oder Genug-
tuung für das, was sie erlebt haben. Dies führt dazu, dass das Gefühl mit der Zeit
verinnerlicht wird und sich zu einem anhaltenden Gefühl der Ungerechtigkeit und
Frustration über die Welt verstärkt. Auch kann Neid entstehen, „wenn zu Rach-
eimpuls und Unrechtsgefühl das Eingeständnis von Ohnmacht hinzutritt, an seiner
Situation aus eigener Kraft nichts ändern zu können" (Müller 2004, S. 889). In
einer Gesellschaft, in der suggeriert wird, dass jede Machbarkeit nur am Willen des
Einzelnen zu scheitern droht, ist diese erlittene Situation der Ohnmacht besonders
nachhaltig – und das sollte bedacht werden. Diese Erfahrungen führen bei manchen
Menschen zu einer regelrechten Bösartigkeit, die Rache- und Vergeltungsfantasien
hervorbringt. Die anderen werden belauert und der günstigste Moment abgepasst,
um sich an ihnen zu rächen und seinen Trieben freien Lauf zu lassen.

(Psycho-)soziale Wirkungen des Ressentiments Ressentiments haben Konsequenzen. Sie reichen von passiv-aggressivem Verhalten gegenüber den Verantwortlichen bis hin zum vollständigen Rückzug aus der Gesellschaft. In extremen Fällen führt das sogar zu selbstzerstörerischem Verhalten wie Drogenmissbrauch oder Gewalt gegen andere. Dabei versucht der Betroffene lediglich, die mit dieser starken Emotion verbundenen Gefühle zu lindern. Wer die negativen Auswirkungen dieser Emotion auf sich selbst und andere verringern will, muss seinen inneren Aufruhr erkennen und die zugrunde liegenden Ursachen auf konstruktive Weise lösen. Dazu kann eine Therapie oder das Gespräch mit vertrauenswürdigen Freunden oder Familienmitgliedern hilfreich sein. Für den Psychoanalytiker Jürgen Körner ist klar, dass es zu einer regelrechten „Entgiftung" des Ressentiments kommen muss. „In der psychoanalytischen Theorie wissen wir, daß wir den Kern des Ressentiments aufnehmen und ‚entgiften' müssen, im politischen Alltag bleibt von dieser Forderung übrig, die Zumutung des Ressentiments zu ertragen, ohne in ein konkordantes oder komplementäres Gegenressentiments zu verfallen. Schon das dürfte Mut kosten." (2004, S. 933) In einer von Ressentiments aufgeladenen Welt, in der das Zurückstecken als persönliche Niederlage empfunden wird (Management- und Selbsthilferatgeber sei Dank), müssen wir uns von den Grundlagen der friedlichen Auseinandersetzung und einer unvoreingenommenen Orientierung an der Andersheit des anderen verabschieden.

Resümee Besonders verbreitet sind Ressentiments (aber auch Neid und Groll) bei denjenigen, wie Sofsky (2009, S. 166, meine Hervorhebung) anmerkt, „die etwas zu verlieren haben, […] die glauben, auf dem Weg nach oben zu kurz gekommen zu sein. *Wer nichts hat, will meist nur wenig. Wer etwas hat, will immer mehr. Und wer alles hat, der will etwas anderes*". Besser kann man es eigentlich nicht sagen und völlig unbestritten steht beim Gefühl des Ressentiments sehr viel auf dem Spiel, wobei der/die andere in diesem Spiel möglichst ins Hintertreffen gebracht werden soll. Was dabei geschieht, fasst Seel sehr eindrücklich zusammen: „Diese Bereitschaft zum Geltenlassen ist es, die im Ressentiment verlorengeht. Die Ressentimentgeladenen neiden den anderen ihre Andersheit. Sie bilden eine starre Abneigung aus, nicht weil der oder das andere ihnen gegen den Strich geht, wogegen moralisch nichts einzuwenden wäre, sondern weil sie ihr Anderssein nicht wahrhaben wollen: weil sie nicht wahrhaben wollen, daß hierin eine Möglichkeit ihrer selbst liegt, eine Möglichkeit, die sie selbst nicht wahrhaben wollen oder wahrnehmen können." (2004, S. 782). Die fehlende Bereitschaft, mit den Unterschieden der anderen umzugehen und auszukommen, macht politische Debatten, beispielsweise in Fragen von Migration, Asylrecht und Zuwanderung, so schwierig. Dahinter steckt häufig die Angst, nicht mehr länger ein gutes Leben führen zu können, wenn man nicht mehr materiell abgesichert ist. Im Zweifelsfall reklamieren wir dieses gute und gelingende Leben ganz klar für uns selbst. Wenn dann noch etwas für die anderen abfällt, umso besser. Aber wehe, diese anderen kommen und wollen uns ein Stück vom Kuchen wegnehmen! Die Idee des Sharings, des Teilens, ist an sich wichtig. Aber bei den meisten endet sie, wenn es um die Qualität und Absicherung des eigenen Lebens geht. Das Eingeständnis, ein Ressentiment gegenüber einer bestimmten Person oder Sache zu haben, ist der beste Weg, um damit produktiv umzugehen. Wir alle sind nicht frei von Ressentiments. Also sollten wir uns dessen zuallererst bewusst werden.

Ärger

Begriff und Bedeutung Das Wort „Ärger" stammt etymologisch aus dem Mittelhochdeutschen. Es geht zurück auf das mittelhochdeutsche Wort „arger", was „schlimm" oder „böse" bedeutet. Dieses wiederum leitet sich vom althochdeutschen „arg" ab, das ähnliche Bedeutungen hatte. Die Wurzeln des Wortes liegen somit in der Beschreibung von etwas Negativem oder Schlechtem. Interessanterweise ist das althochdeutsche „arg" auch verwandt mit dem lateinischen „arguere", was „klar machen" oder „beweisen" bedeutet. Diese Verbindung weist darauf hin, dass das Wort ursprünglich eine Bedeutung im Sinne von „etwas Negatives aufzeigen" gehabt haben könnte. Die Bedeutung von „Ärger" als Gefühlsausdruck von Unmut oder Verdruss hat sich dann im Laufe der Zeit entwickelt. (Dudenredaktion 2020)

Beim Ärger handelt es sich um eine Emotion, die dann entsteht, wenn jemand sich über ein unerwünschtes Ereignis aufregt oder erbost ist, dass er dem schuldhaften Handeln oder Nichthandeln einer verantwortlichen Person oder Institution zuschreibt. Als schuldhaft wird dabei eine vermeidbare Verletzung von als verbindlich angesehenen Normen einer Gemeinschaft interpretiert. Je negativer das Ereignis und je schuldhafter das Verhalten des Verantwortlichen, desto stärker ist der empfundene Ärger.[1]

Schon nach diesem kurzen Ausflug in die Herkunft und Bedeutung des Wortes wird klar, dass sich im Zusammenhang mit Ärger einige wichtige Fragen stellen. Wir müssen uns damit auseinandersetzen, wie Ärger überhaupt entsteht und warum Ärger eigentlich häufig so ärgerlich – und manchmal auch unnötig – erscheint. Des Weiteren muss die gesellschaftliche Funktion von Ärger in verschiedenen Beziehungskonstellationen untersucht werden. Es muss auch geklärt werden, ob sich

---

[1] https://dorsch.hogrefe.com/stichwort/aerger

D. J. Wetzel, *Affektregister der Gegenwart*,
https://doi.org/10.1007/978-3-658-46134-8_13

Ärger gänzlich vermeiden oder zumindest abmildern lässt. Handelt es sich beim Ärger um eine klassische Emotion, und ist diese frei von affektiven Komponenten?

Gründe, Motivation und Ausdruck Die Erfahrung von Ärger basiert auf der Begegnung mit Situationen, die als unerwartet und unerwünscht wahrgenommen werden, sowie auf der Konfrontation mit Emotionen, die den eigenen Erwartungen nicht entsprechen. Die Emotion des Ärgers manifestiert sich als Reaktion auf eine Situation, die den eigenen Wünschen und Bedürfnissen zuwiderläuft. In einigen Fällen kann es schwierig sein, den Ursprung des Ärgers unmittelbar zu identifizieren, was angesichts der vielfältigen Quellen, aus denen er resultieren kann, nicht verwunderlich ist. Als Beispiel für Frustration kann das Fehlen von Zeit für eine Aufgabe oder ein als ungerecht empfundenes Verhalten anderer Menschen in einem bestimmten Moment genannt werden. Die unmittelbare Reaktion des Gegenübers besteht in der unumwundenen Spiegelung des Ärgers im eigenen Gesicht. Unter Umständen wurde der Versuch unternommen, die eigene Emotion zu verbergen, was jedoch nicht immer von Erfolg gekrönt ist, da Ärger nach Ausdruck verlangt, um adäquat verarbeitet zu werden. Der hochrote Kopf, das Schlagen oder Treten gegen Wände, das Schnauben (wie ein Pferd), das laute Ausrufen sind expressive Formen des Ärgers. Unterdrückter, offensichtlicher Ärger, der nicht geäußert wird, findet kein Ventil und wird kaschiert oder gar verharmlost, wird vermutlich an anderer Stelle auftreten und dort erst recht für Irritation und Unverständnis sorgen. Gleichzeitig kann sich Ärger auch nach innen verlagern und sich in einen Menschen buchstäblich „hineinfressen".

Affekt & Emotion Ärger enthält ganz klar affektive Anteile, vor allem, wenn er eskaliert und es zu einem nicht sofort handhabbaren Wutausbruch kommt. Ärger kann in einer derart affektiv geprägten Situation außer Kontrolle geraten und den sozialen Zusammenhalt (vorübergehend) sprengen oder infrage stellen. Wenn man jemanden dabei beobachtet, wie sich diese Person ärgert, kann das unterschiedliche Emotionen hervorrufen. Das Spektrum reicht von einfacher Irritation über betroffene Anteilnahme bis hin zu Schadenfreude, Ekel und Verachtung.

Nicht immer muss Ärger negativ erlebt werden. Das „Dampf ablassen" oder das sich „vom Ärger Luft machen" kann auch einen klärenden und reinigenden Beitrag leisten, um künftig bessere, d. h. weniger durch Ärger geprägte zwischenmenschliche Beziehungen zu ermöglichen. Insgesamt ist es für alle Beteiligten besser, wenn der Ärger konkret geäußert wird. Das kann sehr unangenehm sein, aber es ist immer noch besser, als wenn er verborgen, unterdrückt wird und sich allmählich in ein Ressentiment fortentwickelt. Deshalb muss auf demonstrativ geäußerten Ärger reagiert werden. Denn mutiert er zu einem Ressentiment, wird er im Zweifel viel schwieriger zu bekämpfen sein. Ich bin überzeugt, dass Ärger auch davon lebt, dass er im Stillen vor sich hin köchelt und eben gerade nicht offen zur Sprache kommt. Das heißt, man lässt den Ärger gegenüber demjenigen, der oder die den Anlass dafür darstellt, nicht raus. Stattdessen bilden sich „Ärgerkoalitionen", beispielsweise gegenüber der Chefin da oben, die sowieso immer alles falsch anpackt. Oder man ärgert sich kollektiv über ein schlechtes Konzert, würde aber nach außen oder gar gegenüber den Künstler:innen so etwas nie offen zugeben. Solche Ärgerkoalitionen sind in der Regel nie von Dauer und können zudem in ihrer Zusammensetzung wechseln. Das macht sie anfällig für Verrat und Intrigen.

Desintegrative Kräfte und soziale Differenzierung Damit ist auch die potenziell (des-) integrative Kraft von Ärger bereits angesprochen. Ärger gehört einfach zum sozialen Leben dazu – im Berufsalltag, in Liebesbeziehungen, Freundschaften und Nachbarschaften. Dabei ist ganz klar: Wie sich Ärger äußert und überhaupt gezeigt werden darf, hängt stark von der Kultur und dem Milieu ab. Im gehobenen Milieu (Upper Class) sowie im bildungsbürgerlichen Milieu gehört es zum guten Ton, seinen Ärger zu unterdrücken und allenfalls hinter verschlossenen Türen zu zeigen. Das heißt aber nicht, dass das Potenzial an Ärger geringer ist. Wir können deshalb mit Sicherheit von einer milieuspezifisch erworbenen Kulturtechnik sprechen, wenn es um den mehr oder weniger adäquaten Umgang mit Ärger geht. Wir lernen von Kindesbeinen an bis ins Erwachsenenalter, wie Ärger von anderen erlebt und vorgelebt wird. In den meisten Fällen orientieren wir uns dabei unbewusst an Bezugspersonen, häufig sind dies die Eltern oder Elternteile. Die soziale Situation, konkret die Anwesenheit weiterer Personen und deren Fähigkeit zur angemessenen Verarbeitung von Ärger, bestimmt, in welcher Form und Heftigkeit Ärger zum Ausdruck kommt. Ein aufbrausender Chef, der sich über Fehlleistungen seiner Mitarbeiter:innen (vielleicht sogar zurecht) ärgert und mit Sanktionen droht, verbreitet mit seinem affektiv-emotional gesteuerten Auftreten Angst und Schrecken. Damit etabliert er eine Kultur der Einschüchterung, des Misstrauens (und eben nicht der Wertschätzung). Es ist sehr wahrscheinlich, dass sich die Mitarbeiter:innen über diesen verärgerten Chef ärgern. Es ist offensichtlich, dass er seinen Ärger nicht im Zaum halten kann. Gerade in Stresssituationen ist es jedoch besonders wichtig, lösungsorientierte Umgangsweisen im Unternehmen zu verankern.

Zeitdiagnostik Ein Blick in die sog. sozialen Medien und in das eigene persönliche Umfeld genügt, um zu erkennen: Das Ärgerpotenzial in vielen Gesellschaften ist beträchtlich und nimmt, nicht nur gefühlt, ständig zu. Dies hängt zweifellos mit der generellen Erregtheit spätmoderner Gesellschaften zusammen (Hübl 2019). Die entscheidende Frage ist also: Wann ist Ärger angemessen und wann eher nicht? Die

Entscheidung kann natürlich nicht theoretisch getroffen werden, sondern muss in der Praxis getestet werden. Deshalb ist es ratsam, sich nicht über Kleinigkeiten wie kleinere Missgeschicke oder unbedeutende Niederlagen aufzuregen. Es ist jedoch völlig in Ordnung, wenn man sich ärgert, wenn Kolleginnen und Kollegen beispielsweise Mails nicht beantworten oder zugesagte Dinge nicht einhalten. Und das ist eine generelle Beobachtung: Wenn wir auf irgendetwas zu lange warten müssen, werden wir zunehmend ungeduldig und der Ärger baut sich auf. Wir können ihn dann nur noch mühselig unterdrücken. Wir empfinden dabei schnell Ungerechtigkeiten, Zurücksetzungen und mangelnden Respekt – und das macht uns ärgerlich. Zu viel Ärger kulminiert irgendwann in der Wut, wenn „das Fass übergelaufen ist" oder einem „die Hutschnur platzt".

Ärger in intimen Beziehungen Ein besonders für (anhaltenden) Ärger anfälliger Bereich sind intime Zweierbeziehungen, da sich diese vor allem dadurch auszeichnen, dass sich die Beteiligten gegenseitig ständig exponieren und oftmals gar nicht anders können, als ihre Gefühle zu zeigen. Mit Blick auf solche Paarbeziehungen schreibt der französische Soziologe und Paarforscher Jean-Claude Kaufmann (2008, S. 28): „Der Ärger resultiert immer aus einem Konflikt oder einer Dissonanz zwischen Denk- und Handlungsmodellen, die sich entweder im Innern einer Person abspielen oder das Paar in zwei unterschiedliche Lager teilen." Soziologisch betrachtet resultieren enttäuschte Erwartungen in Ärger und Unzufriedenheit mit dem Gegenüber. Dies kann beispielsweise darauf zurückgeführt werden, dass bestimmte Absprachen in der Kommunikation nicht eingehalten wurden. Insofern ist das Vermeiden von Ärger kein erstrebenswertes Ziel, da dies illusorisch wäre. Von entscheidender Bedeutung ist vielmehr, wie wir mit dem (aufgestauten) Ärger umgehen. Es stellt sich die Frage, ob sich der aufgestaute Ärger durch ein Ventil, eine produktive Lösung, Luft verschaffen kann, oder ob er hingenommen und gleichsam heruntergeschluckt wird, um sich dann an anderer Stelle zu gegebener Zeit umso heftiger zu entladen.

Das Ärgerliche am Ärger ist, dass er häufig eine Eigendynamik entwickelt, die schwer zu kontrollieren ist. Die Praktik des Sich-hinein-Steigerns ist dabei involviert. Wie bei einigen der bereits angeführten Affekten und Emotionen macht es daher Sinn, Ärger prozessual zu betrachten. Ärger kann sich an unendlich vielen Situationen entzünden. Ein falsches Wort, eine falsche Betonung, eine bestimmte Gestik oder Mimik – all das führt beim Individuum und/oder beim Gegenüber dazu, sich zu ärgern.

Wer Ärger hat, erzeugt weiteren Ärger. Stresssymptome sind dabei unvermeidlich. Wenn Arbeitsbeziehungen zunehmend vergiftet sind und man sich gegenseitig nicht mehr vertraut, ist Ärger vorprogrammiert. Dauerstress und Erschöpfung bis hin zum Burnout sind weitere Konsequenzen. Ärger zeigt sich nicht nur in Worten, sondern auch im Gesicht, in der Mimik und Gestik desjenigen, der sich ärgert. Die expressiven Bekundungen des Ärgers enthalten oft mehr Wahrheit als die beschwichtigende Rede, der zufolge man sich doch gar nicht ärgern würde. Es ist nicht möglich, Ärger vollständig zu beseitigen. In hoch komplexen, ausdifferenzierten und hochgradig arbeitsteilig organisierten Gesellschaften ist die Möglichkeit der Entstehung von Ärger systemimmanent. Bei aller berechtigten Kritik an der Emotion des Ärgers sollte jedoch nicht außer Acht gelassen werden, dass Ärger auch eine integrative Funktion erfüllt. In diesem Sinne kann er als ein sozialer Kitt betrachtet werden, der nicht nur Liebesbeziehungen zusammenhält, sondern auch andere soziale Beziehungen stabilisiert. Allerdings kann es auch hier zu einer Eskalation des Ärgers kommen, die letztlich in eine Trennung mündet. Abschließend sei noch einmal Jean-Claude Kaufmann zitiert, der seine Überlegungen in drei Punkten zusammenfasst: „Erstens, dass die von der Moderne verursachten Dissonanzen immer massiveren Ärger erzeugen. Zweitens, dass die Individuen nach und nach die Fähigkeit entwickeln, damit umzugehen. Die Geschichte wäre schön, wenn sie so endete. Unglücklicherweise gibt es ein Drittens: Eine der Haupttechniken zur Vermeidung von Ärger besteht darin, dass die Spezialisierung eines jeden Einzelnen vertieft wird und komplementäre Rollen geschaffen werden." (2008, S. 243/244) Und dadurch wird das Ärgerpotenzial eher größer als kleiner.

Reaktionsweisen Wir sind dem Ärger nicht immer hilflos ausgeliefert. Vielmehr käme es darauf an, sich bewusst zu machen und zu verstehen, was die Quelle des Ärgers ist und wie es zu seiner Entstehung gekommen ist. Ein weiteres Mittel ist es, aktiv nach Wegen der Konfliktlösung zu suchen und die Ursache des Ärgers anzugehen. Versucht werden sollte, konstruktiv mit dem Ärger umzugehen, indem man sich bemüht, diesen in produktiver Weise auszudrücken oder ihn abzubauen. Auch Atemtechniken oder das Beschäftigen mit anderen Aktivitäten wie Sport oder Musik helfen unter Umständen, den Stress und den Ärger abzubauen.

Bezüge zu anderen Affekten & Emotionen Wut und Ärger, aber auch Ärger und Zorn sind häufig nicht weit voneinander entfernt, wie auch Demmerling und Landweer (2007, S. 308) festhalten: „Ich kann mich über die Tücke des Objekts ebenso ärgern wie über Verhaltensweisen von jemandem wie auch über mich selbst, und wenn solche Situationen für mich größeres emotionales Gewicht haben, so kann ich auf all das auch wütend sein. Wut und Ärger verlangen keine personale Zurechnung ihres Anlasses, während eine solche direkte Zuschreibung von Verantwortung [...] eine der Bedingungen für Zorn ist." Hass ist eine starke Emotion, die sich auf ein konkretes Subjekt oder Objekt ausrichtet. Doch der Weg vom erfahrenen Ärger bis zum Hass ist lang. Ärger verfliegt, er ist flüchtig. Hass hingegen ist etwas anderes. Er verfestigt sich und zielt auf die Vernichtung des Gegners ab. Ärger ist ein Lustkiller. Wenn sich das Gegenüber oder ich selbst mich ärgere, wird das lustvolle Miteinander empfindlich gestört. Deshalb muss der Ärger offen und direkt angesprochen werden. Denn sonst mutiert er zu einem heimlichen Groll und trägt so zur Verfestigung von Ressentiments bei. In Liebes- und Freundschaftsbeziehungen ist Ärger eine naheliegende Reaktion, da wir uns in diesen Beziehungen gegenseitig offenbaren und dadurch besonders verletzlich sind. Gerade wenn Freundschaftsgefühle verletzt wurden, äußern sich diese im Unmut und im Ärger über den anderen. Manchmal wird dieser Ärger nicht ausgesprochen, eher sogar tabuisiert. Das ist ein Fehler, denn es trägt zum langsamen Tod von Freundschaften bei. Ich schäme mich für den gezeigten Ärger, weil ich im Nachhinein feststelle, dass er unangebracht und nicht zu rechtfertigen war. Genauer schäme ich mich für meine Ärgerbekundungen, das laute Ausrufen oder das Fluchen. Ich entschuldige mich, um weiteren Ärger zu vermeiden.

Resümee Obgleich der Ärger als emotionaler Zustand als ärgerlich wahrgenommen wird, weist er doch auf ein bestehendes Konfliktpotenzial oder eine andere Form der zu klärenden Unstimmigkeit hin. Diesbezüglich sei auf das lateinische „arguere" verwiesen, welches mit „klar machen" oder „beweisen" zu übersetzen ist. Insofern kann Ärger als Indikator für die Stimmung betrachtet werden, die nach einer Sitzung herrscht. Dabei kann diese Stimmung entweder von Entspannung und Zufriedenheit oder von Ärger und Unzufriedenheit geprägt sein. Die Redewendung „sich grün und blau zu ärgern" verweist darauf, dass Ärger auf einer Skala von geringfügig bis intensiv angesiedelt werden kann. Eine unkontrollierte Eskalation des Ärgers kann zu einer Intensivierung in Form von Wut und Zorn führen. Während Wut eine gewisse Diffusität und keine klar definierte Zielgerichtetheit aufweist, kulminiert Zorn in einer heftigen Reaktion, die für die betroffene Person mit Herausforderungen verbunden ist. Die soziale Kohärenz ist in Gefahr. Erst nach dem Abklingen des Ärgers kann sich das soziale Miteinander wieder aufeinander einpendeln. Natürlich nur bis zum nächsten Ärger, was gerade in intimen Nahbeziehungen eher der Normalfall als die Ausnahme ist (Kaufmann 2008).

Trauer

Begriff und Bedeutung Trauer bezeichnet den tiefen seelischen Schmerz, insbesondere den Schmerz um einen Verstorbenen, sowie die dazugehörige Trauerkleidung. Der Begriff „Trauer" entwickelte sich aus dem mittelhochdeutschen „trūre" oder „triure" und stammt ursprünglich von einem Verb ab. Seit dem 17. Jahrhundert wird das Wort im heutigen Sinne verwendet. Das Adjektiv „traurig" bedeutet „von Trauer erfüllt, bekümmert, schmerzlich, beklagenswert, armselig" und findet seine Wurzeln im althochdeutschen „trūrag" (um 1000) und mittelhochdeutschen „trūrec" oder „trūric". Ein vergleichbares englisches Wort ist „dreary", das „traurig" oder „trostlos" bedeutet, abgeleitet vom altenglischen „drēorig", was wiederum „blutig, schmerzlich, traurig" heißt. (Duden, online)

Phänomenologie der Trauer Trauer ist eine vielschichtige Reaktion auf einen erlittenen und meist nicht ersetzbaren Verlust, vor allem von Menschen, Tieren und Dingen, die von Bedeutung sind. Zu diesen Verlusten gehören unter anderem: der Tod eines geliebten Menschen, das Ende einer Freundschaft, eine Scheidung, ein Wohnortwechsel, der Verlust des Arbeitsplatzes, der Verlust von Kindern und Eltern, der Verlust von Selbstverständlichem und Alltäglichem. Die Emotion Trauer geht mit weiteren Affekten, Emotionen und Seinszuständen einher. Dazu gehören beispielsweise Wut, Ängste, Schuldgefühle, Unruhe, Schlafstörungen, Konzentrationsschwierigkeiten, Müdigkeit, Weinen, Gedächtnisstörungen, Appetitlosigkeit oder Kopfschmerzen. Der Verlust eines Gegenstandes und die damit verbundene Trauer wirken sich also nicht nur auf die Psyche, sondern auch physisch auf den gesamten Körper aus. Trauer löst Schmerzen aus, schlägt Wunden, die nicht immer gut verheilen. Unser Körpergedächtnis legt Zeugnis davon ab und wird bei bestimmten (Trauer-)Anlässen gleichsam reaktiviert. Phänomenologisch betrachtet kann Trauer ganz konkret sein und sich auf ein bestimmtes Ereignis beziehen. Andererseits kann Trauer auch als etwas Diffuses erlebt werden, über deren Ursachen

nicht immer Klarheit herrscht. Hier grenzt sie an die Melancholie als Lebensgefühl
an.

Soziologie der Trauer Die Trauersoziologie zeigt auf, wie sehr Trauer von sozialen
und kulturellen Normen und Praktiken sowie der jeweiligen Sozialstruktur geprägt
ist. In einigen Gesellschaften werden Trauerprozesse und die damit einhergehenden Emotionen offen gezeigt, in anderen Kulturen hingegen eher im privaten Raum
und damit im Verborgenen. In der Soziologie gibt es drei verschiedene Ansätze,
Trauer emotionssoziologisch zu analysieren: den *symbolischen Interaktionismus,*
die *Strukturtheorie* und den *verhaltenstheoretischen Ansatz.* (1) Der *symbolische
Interaktionismus* besagt, dass man mit dem Tod eines geliebten Menschen nicht
nur die Person an sich verliert, sondern auch sich selbst, seine Identität und seine
soziale Rolle. Dazu gehören beispielsweise die Rollen als Schwester, Mutter, Ehe-
frau oder Tochter. Trauern bedeutet, sich selbst und sein Leben neu zu begründen
und neu auszurichten. Der Trauernde nimmt also nicht nur Abschied von der Person, die gestorben ist, sondern auch von seinem eigenen Selbst, das durch diese
Person geprägt und beeinflusst wurde. Im Trauerprozess müssen die Betroffenen
mit dem Verlust der Beziehung zur verstorbenen Person und zusätzlich mit der
Neugestaltung ihres Alltags zurechtkommen. Die Gesellschaft bestimmt, wie man
sich in bestimmten Situationen beim Trauern richtig verhalten muss. Die Betroffenen passen ihr Trauerverhalten den gesellschaftlichen Normen an, weil von ihnen
bestimmte Reaktionen erwartet werden. (2) Die *strukturelle Theorie* besagt, dass
Trauer nur dann entsteht, wenn die hinterbliebenen Personen eine positive Beziehung zu der verstorbenen Person oder ihren Angehörigen hatten. Der Verlust einer
geliebten Person bedeutet einen Statusverlust, denn die Zuneigung, die uns diese
Person entgegengebracht hat, ist verloren. Die trauernden Personen nutzen soziale
Netzwerke, um mit ihrer Trauer umzugehen und diese zu bewältigen. Es hängt von
den Ressourcen, der geistigen Verfassung und der Schichtzugehörigkeit ab, wie
gut ein Hinterbliebener mit dem Verlust einer geliebten Person zurechtkommt. (3)
Der *verhaltenstheoretische Ansatz* erklärt, wie Trauer entsteht: Wenn ein geliebter
Mensch stirbt, fehlt die Bestätigung und Unterstützung, die wir von ihm erhalten
haben – und das ist ein großer Verlust. Die hinterbliebene Person trauert. Außerdem
löst der Verlust der gemeinsam erlebten Erinnerungen, der Dinge, die wir in die
Beziehung investiert haben, und der Vorstellung der gemeinsamen Zukunft Trauer
aus (Jacoby 2012).

Affekt & Emotion Trauer entsteht affektiv-situativ, ist aber insgesamt ein länger
anhaltendes Gefühl. Es ist kein Zufall, dass von einem Trauerprozess die Rede ist,
der sich als niedergeschlagene, depressive oder schlechte, manchmal auch diffuse

Stimmung äußert. Trauer ist eine negative Emotion, keine Frage. Schließlich ist
der Anlass für den Trauerprozess traurig. Dennoch wäre es für Menschen fatal,
würden sie keine Trauer empfinden und dementsprechend über „trauerwürdige"
Anlässe kühl hinweggehen. In einer Gesellschaft, in der eine gewisse soziale Kälte
herrscht, oder noch gravierender, in einer von Krieg durchzogenen Gesellschaft, wie
es gerade in Russland der Fall ist, muss man sich zwangsläufig die Frage stellen, wie
dort Menschen mit der Trauer tatsächlich umgehen. Vor allem dann, wenn in der
Öffentlichkeit die Trauerbekundungen mehrheitlich verboten sind und nur bei fei-
erlichen Anlässen (wenn überhaupt) zugelassen werden. Die unterdrückten Affekte
und Emotionen der Trauer werden mutmaßlich in die Privatsphäre verschoben, wo
sie sich mit anderen Affekten und Emotionen wie etwa Ambivalenz, Wut und Zorn
vermischen.

Differenzierung zwischen Trauer und Melancholie Sigmund Freud stellt in
„Trauer und Melancholie" (1917) klar, dass sowohl Trauer als auch Melancholie
Reaktionen auf einen erlittenen Verlust sind. Dennoch gibt es interessante Unterschiede, zum Beispiel bei der Frage nach dem Objekt des Verlusts. Im Gegensatz zur
Trauer, bei der ein klarer Objektverlust vorliegt, zeigt sich dieser bei der Melancholie als eher idealisiert gedachter Verlust. In puncto Selbstwertgefühl bleibt dieses
im Fall der Trauer normalerweise stabil. Bei melancholisch gestimmten Individuen
hingegen droht ein Verlust des Selbstwertgefühls. Auch in Bezug auf die Dauer und
die Anpassung zeigen sich Unterschiede zwischen den beiden Zuständen. Nach
einer gewissen Zeit der Trauer – die je nach Anlass sehr unterschiedlich lang sein
kann – lässt das Gefühl der Trauer bzw. der Traurigkeit nach. Bei der Melancholie
ist das anders. Sie kann zu einer Art Grundgefühl werden. Melancholie bedeutet,
dass sich das Individuum nach innen zurückzieht und den Kontakt zur Außenwelt
meidet (Butler 2001). Der Trauernde weiß, dass es sich um ein Ereignis der Außenwelt handelt, das ihn zum Trauern veranlasst hat. Nach einer gewissen Zeit ist die
Orientierung an anderen und an der Welt wieder da.

Klassiker der Trauerforschung I Wer nicht trauern will, muss verleugnen, muss
verdrängen. In ihrem Buch *Die Unfähigkeit zu trauern* (orig. 1967) erläutern
Alexander und Margarete Mitscherlich den psychischen Mechanismus der Verleugnung. Dieser im Kontext und als Reaktion auf den Nationalsozialismus entwickelte
Mechanismus ist auch für eine Analyse der heutigen Corona-Pandemie von großem
Nutzen. Die Verleugnung ist eine bewusste Handlung, bei der die Realität von
Tatsachen nicht anerkannt wird. Sie wird aktiv bekämpft. Diese Leugnung hat psy-
chodynamisch betrachtet den Zweck, Unlust und die damit verbundenen Gefühle
zu vermeiden. In einer Konsumgesellschaft, die scheinbar alles jedem und sofort

zur Verfügung stellt, wird der Lusttrieb ständig herausgefordert und mit dem Konsum – zumindest vorübergehend – befriedigt. Unlustgefühle werden so nicht nur systematisch verhindert, sondern auch noch als etwas per se Negatives gebrandmarkt. In den sozialen Netzwerken herrscht eine ständige Affektaffirmation, die als solche auch aktiv gesucht wird. Gleichzeitig vereinsamen immer mehr Menschen, vermutlich sogar, weil sie primär in digitalen Welten unterwegs sind und sinnliche Erfahrungen des Miteinanders und der konkreten Auseinandersetzung mit einem Gegenüber an Gewicht verlieren.

Trauerarbeit in Zeiten der Pandemie In ähnlicher Weise gestaltet sich die Trauerarbeit angesichts einer Vielzahl von Todesopfern, schwer erkrankten und beschädigten Personen als schwierig. Auch hier lassen sich die Mechanismen des Verleugnens, des Abwiegelns, des Nichtwahrhaben-Wollens und mitunter des Sich-Lustig-Machens beobachten. Der damit einhergehende und überall zu beobachtende Verdrängungsprozess, der sich wesentlich unbewusst vollzieht, lässt auf ein beträchtliches Maß an unbewältigten Inhalten schließen und führt bei nicht wenigen Menschen zu einer aggressiven Weltbeziehung, die nach einem Ventil sucht. Die Pandemie bietet Corona-Leugnern, sogenannten Querdenkern, Schwurblern und anderen Personen die Möglichkeit, ihre Aggressionen und Frustrationen loszuwerden. Dabei wird keine Rücksicht auf Verluste genommen und nicht an diejenigen gedacht, die sich vernünftig und sozial verhalten. Ihr libertäres Freiheitsverständnis ist geprägt von einem individualistischen und egoistischen Verständnis von Freiheit, welches sich seit längerer Zeit in der politischen Tradition des Liberalismus etabliert hat. Das existenzielle Mit-Sein, die Angewiesenheit auf andere, wird auch hier negiert und folglich nicht mit einem sozialen und republikanischen Freiheitsverständnis in Beziehung gesetzt (Herzog 2019). Die Tyrannei einer Minderheit missachtet sowohl die Errungenschaften eines demokratischen Gemeinwesens als auch die Pflichten eines jeden Staatsbürgers und jeder Staatsbürgerin. In diesem Zusammenhang stellt sich die Frage, ob und ggf. wie diese Menschen eines Tages für ihr asoziales und unverantwortliches Verhalten zur Rechenschaft gezogen werden können.

Klassiker der Trauerforschung II In seinem einflussreichen Werk *Die elementaren Formen des religiösen Lebens* (orig. 1912) untersuchte Émile Durkheim die religiösen Praktiken australischer Ureinwohner. Ein zentrales Kapitel widmet sich den Sühneriten, die bei Todesfällen innerhalb des Stammes vollzogen werden. Durkheim (1981, S. 522 ff.) beschreibt detailliert, wie Stammesmitglieder in diesen Riten physische Handlungen wie gegenseitiges Schlagen, Selbstverletzung, Haar- oder Bartabschneiden, Schweigen und das Beschmieren des Körpers mit Erde durchführen. Diese Handlungen sind Teil einer streng geregelten Zeremonie, in der Personen je nach Geschlecht und Verwandtschaftsgrad unterschiedliche Rollen übernehmen. Besonders bemerkenswert ist Durkheims Analyse des kollektiven Charakters der Trauer. Er stellt klar, dass Trauer in diesen Gesellschaften nicht nur eine persönliche Reaktion auf Verlust ist, sondern auch eine soziale Verpflichtung impliziert (ebd., S. 532). Das Nichtbefolgen dieser Rituale hat soziale Konsequenzen. Entweder man wird sozial sanktioniert oder man muss damit rechnen, dass der Geist des Verstorbenen Vergeltung übt. Die Rolle des Geistes des Verstorbenen ist ebenfalls von großem Interesse. Während der Sühneriten wird er gefürchtet und als „böse" wahrgenommen. Doch nach Abschluss der Trauerzeremonie ist diese Wahrnehmung vorbei und macht Platz für etwas Positives (ebd., S. 534 f.). Durkheims Studie bietet tiefe Einblicke in die soziale Strukturierung von Emotionen und die Bedeutung ritueller Praktiken in der Aufrechterhaltung der sozialen Ordnung. Eine moderne Betrachtung muss jedoch zusätzliche Perspektiven auf die Dynamik von Macht und Geschlechterrollen innerhalb dieser Rituale eröffnen, insbesondere im Hinblick auf die unterschiedlichen Erwartungen und Pflichten, die an Männer und Frauen gestellt werden.

Trauerrituale Diese von Durkheim angesprochenen Trauerrituale erfüllen wichtige Funktionen für die Gesellschaftsmitglieder – das ist unbestritten. Gesellschaften praktizieren sie in der einen oder anderen Form. Sie dienen nicht nur der Würdigung verstorbener Personen oder verlorener Dinge, sondern unterstützen und bekräftigen auch die sozialen Bande und stärken die Solidarität. Mit Victor Turner (1969) ist klar: Trauerrituale markieren den Übergang von der Präsenz zur Absenz der geliebten/verehrten Person. Gleichzeitig helfen sie der Gemeinschaft, sich auf die neue Realität einzustellen und den Verlust zu bewältigen. Die Dauer des Trauerprozesses ist ebenfalls ritualisiert, allerdings findet in der heutigen Gesellschaft eine Individualisierung statt. Es ist von entscheidender Bedeutung, dass Menschen in Trauerprozessen soziale Unterstützung erhalten. Menschen mit einem großen sozialen Netzwerk aus Freunden, Familie und anderen Beziehungen haben hier klare Vorteile. In einer zunehmend vereinsamenden Gesellschaft, für die es immer mehr Anzeichen gibt, wird der Trauerprozess so individualisiert erlebt, dass auf hilfreiche soziale Unterstützung nicht mehr oder immer weniger zurückgegriffen werden kann. Der einsam Sterbende droht als Horrorszenario. Auch Geschlechtervorstellungen, ethnische Herkunft, Alter und der sozioökonomische Status sind hier relevant.

Die Rolle von Institutionen Bei der Bewältigung von Trauer spielen verschiedene gesellschaftliche Institutionen eine wesentliche Rolle. Dabei sind insbesondere die Religion und die Familie zu nennen, jedoch auch Gesundheitseinrichtungen wie Alten- und Pflegeheime. Religiöse Glaubenssysteme und die Kirchen bieten zahlreichen Menschen die Möglichkeit, sich mit den Themen Sterben, Tod und möglicherweise auch Leben nach dem Tod auseinanderzusetzen. Infolge des Niedergangs der Kirchen in zahlreichen Gesellschaften, die sich vom Säkularismus abwenden, erfährt die Religion als gesellschaftliche Institution der Trauerarbeit eine sukzessive Erosion ihrer Bedeutung. Soziale Medien können in diesem Kontext eine zunehmend bedeutendere Rolle einnehmen, beispielsweise in Form digitaler Gedenkstätten oder Online-Trauergemeinden. Die Pluralisierung der Lebensformen birgt das Risiko, dass die Familie ihre zentrale Funktion bei der Trauerbewältigung einbüßt. Dabei war sie stets auch ein Ort für Konflikte und Spannungen bezüglich der Trauer und deren Bewältigung. Dies liegt darin begründet, dass die Familienmitglieder häufig unterschiedliche Vorstellungen und Erwartungen hinsichtlich der angemessenen Formen des Trauerns entwickeln. Die Auflösung familiärer Bande sowie zunehmende Einsamkeit im Alter führen dazu, dass vor allem Alten- und Pflegeheime mit der Tatsache konfrontiert sind, die Trauerarbeit zumindest zu rahmen und gegebenenfalls sogar komplett zu übernehmen. Die durch eine bessere Medizin bereitgestellten lebensverlängernden Maßnahmen sowie das generelle Älterwerden vieler Menschen werfen in diesem Kontext ethische Fragen auf. Es steht die Frage im Raum, ob es vertretbar ist, einen manchmal unendlich in die Länge gezogenen Trauer- und Abschiedsprozess für die Betroffenen und dessen Angehörige künstlich zu verlängern. Des Weiteren ist kritisch zu hinterfragen, wer über das angemessene Trauern am Lebensende entscheidet. Zudem ist zu beleuchten, was mit den vielen Menschen geschieht, die keine Angehörigen haben oder die nicht mehr in irgendeiner Verbindung mit diesen Angehörigen stehen. Abschließend muss stärker diskutiert werden, ob die Gesellschaft in der Lage ist, den Trauerprozess für möglichst viele Menschen würdevoll zu gestalten.

Bezüge zu anderen Affekten & Emotionen Es wurde bereits dargelegt, dass Trauer und Melancholie in einem engen Zusammenhang stehen. Das melancholische Grundgefühl ist ein alles dominierendes Lebensgefühl, während die Trauer auf eine bestimmte Zeit begrenzt ist. Der erschöpfte und depressive Mensch empfindet häufig eine tiefere, nicht genau definierbare Trauer. Das ist auch nicht verwunderlich, denn der Selbst- und Weltzugang erscheint gleichsam verstellt. Der „Weltschmerz" setzt vielen Menschen angesichts multipler Krisen zu und bürdet dem Einzelnen Unmengen an Trauerarbeit auf. Wer nicht trauern kann, entwickelt stattdessen Gefühle der Gleichgültigkeit, vielleicht sogar in Verbindung mit einer zynischen, weltabweisenden Haltung. Auch Scham- oder gar Schuldgefühle sind keine angemessene Reaktion auf Trauer. Es ist durchaus eine Frage, ob angemessen getrauert werden kann, wenn ein Tyrann oder politischer Diktator das Zeitliche gesegnet hat. Ebenso ist zu hinterfragen, inwiefern es gerechtfertigt ist, wenn übermäßige Trauer in Wut und Hass umschlägt. Die der Trauer Ausgelieferten verlieren einen Teil ihrer Handlungsmacht, die sie mit dem Freisetzen der Aggressionen wieder zurückzuerobern versuchen (Wetzel 2019).

Resümee Die Erfahrung von Trauer kann sowohl als notwendig als auch als unangenehm beschrieben werden. Insofern ist es nicht angemessen, Trauer lediglich als negative Emotion zu kategorisieren. In Bezug auf die Dauer lässt sich eine beträchtliche Spannbreite beobachten, die von kurzen Momenten bis hin zu langjährigen Trauerprozessen reicht. Letztere können im schlimmsten Fall nie zu einem vollständigen Abschluss gelangen. Die Notwendigkeit, Trauer zu durchleben, respektive mit Trauer konfrontiert zu werden, nimmt mit dem Lebensalter naturgemäß zu. In der Phase der Kindheit und Adoleszenz sind die Anlässe zum Trauern noch vergleichsweise begrenzt, jedoch durchzieht Trauer das gesamte Leben in unterschiedlicher Intensität. Die affektiven Anteile sind als eher gering zu veranschlagen. Die Emotion der Trauer ist ein universelles Phänomen, das in unterschiedlichen kulturellen Kontexten und individuellen Lebenserfahrungen eine zentrale Rolle spielt. Dabei ist die Erfahrung von Trauer tief in der persönlichen Sphäre verankert, während die Ausdrucksformen und Erlebnisweisen dieser Emotion inhärent sozial geprägt sind (Smith 2017). Die Trauersoziologie befasst sich mit der Frage, inwiefern soziale Strukturen, kulturelle und soziale Normen sowie institutionell verankerte Praktiken die individuellen Trauererfahrungen formen und beeinflussen, wie diese Erfahrungen zum Ausdruck gebracht werden. Die Freilegung der sozialen und kulturellen Dimensionen von Trauer ermöglicht es den Gesellschaftsmitgliedern, die Notwendigkeit und Funktionalität von Trauer besser zu verstehen. Allerdings wird dies im Prozess des affektiv-emotionalen Erlebens von Trauer nur bedingt für die Betroffenen von Bedeutung sein und insofern nur einen schwachen Trost bieten.

Soziale Kälte

Begriff und Bedeutung Der Begriff „soziale Kälte" ist ein Versuch, eine meistens diffuse Stimmung einzufangen, die in der Gesellschaft oder auch in Gruppen spürbar wird. Soziale Kälte beschreibt eine gesellschaftliche Atmosphäre oder Einstellung, die durch mangelnde Empathie, zwischenmenschliche Distanz, Gleichgültigkeit und einen Mangel an Solidarität gekennzeichnet ist. Soziale Kälte ist also keine exakt definierte wissenschaftliche Kategorie, sondern eine metaphorische Beschreibung bestimmter sozialer Zustände oder Trends. Der von Adorno und Horkheimer geprägte Begriff der „bürgerlichen Kälte" (vgl. Stückler 2014) bezeichnet ein soziales Phänomen, das hauptsächlich in mittelständischen oder bürgerlichen Gesellschaftsschichten beobachtet wird. Es handelt sich dabei um eine spezifische Form der sozialen Kälte, die durch bestimmte Eigenschaften und Verhaltensweisen innerhalb dieser sozialen Gruppe charakterisiert wird. „Bürgerliche Kälte" bezeichnet für Henrike Kohpeiß in durchaus gewollt paradoxer Interpretation „eine Gefühlslage der Gegenwart, mit der sich Bürger:innen vor der Gewalt schützen, die sie selbst verursachen." (Kohpeiß 2021) Die Praktik des Sich-kalt-Machens ist eine Form der Verdrängung, die uns davor bewahrt, uns mit dem Elend der Welt auseinanderzusetzen. Dieses Elend wurde durch den Kolonialismus und andere Verbrechen über viele Jahrhunderte hinweg verursacht.

Affekt & Emotion Soziale Kälte ist eine vergleichsweise schwache Emotion, ein diffuses Gefühl. Das heißt aber nicht, dass der Anteil des Affektiven auf den ersten Blick vernachlässigbar wäre. Doch das ist eine Frage der Wahrnehmung. Wie stark und irritierend empfinden Menschen das Auftreten sozialer Kälte? Ob soziale Kälte als vernachlässigbar oder kaum zu ertragen qualifiziert wird, hängt davon ab, wie sensibel man ist. Als männlicher, weißer und generell privilegierter Soziologie-Professor bin ich aufgrund meiner Sozialisation und Bildung vermutlich empfänglicher für Ausprägungen sozialer Kälte als der körperlich hart arbeitende

D. J. Wetzel, *Affektregister der Gegenwart*,
https://doi.org/10.1007/978-3-658-46134-8_15

Bauarbeiter mit Migrationshintergrund. Aber vielleicht liegt dem auch eine (Selbst-)Täuschung und falsche Bewertung zugrunde? Generell lässt sich festhalten: Je stärker das empfundene Ausmaß der sozialen Kälte, desto größer der affektive Anteil. Das zeigt sich vor allem in der Reaktion auf dieses Phänomen. Diese äußern sich beispielsweise in (passiv-)aggressiven Verhaltensweisen oder aber auch in Depressionen und suizidalen Handlungen.

Persönliche Kälte und soziale Kälte Es ist offensichtlich, dass Menschen nicht immer das Gleiche ausstrahlen. Eine „warme" Person ist demnach eine, die andere berührt und von anderen berührt wird. Dazu gehört eine gewisse Herzlichkeit und Zugewandtheit, die ein Potenzial zur Resonanzfähigkeit impliziert. Dagegen begegnen uns „kalte" Persönlichkeiten ganz klar als abweisend und herzlos. Wie bereits bei der Sympathie beschrieben, darf nicht vorschnell geurteilt werden. Jede Person verdient eine weitere Chance, ihr Verhalten zu korrigieren. Außerdem dürfen wir uns nicht von der persönlichen Wärme täuschen lassen, die ein Mensch in manchen Situationen aufbringt. Ein liebender Familienvater kann sich am Arbeitsplatz als narzisstische Person inszenieren, seine Mitarbeiter schikanieren und in seinem Handeln eine Kälte an den Tag legen. Umgekehrt gilt dies allerdings auch.

Manifestationen und Aspekte sozialer Kälte Soziale Kälte lässt sich nicht auf eine einzige Ursache zurückführen. Vielmehr muss man feststellen, dass es verschiedene Gründe und Auslöser gibt. (1) *Eine vergleichsweise geringe Hilfsbereitschaft:* Menschen sind immer weniger bereit, anderen in Not zu helfen oder Unterstützung anzubieten. Die alljährliche Spendenbereitschaft zu Feiertagen ist lediglich ein Tropfen auf den heißen Stein und dient allenfalls der kurzzeitigen Gewissensberuhigung. (2) *Anonymität und Isolation:* In vielen (post-)modernen Gesellschaften herrscht ein Gefühl der Anonymität und Isolation vor, vor allem in städtischen Umgebungen, wo die sozialen Bindungen schwächer sind als in ländlichen, überschaubaren Sozialräumen. (3) *Konkurrenzdenken:* Eine starke Fokussierung auf individuellen Erfolg und Konkurrenz, oft auf Kosten gemeinschaftlicher oder kooperativer Werte. Dies wird gemeinhin als Verlust an Gemeinsinn (oder Gemeinwohlorientierung) diskutiert. (4) *Mangel an Empathie:* Menschen zeigen immer weniger Mitgefühl für die Probleme und Herausforderungen anderer. (5) *Entfremdung:* Es besteht das Gefühl, dass zwischen den Menschen eine emotionale und soziale Entfernung besteht, was zu einem Zustand der Entfremdung führt. Die von Rahel Jaeggi beschriebene „Beziehung der Beziehungslosigkeit" (2016) kann in Gesellschaften, in denen die soziale Kälte grassiert, überhandnehmen und zu gravierenden politischen und sozialen Konflikten beitragen. Solche Zustände müssen im Interesse des Gemeinwohls verhindert werden.

Registrierungsweisen Es ist unerlässlich, dass Individuen in der Lage sind, die soziale Kälte als solche zu spüren und zu registrieren. Dazu ist eine gewisse Empfindlichkeit und Aufmerksamkeit im Umgang in und mit der Gesellschaft notwendig. Für abgestumpfte oder weniger „empfindliche" Menschen ist soziale Kälte nichts Neues. Sie reagieren darauf gelassener und zeigen keine große Emotionen. Doch wann genau kippt diese Gelassenheit und Indifferenz in Ignoranz und Verleugnung? Soziale Kälte darf nicht ignoriert werden. Sie beeinträchtigt die Menschen in ihrem Alltag und ihrer Existenz. Vor allem Migrant:innen und Flüchtlinge, die ihr angestammtes Land verlassen (müssen), werden in der neuen Heimat vergleichsweise stark mit dem Gefühl der sozialen Kälte und des Nichtdazugehörens konfrontiert sein.

Einordnung und Bewertung Soziale und bürgerliche Kälte manifestiert sich nicht selten in einer Atmosphäre, die von diffusen Gefühlen geprägt ist. Diese Gefühle lassen sich nur schwer greifen und bieten wenig Ansatzpunkte für Gegenmaßnahmen. Die Menschen ertragen diese schwer zu fassenden Gefühle der Kälte, die häufig mit Indifferenz einhergehen, obwohl sie insgeheim darauf hoffen, dieser zu entkommen und einen Ort mit mehr Wärme und Resonanz herbeisehnen. Eine bestimmte Ausprägung der sozialen Kälte kann sich jedoch auch in einer gewissen professionelle Haltung äußern, beispielsweise im Phänomen des Coolout im Pflegekontext (Berberich 2022). Diese Haltung dient dem eigenen Überleben am Arbeitsplatz. Eine professionelle Distanz zu anderen Menschen kann eine hilfreiche Praktik sein, um die eigene Psychohygiene zu bewahren.

Gründe für das Auftreten sozialer und bürgerlicher Kälte Luhmann beschreibt funktional differenzierte Gesellschaften als hochgradig arbeitsteilige und in verschiedene Milieus einteilbare Gesellschaften, in denen Menschen ihren je eigenen Berufen und Lebensführungsvorstellungen folgen. Das fördert ganz klar den Egoismus und den Rückzug ins Ich. Fundamentale gesellschaftliche Krisen (Klimawandel, Kriege, Pandemien etc.) tragen ebenso dazu bei, dass diese Fokussierung auf das eigene Ich und den allerengsten Kreis (Familie) zunimmt. Die Sorge um sich ersetzt vielerorts die Sorge um andere, die wiederum an professionelle Anbieter:innen (Pflege, Psychotherapie etc.) delegiert wird.

Die bürgerliche Kälte wiederum und die damit einhergehende Gleichgültigkeit anderen Gegenüber sieht Adorno auch im Zusammenhang mit den Geschehnissen rund um den Nationalsozialismus am Werk: „wären sie (die Menschen, D.W) also nicht zutiefst gleichgültig gegen das, was mit allen anderen geschieht außer den paar, mit denen sie eng und womöglich durch handgreifliche Interessen verbunden sind, so wäre Auschwitz unmöglich gewesen, die Menschen hätten es dann nicht hingenommen. […] Die Kälte der gesellschaftlichen Monade, des isolierten Konkurrenten, war als Indifferenz gegen das Schicksal der anderen die Voraussetzung dafür, daß nur ganz wenige sich regten" (Adorno 1971, S. 101). Soziale Kälte treibt in die Vereinzelung und führt zwangsläufig zu einer dramatischen Entsolidarisierung. Diese Aussage von Adorno muss ernst genommen werden, denn die aktuelle gesellschaftliche Situation ist alarmierend. Sie zeigt deutlich, was in neoliberalen westlichen Gesellschaften vor sich geht. Das erinnert zugleich an die Diagnose der „rohen Bürgerlichkeit" – im Verbund mit einem „autoritären Nationalradikalismus" – von Wilhelm Heitmeyer in seinen gegenwartsdiagnostischen Arbeiten. „Das Autoritäre besteht darin, ein verändertes Ordnungsmodell anzustreben, mit traditionellen Lebensweisen, klaren Hierarchien und dichotomischen Gesellschaftsbildern, die „Wir gegen Die", „Innen gegen Außen", oder „Eigenes gegen Fremdes" positionieren. Beim Nationalistischen geht es um Überlegenheitsansprüche deutscher Kultur, eine veränderte Geschichtsschreibung und Deutsch-Sein als zentralen Identitätsanker. Das Radikale besteht in einem rabiaten und emotionalisierten Mobilisierungsstil." (Heitmeyer 2023) Die Kombination von „heißem" Aufbegehren gegenüber Anderen und Fremden mit einer kapitalistisch unterfütterten sozialen Kälte gleichsam nach innen ist ein weiteres Beispiel für die Verquickung von ökonomischen und sozialen Konflikten. Auch bei diesen Konflikten geht es meines Erachtens um den Kampf einer besseren (und vor allem ökonomisch besser gestellten) und den anderen gegenüber vermeintlich überlegenen Lebensform. Die zentrale Rolle von Geld und Vermögen ist dabei kein Zufall.

Der Einfluss des Geldes und des Reichtums Ein wesentlicher soziopsychoanalytischer Erklärungsansatz für die Entwicklung einer unsozialen Gesellschaftsordnung und einer unsozialen individuellen Haltung ist in der übermäßigen Orientierung an monetärem Reichtum und materiellem Besitz zu sehen.[1] Der Zusammenhang lässt sich exemplarisch am aufschlussreichen und überaus lesenswerten Märchen *Das kalte Herz* (1827) von Wilhelm Hauff verdeutlichen. In der

---

[1] Über den Zusammenhang zwischen Psyche und Geld schreibt der Soziologe und Gruppenanalytiker Rolf Haubl: „Wir alle erleben und gebrauchen Geld immer auch als ein Symbol, in dem die ökonomische Bedeutung mit einer psychischen Bedeutung konfundiert ist. Wie wir mit ihm umgehen, manifestiert unsere Persönlichkeit mit all ihren unbewältigten Traumata und Konflikten. Facetten dieses phantasmatischen Zusammenhangs sind sogar im Alltagsbewusstsein präsent: etwa die Gleichsetzung von ökonomischer und sexueller männlicher Potenz." (Haubl 1999, S. 29).

Erzählung strebt der Protagonist Peter Munk nach Reichtum, was letztlich zu einer Entfremdung von der Dorfgemeinschaft sowie zum Verlust seiner menschlichen Beziehungen führt. Des Weiteren führt der Wunsch nach Reichtum zu einem Verlust der Menschlichkeit. Dies wird durch die Tatsache symbolisiert, dass Peter sein Herz gegen ein steinernes Herz eintauscht. Dieser Akt steht metaphorisch für den Verlust der Empathiefähigkeit und Menschlichkeit. Die These, dass soziale Kälte durch Materialismus befördert wird, lässt sich aus dem Märchen ableiten. Die Gier nach Geld führt bei Peter zu einer kalten und berechnenden Persönlichkeit, die menschliche Beziehungen vernachlässigt. Der Anstieg des Vermögens führt zu einer zunehmenden sozialen Isolation und einem Mangel an Glücksgefühlen. Trotz des materiellen Erfolgs führt das Streben von Peter Munk zu einer sozialen Isolation und Einsamkeit. Die Rückkehr zu „wahren" Werten stellt schließlich das Ende der Entwicklung dar. Peter erkennt, dass wahres Glück in menschlichen Beziehungen und grundlegenden Werten liegt, nicht im materiellen Reichtum. Diese Erkenntnis deckt sich mit den Ergebnissen von Lebensrückblicken, in denen Menschen am Ende ihres Lebens zu ähnlichen Schlussfolgerungen gelangen. Als besonders wichtig werden dabei Liebesbeziehungen und Freundschaften sowie die eigene Gesundheit erachtet (Battaglia 2020).

Andererseits ist ein Leben in kapitalistischen Gesellschaften ohne Geld nur schwer vorstellbar, da Geld als eine Art magisches Instrument für den Wohlstand und dessen wundersame Vermehrung gilt. Die soziale Positionierung sowie die Zuweisung des sozialen Status erfolgen in erheblichem Maße über den Erwerb von Geld und Vermögen. In einer Gesellschaft, in der Vermögen und Besitz von Generation zu Generation weitergegeben werden, ist es für viele Menschen von zentraler Bedeutung, ein finanzielles Polster zu haben, um ein sorgenfreies Leben führen zu können. Die Bedeutung von Geld und Besitz ist in spät- oder postmodernen Gesellschaften so groß, dass sie als eine Art Machtfaktor charakterisiert werden können. Dies zeigt sich daran, dass die Verteilung von Vermögen und Besitz weltweit eine entscheidende Rolle bei der Erklärung von Ungleichheit spielt (Piketty 2022).

Alternativen und Auswege Wie lässt sich der sozialen Kälte in Gesellschaften begegnen, gibt es überhaupt Möglichkeiten, diesem Phänomen produktiv zu entkommen? Obschon in manchen Segmenten der Gesellschaft nach Alternativen zum Geld (zurück zu Tauschringen etc.) eifrig gesucht wird, erscheint eine Abkehr von der traditionellen Geldwirtschaft wenig wahrscheinlich. Eine gewisse soziale Kälte und Gleichgültigkeit anderen gegenüber (Plessner) lässt sich daher nicht vermeiden, wobei dem Traum einer Aufwertung der Gemeinschaft seinerseits Grenzen

gesetzt sind. Es sei jedoch eingeräumt, dass sich auf der Ebene der Gemeinschaft warme und emotionale Formen des Miteinanders leichter etablieren als in
Gesellschaften.[2] Innerhalb der durch Affizierung charakterisierten Gemeinschaften
lassen sich jedoch Inklusions- und Exklusionsphänomene beobachten. Dies lässt
sich exemplarisch an der sogenannten Grüppchenbildung festmachen. Für reiche
Gesellschaften stellt sich somit die andauernde Herausforderung, eine Vermittlung zwischen Gemeinschaft/en und Gesellschaft auch auf der affektiv-emotionalen
Ebene zu erreichen.

Bezüge zu anderen Affekten & Emotionen Gleichgültigkeit und Indifferenz sind
gleichsam die unheimlichen Vorboten einer sich etablierenden sozialen Kälte.[3] Die
mangelnde Bereitschaft, sich mit dem anderen, dem Fremden und dem Unbekannten auseinanderzusetzen, trägt maßgeblich zur Abschottung bei. In diesem
Kontext kommt nicht selten der Narzissmus in seiner harmlosen, aber mitunter
auch krankhaften Ausprägung zur Geltung, insbesondere in Form des „Nabel-der-
Welt-Gefühls" (Narzissmus). Ebenso begünstigt das Fehlen von Sympathie- und
Empathiegefühlen eher die Entwicklung sozialer Kälte als deren Zurückweisung.
Soziale Kälte geht mit Einsamkeitsgefühlen eine fatale Beziehung ein. Dies führt
zu einem Rückzug ins Innere, welcher die Bezogenheit auf andere torpediert und
das Ausbilden von Gemeinschaftsgefühlen und Kollektivität verhindert. Soziale
Kälte kann in ihrer vehementen Ausprägung als Nährboden für Hass, Wut und Zorn
betrachtet werden. Diese „heißen" Gefühle resultieren aus einer Kälte, die mit Resignation und Abstumpfung einhergeht, was auf den ersten Blick paradox erscheint.
Des Weiteren beeinträchtigen die Gefühle der sozialen Kälte das Lustempfinden
sowie die Fähigkeit, echte Liebesgefühle zu entwickeln. Das Kalkül des instrumentellen Miteinanders manifestiert sich in „kalten", frostigen Beziehungen, in denen
die Befriedigung der eigenen Bedürfnisse im Vordergrund steht und nicht die der
anderen.

Resümee In Gesellschaften, die sich durch eine geringe soziale und bürgerliche
Wärme auszeichnen, neigen Menschen dazu, Gleichgültigkeit und Indifferenz zu
entwickeln. In Anbetracht der vorherrschenden Umstände erscheint diese Haltung
jedoch nachvollziehbar. In modernen Gesellschaften gilt die Maxime, dass Geld

---

[2] Während Gemeinschaften auf „vollständige Sozialintegration" (auch emotionale) setzen,
und so ihre Mitglieder an sich binden, zeichnen sich Gesellschaften durch eine „unvollständige Sozialintegration" aus, was zu einer gewissen indifferenten Haltung im Umgang
miteinander führt, vgl. dazu Eßbach (2022).
[3] Eine solche soziale Kälte durchzieht meines Erachtens die Schriften Franz Kafkas, insbesondere im „Prozess"- und „Schloß"-Roman.

Macht bedeutet und Macht wiederum zu mehr Geld führt. In einer Geldgesellschaft führt ein Mangel an ökonomischem Kapital dazu, dass die betroffene Person an den gesellschaftlichen Rand gedrängt und ggf. geächtet wird. Gleichwohl ist zu konstatieren, dass diesen Gesellschaften und insbesondere ihren Mitgliedern die Fähigkeit zur Empathie sowie Formen der Zärtlichkeit und des fürsorglichen Miteinanders abhandengekommen sind. Der Fokus liegt folglich auf dem eigenen Ich, der eigenen Karriere sowie der eigenen persönlichen Entwicklung. Dies kann gesellschaftlich betrachtet als eine Form der „Normalisierung" (Michel Foucault) ablaufen, sodass die damit konfrontierten Individuen gar nichts oder kaum etwas von der sich ausbreitenden sozialen Kälte bemerken. Damit ist für sie vermutlich sogar eine bessere Situation gegeben als für Menschen, die über eine gewisse Sensibilität verfügen.

Einsamkeit

Begriff und Bedeutung Das Wort „Einsamkeit" im Deutschen kommt etymologisch betrachtet aus dem mittelhochdeutschen „einsam", das sich aus zwei Teilen zusammensetzt: „ein"- und „-sam". (1) „ein-": Dieser Teil stammt vom althochdeutschen „ein", was „allein" bedeutet. Es entspricht dem heutigen deutschen Wort „ein" oder „einer", was auf einen einzelnen Zustand oder das Alleinsein hinweist. (2) „-sam": Dieses Suffix ist verwandt mit dem heutigen „-sam" in der deutschen Sprache, dass eine Art Zustand oder Eigenschaft ausdrückt. Im Kontext von „einsam" bezieht es sich auf den Zustand des Alleinseins. „Einsam" bedeutet ursprünglich so viel wie „im Zustand des Alleinseins" oder „allein sein". Über die Zeit hat sich die Bedeutung erweitert und umfasst heute nicht nur das physische Alleinsein, sondern auch das Gefühl der Isolation, der sozialen Trennung und des Mangels an Verbindung mit anderen Menschen (Dudenredaktion 2020). Von Maike Luhmann, der wohl bekanntesten deutschen Einsamkeitsforscherin, stammt die folgende Definition: „Einsamkeit ist ein Gefühl, das man dann empfindet, wenn die Kontakte, die Beziehungen, die Verbindungen zu anderen Menschen, die man sich wünscht, nicht gegeben sind." (Luhmann 2023) Und in der heutigen Gesellschaft sind soziale Kontakte, auch wenn sie von vielen hoch geschätzt werden, bekanntermaßen ein rares Gut. Einsamkeit ist keine Privatangelegenheit, sondern eine, vielleicht sogar *die* neue soziale Frage unserer Zeit.

Affekt & Emotion Der affektive Anteil ist bei Einsamkeitsgefühlen eher gering. Natürlich ist es denkbar, dass jemand Einsamkeitsattacken erlebt, die dann wieder abklingen oder sich verstetigen. Insofern kann Einsamkeit insgesamt als ein schwaches, andauerndes Gefühl diagnostiziert werden, oft als eine Grundstimmung, die aber von gedämpft bis sehr heftig empfunden werden kann. In einem Buch von Maurice Halbwachs (1947, S. 69) schreibt der Sozialpsychologe Charles Blondel:

© Der/die Autor(en), exklusiv lizenziert an Springer Fachmedien Wiesbaden GmbH, ein Teil von Springer Nature 2025
D. J. Wetzel, *Affektregister der Gegenwart*,
https://doi.org/10.1007/978-3-658-46134-8_16

„Starke Gefühlsregungen sind bei vereinsamten Menschen in der Tat selten. Dauernde Einsamkeit lässt im Allgemeinen nicht nur den äußeren Ausdruck unserer Gefühle verarmen, unser Lachen, Weinen, Schreien und unsere Gesichtszüge, sondern auch die ihnen zugrundeliegenden Vorstellungen und Gefühle selbst." Diese beschriebene Verarmung auf der expressiven Seite bedeutet meines Erachtens nicht, dass die Einsamkeit selbst sehr wohl unterschiedlich stark empfunden werden kann. Vermutlich spielt auch die Aussicht auf Besserung bzw. das Wissen um die begrenzte Dauer der Einsamkeit eine wichtige Rolle für deren Aushalten und Bewältigung. Temporäre Einsamkeit ist zudem von chronischer Einsamkeit zu unterscheiden. Nicht nur Robin Crusoe war auf der Suche nach Freitag, seinem Gefährten auf der einsamen Insel, nein, wir alle brauchen zumindest ein paar gute Freunde, die im Prinzip jederzeit erreichbar sind und die auch helfen und zur Verfügung stehen, wenn man sie wirklich braucht.

Gegenwartsdiagnose Wie lautet der soziologische Befund? Es ist ein doppelter: Einsamkeit darf in einem Affektregister der Gegenwart nicht fehlen, dafür ist das Phänomen zu virulent und allgegenwärtig. Zum anderen ist Einsamkeit als Emotion interessant und kaum zufällig das Ergebnis einer hyperindividualisierten und allseits mobilen Gesellschaft, in der feste und dauerhafte Bindungen eher die Ausnahme als die Regel geworden sind. Die Corona-Pandemie hat die Problematik verschärft, aber auch veränderte Partnerschaftsformen, eine gestiegene Anspruchshaltung („dann bleibe ich lieber allein") tragen zu einem Lebensgefühl bei, das immer wieder von Einsamkeitsgefühlen heimgesucht wird. Solche Gefühle kennen wohl die meisten Menschen, sei es durch die abwesende Mutter, den abwesenden Vater in der Kindheit, sei es durch die Erfahrungen nach dem Ende von Liebesbeziehungen, wo Schmerz und Trauer die Einsamkeitsgefühle begleiten. Sie gehören zum Repertoire menschlicher Erfahrungen. Umso mehr schätzen einsame Menschen (wiederentdeckte) Geselligkeit und Freundschaft, wenn es ihnen gelingt, diese Phase hinter sich zu lassen.

In unserer Gesellschaft scheint dies jedoch immer weniger Menschen zu gelingen, was die Bundesregierung jüngst mit einer „Strategie gegen Einsamkeit" (Bundesministerium für Familie, Senioren, Frauen und Jugend. Referat Öffentlichkeitsarbeit 2023) dargelegt hat. Einsam fühlen sich nicht nur alte Menschen, sondern auch immer mehr junge, was damit zusammenhängt, dass Facebook-Freunde und Instagram-Follower oft keine Einsamkeitskiller sind, sondern eine vergleichsweise starke Nutzung solcher Medien eher noch das Gefühl von Minderwertigkeit und Verlorenheit verstärken. Mit möglichst vielen Menschen virtuell verbunden zu sein, sagt nichts darüber aus, ob sich diese Menschen einsam fühlen oder nicht. Ich kann tagelang einsam vor dem Bildschirm sitzen und mit der Außenwelt kommunizieren – erst die konkrete zwischenleibliche Resonanz (Fuchs 2003) kann die Symptome der Einsamkeit lindern. Gerade deshalb sind Vereinstätigkeiten, gemeinsame sportliche oder musikalische Aktivitäten so wichtig und ein probates Mittel gegen Einsamkeit.[1]

Einsam und/oder allein? Von dem unangenehmen Zustand der Einsamkeit ist der gesellschaftlich durchaus positiv konnotierte Zustand des Alleinseins zu unterscheiden (Schreiber 2021). Letzterer impliziert ein Können oder eine Fähigkeit, mit sich allein zu sein und nicht darunter zu leiden. Im Gegenteil: Diesen Zustand vielleicht sogar aktiv zu suchen, um sich in Abgeschiedenheit und voller Konzentration einer Sache zu widmen. Schreiben zum Beispiel ist eine notorisch einsame, allein ausgeübte Tätigkeit, oder auch das Üben eines Musikstücks gehört dazu. Allein sein bedeutet dann immer auch, potenziell Zeit für sich zu haben – und eben nicht von anderen und deren Ansprüchen abhängig zu sein. In einer auf Beschleunigung setzenden Spät- oder Postmoderne drohen gerade diese Zeitfenster des Alleinseins zu einem kostbaren Gut zu werden. Insofern handelt es sich hier um einen freiwillig und willentlich herbeigeführten Zustand, der Einsamkeit eher als Alleinsein begreift, etwas das einem widerfährt – ob man es will oder nicht (was meistens der Fall ist).

Ein interessanter Punkt ist die Frage, ob jemand selbst schuld an seiner oder ihrer Einsamkeit ist beziehungsweise dies als Selbstverschulden empfindet oder ob es unfreiwillig zu Erfahrungen mit der Einsamkeit kommt. So schreibt der Schriftsteller Daniel Schreiber (2021): „In unserem kollektiven Bild von Einsamkeitsgefühlen schwingt immer mit, dass die Einsamen ihr Schicksal verdient hätten, dass sie zu unattraktiv, schüchtern, eigenbrötlerisch und selbstbezogen seien, zu sehr zu Selbstmitleid neigten oder dazu, sich ohne jedes Gefühl der Würde über Dinge zu beklagen." (ebd., S. 63) Folgt man dieser Argumentation, dann tun Menschen gut daran, nicht zu vereinsamen (in die Einsamkeitsfalle zu geraten), weil dieser Zustand als moralisch schlecht qualifiziert wird. Anders verhält es sich mit dem Alleinsein, das als Fähigkeit im Sinne der Lebenskunst und des guten Lebens von allen Seiten positiv gewürdigt wird.

Ausprägungen von Einsamkeit Ebenso wie *Liebe weh tut* (Illouz 2011), Schmerzen verursacht, kann auch Einsamkeit weh tun und zu ernsthaften Erkrankungen

---

[1] Gleichzeitig nehmen aber die Mitgliederzahlen in Sportvereinen etc. seit vielen Jahren eher ab als zu.

führen respektive beitragen. „Einsamkeit ist mit vielfältigen Gesundheitsbeein-
trächtigungen verbunden, beispielsweise mit einem erhöhten Risiko für Herz-
Kreislauf-Erkrankungen wie koronare Herzerkrankung und Schlaganfall, für psychische Erkrankungen wie Depression und für neurodegenerative Erkrankungen
wie Demenz." (Bundesministerium für Familie, Senioren, Frauen und Jugend 2023,
S. 6). Warum ist das so? Weil menschliche Grundbedürfnisse wie Interaktion und
Geselligkeit nicht mehr befriedigt werden. Dazu gehören insbesondere das Bedürfnis nach körperlicher Nähe und der Verlust des Dialogs mit anderen Menschen (die
heilende Kraft, von sich erzählen zu können). Es fehlt auch an sozialer Anerkennung und Resonanz. Dinge also, die wir normalerweise vor allem in Freundschaften
und Liebesbeziehungen bekommen. Nach dem Verlust einer Liebe kann sich ein
Mensch sehr einsam fühlen, z.B. in einer fremden Stadt, wenn noch keine Beziehungen zu anderen Menschen/Freunden aufgebaut werden konnten. Obwohl in diesem
Moment auf der Metaebene klar sein sollte, dass es sich in der Regel um einen
vorübergehenden Zustand handelt, tut es im konkreten Hier und Jetzt sehr weh.
Reflexion und Einordnung des Geschehenen können helfen, aber den Schmerz und
die Trauer über die Einsamkeit nicht verhindern.

Bezüge zu anderen Affekten & Emotionen   Neid und eine verstärkte Konkurrenz-
orientierung können auch, wie bereits gezeigt worden ist, eine integrative Kraft
besitzen, vor allem aber treiben sie uns auseinander, sodass jede und jeder der eigenen Karriere, dem eigenen Glück hinterherjagt und dabei oft die anderen vergisst
oder als zu besiegende Konkurrent:innen wahrnimmt. Auch die Auflösung oder
Schwächung familiärer und verwandtschaftlicher Bindungen trägt zur Vereinzelung und Vereinsamung bei. Aber wer gibt schon gerne zu, unter Einsamkeit zu
leiden, wenn alle anderen nur ein paar Klicks entfernt scheinen? Je mehr wir mit
anderen (technisch) vernetzt sind, desto weniger sind und fühlen wir uns mit diesen
anderen verbunden. Dies ist die Ironie der Geschichte. Scham und Angst, oft als
Grundemotionen bezeichnet, sind die beiden Emotionen, die unmittelbar mit Einsamkeit in Verbindung gebracht werden. Menschen schämen sich, einsam zu sein,
und verbergen dieses Gefühl, obwohl sie dadurch im Zweifelsfall ihre Einsamkeit
noch verstärken. Während diese verpönt, gewissermaßen tabuisiert ist, wird der
sozial aktive und gut vernetzte Mensch geschätzt. Neben Scham oder Schuldgefühlen ist Angst eine wichtige Emotion, die mit Einsamkeit einhergeht. Ängstliche
Menschen sind weniger weltoffen und vor allem weniger offen gegenüber (fremden) Menschen, was sie in gewisser Weise für Einsamkeitserfahrungen disponiert.
Im Laufe des Lebens verlieren viele Menschen ihre früher erworbene Unbefan-
genheit im Umgang mit anderen. Misstrauen und Vorurteile bestimmen das soziale
Miteinander bzw. verhindern den sozialen Austausch. Hinzu kommt der Verlust der

(Lebens-)Freude, die wesentlich mit dem sozialen Miteinander, dem Dialog mit anderen verbunden ist. Auch das Erleben von Lust ist im Zustand der Einsamkeit zwar eingeschränkt möglich, aber gerade Liebe und Freundschaften werden in der Paar- oder Gruppenkonstellation als lustvoll erlebt. Der einsame Mensch wird in der Gesellschaft eher soziale Kälte spüren und vielleicht sogar Wut, Zorn und Hass auf all die anderen empfinden, die scheinbar gesellig und sozial gut vernetzt leben. Wir sind auf Zweisamkeit normiert und sollen in Gruppen und Vereinen gegen die aufkommende Einsamkeit ankämpfen. Im Alter, vermeintlich körperlich und geistig eingeschränkt, kommt zur Einsamkeit die Trauer, insbesondere der Verlust wertvoller Menschen hinzu und macht den (verdienten) Lebensabend eher mühsam und frustrierend.

Gegen-Maßnahmen In den „Strategien der Bundesregierung gegen Einsamkeit" (2023, S. 7) werden folgende Punkte angeführt: „Dabei werden fünf Ziele zur Stärkung der sozialen Verbundenheit und des gesellschaftlichen Miteinanders verfolgt, soweit hierfür eine Kompetenz des Bundes besteht. Die Ziele (1) Sensibilisierung der Öffentlichkeit, (2) Wissen stärken, (3) Praxis stärken, (4) Bereichsübergreifend agieren und (5) Menschen unterstützen – Angebote ausbauen [...]." Das sind ehrenwerte, jedoch auch sehr allgemein gefasste Ziele, die sich an ihrer Umsetzung messen lassen müssen.

Gegen Einsamkeit, so scheint es, hilft das soziale Miteinander, die (intime) Zweisamkeit, aber wie findet man sie, wenn man sich bereits in der Einsamkeitsfalle befindet? Hinzu kommt, dass sich Menschen auch in (intimen) Beziehungen einsam fühlen und vor dieser schmerzlichen Erfahrung in virtuelle Welten flüchten. Es gilt, die Balance zu halten zwischen der Fähigkeit zum Alleinsein und dem vorübergehenden (und damit normalen) Phänomen der Einsamkeit. Diese erzeugt Sehnsucht, Sehnsucht nach Veränderung und kann insofern auch ein Antrieb sein, die Dinge anders zu gestalten als bisher. Doch der Kampf gegen die Einsamkeit hat mächtige Feinde. Der Hyperindividualismus, die zunehmende Orientierung am Eigennutz und die „Singularisierung" der Lebensverhältnisse (Reckwitz 2019) sind Motoren der Einsamkeit und deren Zunahme in den letzten Jahren.

Resümee Durch Hyperindividualisierung, Singularisierung und andere Prozesse der Entgrenzung hat sich in vielen Gesellschaften das Gefühl der Einsamkeit pandemisch entwickelt (Luhmann 2023). Der neoliberal angeheizte Wettbewerb, der uns alle zu vermarktbaren Subjekten gemacht hat, bietet – neben allen auch integrierenden Momenten – einen Nährboden für Einsamkeitserfahrungen. „Gefragt ist das wettbewerbsfähige wie krisenfeste Ich, das permanent sendet und empfängt, sendet und empfängt, Momente der Stille werden weggedrückt. Um sich mit anderen

zu verbinden, braucht man aber Zeit und Energie, braucht man auch eine Verbindung zu sich selbst." (Grasshoff 2024, S. 45) Phasen der Einsamkeit gehören zwar
zu den Erfahrungen des menschlichen Daseins, dürfen sich aber nicht verfestigen und dadurch im schlimmsten Fall zu resignativen und depressiven Haltungen
führen. Vermutlich wird auch ein „Einsamkeitsministerium" (das es in Japan und
Großbritannien bereits gibt) nichts daran ändern, dass immer mehr Menschen – oft
ungewollte und schwerwiegende – Einsamkeitserfahrungen machen werden. Die
halbwegs gute Nachricht ist, dass die Sensibilität für die Problematik wächst; allerdings bei gleichzeitiger Verschärfung der Situation in Bezug auf die Betroffenheit
von Einsamkeit.

Erschöpfung

Begriff und Bedeutung Das Wort Erschöpfung stammt von dem spätmittelenglischen Wort „exhausted", das wiederum von dem lateinischen Wort „exhaustus" abgeleitet ist, was so viel wie „leer oder ausgetrocknet" bedeutet. Ursprünglich wurde der Begriff im wörtlichen Sinne verwendet, um die Erschöpfung von Ressourcen zu bezeichnen, aber inzwischen beschreibt er auch extreme Müdigkeit und das Gefühl, völlig erschöpft zu sein. In dem deutschen Wort „Erschöpfung" steckt „Schöpfung" im Sinne eines zu Erschaffendem. Aber gerade dieses produktive Moment der Schöpfung geht im Zustand der Er-Schöpfung fundamental verloren. Im wahrsten Sinne des Wortes ist der erschöpfte Mensch nicht mehr in der Lage, etwas hervorzubringen, etwas zu leisten und somit am kapitalistischen Verwertungsprozess teilzuhaben. (Dudenredaktion 2020)

Längst zeigen diverse Studien, wie die Leistungsgesellschaft uns nicht nur motiviert und in permanente Konkurrenzsituationen bringt, sondern uns zudem auszehrt, uns an unsere Grenzen führt und darüber hinaus. Mit Blick auf das drohende Burnout schreibt Sighard Neckel: „Burnout folgt auf eine Phase immer größer werdender Anstrengungen, die vollbracht werden, um eigene und fremde Ansprüche zu erfüllen. Von Burnout Betroffene versuchen Misserfolge mit verstärktem Einsatz zu kompensieren und geraten so in eine Spirale, bei der persönliche Ressourcen verausgabt werden, ohne je neue bilden zu können." (2014, S. 121). Der Arbeitsexzess führt mitunter zum Tode, was in Japan mit dem Begriff „Karoshi" bezeichnet wird – und dort gar nicht so selten vorkommt.

Affekt & Emotion Kann Erschöpfung auch affektive Momente enthalten, spontan auftreten und sogar eine Art soziale Gefühlsdisposition sein? Erschöpfungszustände können sich schnell, manchmal überraschend einstellen, aber auch zu einem anhaltenden Gefühl werden, das nicht mehr verschwindet. Der Energiefluss wird unterbrochen und die Suche nach den Ursachen beginnt. Erschöpfungszustände,

D. J. Wetzel, *Affektregister der Gegenwart*,
https://doi.org/10.1007/978-3-658-46134-8_17

Fatigue oder auch Burnout-Syndrome können aus ganz unterschiedlichen Gründen auftreten.[1] Die Rede bzw. die These von der „erschöpften Gesellschaft" oder gar der „Müdigkeitsgesellschaft" (Byung-Chul Han) suggeriert, dass es pauschale Erschöpfungsphänomene gäbe, von denen mehr oder weniger alle betroffen seien. Dies erscheint wenig plausibel, vielmehr bedarf es einer differenzierten Sichtweise. Mit anderen Worten: Was sind die Gründe dafür, dass bestimmte Menschen oder sogar Berufsgruppen (Pflegende, Lehrer:innen etc.) mehr an Erschöpfungszuständen leiden, während andere vergleichsweise weniger betroffen sind? Auf der anderen Seite müssen wir uns durchaus der Macht des Betroffenseins durch Erschöpfung bewusst sein, denn nur so können wir Gegenmaßnahmen ergreifen und bestimmte Situationen der Überforderung bewältigen.

Gegenwartsdiagnose Birger Priddat (2012, S. 15 f.) liefert eine interessante Analyse: „Die zunehmenden Chancen und Möglichkeiten, denen sich Menschen im Spätkapitalismus ausgesetzt sehen, das permanente aktiv sein und Chancen ergreifen müssen, machen sie müde und erschöpft: Innere Leere, gefühlte Minderwertigkeit, Antriebsschwäche, das Überhandnehmen von psychischen Krankheiten wie Depressionen sind einige Indikatoren…je mehr wir wissen und als möglich erscheint, desto größer wird die Ambivalenz, was angemessen zu wählen oder zu entscheiden ist." Dieser buchstäbliche Wahnsinn, sich entscheiden zu müssen, führt tatsächlich zu Lähmung und nicht selten zu Überforderung, gerade weil es immer auch die falsche Entscheidung sein kann, die getroffen wird. Auch wenn viele Entscheidungen reversibel erscheinen, so kostet es doch viel Kraft und Energie, diese Vorläufigkeit und die Möglichkeit von Fehlentscheidungen auszuhalten. Diese Formen der Erschöpfung machen längst nicht mehr auf der individuellen Ebene halt, sondern betreffen die Meso- und Makroebene von Gesellschaften.

Denn wir wissen es aus der Geschichte und aus der Gegenwart (Pandemien, Klimawandel): Krisenzeiten sind Zeiten kollektiver Erschöpfung. Wenn die To-do-Liste zu explodieren droht, schwebt das Damoklesschwert der Erschöpfung und des Burnout über uns. Die oft überhöhte und nicht selten zum Zeitgeistphänomen verkommene Rede von der Resilienz (als Antwort auf die Krisen) ist ein sicheres Indiz dafür, dass es der Gesellschaft und den Individuen genau an dieser Resilienz in sozialer und psychischer Hinsicht mangelt. Mit anderen Worten: Wer resilient

---

[1] Im vorliegenden Zusammenhang ist es nicht entscheidend zwischen Burnout und Erschöpfung zu unterscheiden. Ich folge Stefanie Graefe, wenn diese mit Erschöpfung „vor allem Phänomene emotionaler Erschöpfung" meint, „die medizinisch in einer ganzen Reihe unterschiedlicher Diagnosen erfasst werden können (z. B. depressive Episode, somatoforme Störung)" (2015, S. 2).

ist, erschöpft sich nicht (so schnell), brennt nicht aus, verfügt über Widerstands-
kräfte, die er oder sie mobilisieren kann. Tatsache ist jedoch: Wie eine diskursive
Glocke schwebt das Thema Erschöpfung, Burnout, Fatigue über unser aller Köpfe.
Zeitungen, psychologische Ratgeber und soziale Medien sind voll von Erfahrungs-
berichten Betroffener. Gerade in Zeiten von Corona und Postcovid ist das Phänomen
der (anhaltenden) Erschöpfung stärker ins öffentliche Bewusstsein gerückt, ohne
dass gleichzeitig von politischer Seite ausreichend Maßnahmen dagegen ergriffen
worden wären. In den nächsten Jahren dürfte noch einiges auf die Gesellschaften
und insbesondere auf den Gesundheitsbereich zukommen.

Phänomenologie der Erschöpfung Wie lässt sich das Phänomen erfassen? Neckel
und Wagner (2013, S. 204) identifizieren den „Zustand des Ausgelaugtseins" als zentral für das Gefühl der Erschöpfung.[2] Graefe versteht unter dem sozialen Phänomen
der Erschöpfung „eine Form der ‚somatisierten' Problematisierung gegenwärtiger
gesellschaftlicher Konfliktlinien, namentlich des Widerspruchs zwischen einer radikalisierten Vermarktlichung aller gesellschaftlichen Sphären (zu denen eben auch
»das Subjekt« gehört) und einem ebenso radikalisierten wie reduzierten Autono-
mieversprechen" (2015, S. 18). Manche Menschen neigen mehr als andere dazu,
sich selbst auszubeuten, es besonders gut machen zu wollen, um eigenen und vor
allem fremden Ansprüchen (Erwartungen) gerecht zu werden. Soziale Anerkennung, sozialer Status und ein Gefühl der Wertschätzung winken demjenigen, der
sich in der Leistungsgesellschaft verausgabt, darüber spricht – und am Ende oft den
Preis dafür bezahlt. Insofern geht es tatsächlich um das Maß, um die richtige Balance
zwischen Anstrengung, Arbeit und Mühe auf der einen Seite und Belohnung, sich
zurückzunehmen, auch mal nichts zu tun, auf der anderen Seite.

Metapher des leeren Akkus Das Bild des leeren Akkus bringt den damit einhergehenden Erschöpfungszustand auf den Punkt (Neckel und Wagner 2013, S. 208).
Eben noch im grünen Bereich, wechselt er in den orangen Bereich, um dann – leider
oft viel zu schnell – in den roten und damit kritischen Bereich zu rutschen. Nicht nur
bei Sportler:innen hört man immer wieder „Akku leer", auch im Alltag wird immer
wieder von „wenig Energie" oder diversen Akkuzuständen in Bezug auf die eigene

---

[2] Nietzsche hat bereits eine interessante Beschreibung geliefert: „Denn das Leben auf der
Jagd nach Gewinn zwingt fortwährend dazu, seinen Geist bis zur Erschöpfung auszugeben,
im beständigen Sich-Verstellen oder Ueberlisten oder Zuvorkommen: die eigentliche Tugend
ist jetzt, Etwas in weniger Zeit zu thun, als ein Anderer. Und so giebt es nur selten Stunden
der erlaubten Redlichkeit: in diesen aber ist man müde und möchte sich nicht nur ‚gehen
lassen', sondern lang und breit und plump sich *hinstrecken*." (1988, S. 556 f.).

Energiebilanz berichtet. Besonders in Zeiten der COVID-Pandemie und deren Folgeerkrankungen (Post- oder Long COVID) wurde sehr häufig von Energiedefiziten oder schlechten Energieflüssen gesprochen. Erschöpfungszustände und lang anhaltende Müdigkeit gehören zu den Nachwirkungen einer Pandemie, die bei manchen Menschen die Energiereserven vollständig aufgezehrt haben, sodass eine Rückkehr in den normalen Alltag nicht mehr oder nur noch unter erschwerten Bedingungen möglich war.

Soziale und emotionale Energie/n[3] Wem die Energie fehlt, gerät leichter in die Horizontale, wie Hartmut Böhme (2018, S. 40) schreibt: „Der Ermüdete oder Erschöpfte spürt dagegen ein unwiderstehliches Niedersinken, ein Drängen in die horizontale Lagerung, gegen das schon die aufrechte Haltung, die uns als *homo erectus* auszeichnet, eine fast zu große Anstrengung bedeutet." Neben dieser vertikal-horizontalen Verortung der Erschöpfung identifiziert Böhme noch eine Achse der Spannung: „Spannung heißt, voller Antrieb zu sein und über bereite Kraft zu verfügen, ja einen *Drang,* eine Spannkraft zur Tätigkeit zu spüren. Der ganze Mensch ‚spannt', so wie – bei de Sade – der Phallus ‚spannt', also *potentia, dynamis* zeigt, die zur Aktualisierung drängt. Diese Aktualisierung demonstriert Energie" (ebd., S. 41).

Der nicht erschöpfte Mensch ist voller (sozialer und emotionaler) Energie und kann die vor ihm liegenden Lebensaufgaben meistern. Aber gilt das wirklich für alle? Ökonomisch privilegierte Menschen sind am ehesten in der Lage, sich bestimmten Erschöpfungs- und Stresserfahrungen zu entziehen, aber nicht automatisch, denn gerade wer viel arbeitet und gut verdient, läuft Gefahr, in ein Burnout abzudriften. Erst wenn der Akku leer ist, der Stecker gefühlt gezogen wurde, die Reserven endlich und nicht mehr unendlich erscheinen, stellt sich das Gefühl der Erschöpfung ein. Schon im Handbuch der Neurasthenie von 1893 heißt es „Insbesondere sind es bestimmte Ermüdungsphänomene, welche als gestörtes Gemeingefühl, geistige und körperliche Mattigkeit, Unlust und Stimmungsanomalien zum Vorschein kommen."

„Das erschöpfte Selbst" in der Arbeitswelt Die Rede vom „erschöpften Selbst" (Alain Ehrenberg 2004) existiert allerdings schon länger, aber was für ein Gefühlszustand verbirgt sich dahinter? Und wie lässt sich das mit der Subjektivierung von Arbeit in Verbindung bringen? Stefanie Graefe (2015, S. 5) umreißt die Problematik

---

[3] Ich gehe im abschließenden Kapitel (Fazit) auf Fragen der sozialen und emotionalen Energie noch einmal genauer ein, auch deshalb, weil mir die Frage nach den Energieflüssen und den damit einhergehenden Energiebilanzen für eine Beschäftigung mit Affekten und Emotionen wesentlich zu sein scheint.

wie folgt: „Im Kern geht es dabei um die Frage, welche Form und welches Ausmaß von Arbeit Erwerbstätigen unter den gegenwärtigen Verwertungsbedingungen
zumutbar ist, woran sich bemisst, dass die Grenzen der Zumutbarkeit überschritten
sind und wer die Verantwortung dafür trägt – Gesellschaft, Unternehmen oder die
Arbeitssubjekte selbst. Medizinische und psychologische Expertise liefert für diesen Diskurs einerseits den zentralen Referenzrahmen, und ist andererseits selbst Teil
davon." Die permanente Überforderung, sei sie faktisch oder nur drohend, ist ein
Dauerproblem unserer beschleunigten Gesellschaften. Das Mehr, Besser, Schneller,
Weiter hat sich in unsere DNA eingeschrieben und nur ein bewusstes Innehalten oder
die schmerzhafte Erfahrung von Krankheit können uns aus dieser Misere befreien.
Hinzu kommt die Angst, abgehängt zu werden, bei all den (Konsum-)Angeboten
zu kurz zu kommen, nicht mitreden zu können, nicht gebraucht zu werden. Kaum
eine Berufsgruppe, die derzeit nicht von Erschöpfungssymptomen betroffen zu sein
scheint. Und doch kann die anhaltende Rede von der erschöpften Gesellschaft ein
entlastendes Moment enthalten. Wenn scheinbar alle betroffen sind, geht es dem
Einzelnen mitunter etwas besser (geteiltes Leid ist bekanntlich halbes Leid).

Bezüge zu anderen Affekten & Emotionen Die Angst vor Erschöpfung, aber
auch die bereits erwähnte Angst, nicht mehr mithalten zu können, begleitet die
Menschen in einer Leistungsgesellschaft praktisch auf Schritt und Tritt. Hier kommen Versagensängste ins Spiel, die dazu führen, dass Menschen noch mehr in
ihren vermeintlichen Erfolg investieren und gerade dadurch Gefahr laufen, in eine
Abwärtsspirale zu geraten. Das Scheitern, das im neoliberalen Zeitalter strikt dem
Individuum zugeschrieben wird, muss mit allen Mitteln verhindert werden, sonst
entwickeln sich Scham und Schuld zu dominanten Gefühlen. Gerade die Scham
erlebt in Zeiten, in denen Menschen für ihr Schicksal selbst verantwortlich gemacht
werden, eine gewisse Hochkonjunktur. Wenn ich mein (scheinbares) Versagen
niemand anderem als mir selbst zuschreiben kann, dann sind Scham- und Schuldgefühlen Tür und Tor geöffnet. Aber auch Ärger und manchmal Wut können als
Reaktionen auf Erschöpfungszustände ins Leben treten, wenn die dafür notwendige
Energie aufgebracht werden kann. Vielleicht ärgere ich mich im Nachhinein darüber, dass ich mich in einen Erschöpfungszustand hineinmanövriert habe, obwohl
ich das gar nicht wollte. Vielleicht werde ich wütend, wenn ich begreife, wie sehr
mich die kapitalistische Konkurrenzgesellschaft in einen zermürbenden sozialen
Vergleich mit anderen zwingt – vor allem, wenn ich aus diesen Vergleichs- und
Anerkennungskämpfen immer wieder als Verlierer:in hervorgehe. Ebenso plausibel ist es, dass man als erschöpfter Mensch manchmal Gleichgültigkeit gegenüber
dem eigenen Leben und dem Zustand der Gesellschaft empfindet. Die Haltung der

Gleichgültigkeit ist eine Schutzmaßnahme gegenüber den Zumutungen der anderen, die man auch in einer potenziell erschöpften Existenz auszuhalten vermag.

Resümee Gefühle der Erschöpfung im Sinne eines Ausgebranntseins haben in unserer Leistungs- und Wettbewerbsgesellschaft kaum zufällig eine zunehmend negative Konnotation erhalten. Ob es sich dabei um ein diskursiv überzeichnetes Phänomen oder eine tatsächlich zunehmende Erfahrung handelt, ist in der Forschung umstritten (Graefe 2015, S. 5 f.). Die Indizien für eine faktische Zunahme und Anfälligkeit für Erschöpfungssymptome scheinen mir jedoch eindeutig zu sein. Erschöpfung muss nicht per se etwas Schlechtes sein, es ist normal, sich nach körperlicher und/oder psychischer Anstrengung erschöpft zu fühlen. Körper und Psyche signalisieren uns: Bitte eine Pause! Aber „dürfen" wir uns eine solche Pause überhaupt gönnen? Was hindert uns daran, uns zu erholen, uns eine Pause zu gönnen und unsere Batterien wieder „aufzuladen"? Um diesen Erschöpfungszustand überhaupt registrieren zu können, bedarf es eines guten Körper- und Selbstverhältnisses. Die Ökonomisierung der Gesellschaft, d. h. das Vordringen ökonomischer Imperative in nahezu alle gesellschaftlichen Bereiche, bietet einen fatalen Nährboden für Erschöpfungs- und Burnout-Erfahrungen. Das „erschöpfte Selbst" in der Arbeitswelt ist mittlerweile auch ein empirisch gut untersuchtes Phänomen (Sauerborn 2022).

Bösartigkeit

Begriff und Bedeutung Das Wort „Bösartigkeit" im Deutschen leitet sich etymologisch aus zwei Teilen ab: „bös" und „-artigkeit". (1) Bös: Dieses Wort stammt aus dem Althochdeutschen „bōsi", was so viel bedeutet wie „schlecht" oder „böse". Es ist verwandt mit dem Gotischen „baths" und dem englischen „bad". Diese Wortwurzel hat sich in mehreren germanischen Sprachen entwickelt und bezieht sich allgemein auf etwas Schlechtes oder moralisch Verwerfliches. (2) -artigkeit: Dieses Suffix, das in der deutschen Sprache häufig verwendet wird, dient dazu, abstrakte Substantive zu bilden. Es kommt vom Wort „Art", dass in diesem Zusammenhang eine Charaktereigenschaft oder eine bestimmte Weise des Seins oder Handelns bezeichnet. (Dudenredaktion 2020) Zusammengesetzt bedeutet „Bösartigkeit" also eine Eigenschaft oder einen Zustand, der als böse, schlecht oder moralisch verwerflich angesehen wird. Es drückt eine tiefe Negativität oder Schlechtigkeit aus, die im Wesen oder Verhalten einer Person oder Sache verankert ist. Bösartigkeit muss nicht immer verachtet oder gemieden werden, viele Menschen erfreuen sich an der Bösartigkeit (und dem damit verbundenen Zerstörungspotential) z.B. im Auftreten negativer Leinwandheld:innen, wahrscheinlich auch vor dem Hintergrund, dass sie selbst nicht so sind (oder dies zumindest glauben). Nichtsdestotrotz handelt es sich in der Regel um eine negative Emotion, die sich nicht unwesentlich aus aggressiven Affekten speist.

Affekt & Emotion Bösartigkeiten entäußern sich affektiv, wenn sie als temporäre Phänomene auf der Handlungsebene auftreten. Das spontane Zurückziehen einer rettenden Hand oder das Zurückhalten einer wichtigen Information, das listige Verhalten im sozialen Mit- und Gegeneinander, die klammheimliche Freude über die Niederlage des verhassten Konkurrenten sind Möglichkeiten, in denen sich bösartige Praktiken momenthaft manifestieren. Ansonsten handelt es sich um eine Emotion,

D. J. Wetzel, *Affektregister der Gegenwart*,
https://doi.org/10.1007/978-3-658-46134-8_18

die zumindest theoretisch der Veränderung zugänglich ist. Rückblickend erkennen Menschen manchmal ihr bösartiges Handeln. Als Reaktion können Reue und
Schuldgefühle auftreten, die mit Blick auf die Zukunft Besserung geloben lassen.
Bedenklich wird es, wenn der böse Mensch seine eigene Bösartigkeit nicht mehr
wahrnimmt und sie damit gleichsam „normalisiert". Die Fratze der Bösartigkeit
verankert sich gleichsam emotional, wenn Menschen diese Emotion gewohnheits-
mäßig inkorporieren, wodurch sie unbewusst – und damit dem direkten Zugriff
entzogen – wird. Demgegenüber steht hinter der bösartigen Handlung ein Plan, sie
zu realisieren. „tötet nicht, sie sät Zwietracht, wie man so schön sagt, indem der
Boshafte, so Jankélévitch, ‚trennt was sich liebt – den Verlobten und seine Verlobte,
die Mutter und das Kind –, indem er das verbindet, was sich anwidert, indem er den
Hass bestärkt und die Liebe behindert'" (Casiraghi und Maggiori 2019, S. 276). Als
problematisch und manchmal sogar zerstörerisch müssen wir die Freude betrachten,
die durch Bosheit vermittelt wird. Auch das böse Lachen ist uns aus der Filmge-
schichte zur Genüge bekannt. Denken wir nur an die Legion der Bösewichte in den
James-Bond-Filmen. Ihre finsteren Minen und Grimassen zeugen von einer gewissen Notwendigkeit, dass sich Bösartigkeit auch körperlich-physisch ausdrücken
muss.

Genetisch verankert oder relativ? Eine der großen Menschheitsfragen lautet: Ist
der Mensch von Natur aus böse (und umgekehrt gut), eine Eigenschaft, von der etwa
Immanuel Kant ausging, oder handelt es sich vielmehr immer um eine Zuschreibung, die von außen erfolgt und damit einen relativen Charakter impliziert? Und
wer hat das Recht, ein Urteil darüber zu fällen, ob ein Mensch oder vielmehr seine
Handlungen als böse zu identifizieren sind? Aus Sicht der philosophischen Anthropologie sind Menschen „weltoffene" und „formbare" Wesen, die sowohl zu „guten"
als auch zu „bösen" Handlungen und Verhaltensweisen in der Lage sind. Natürlich
sind immer nur die anderen böse, die eigene Bösartigkeit wird verdrängt, verleugnet
oder man will sie einfach nicht wahrhaben. Studien zeigen immer wieder: Menschen
überschätzen sich in ihrem tatsächlichen Da-Sein als moralische Wesen (Kestel
2011). Das Böse schieben wir gerne auf frühere, finstere Zeiten und wenn es dann
doch auftaucht, sind wir sofort dabei, es zu ächten. Oder etwa nicht? Wir wollen
einen genaueren Blick in die menschlichen Abgründe wagen und schauen, ob uns
dort „unten" so etwas wie Böses bzw. böses Handeln begegnen.

Abgrenzungsfragen Von der Bösartigkeit, der häufig ein aggressiver Impuls oder
sogar ein Grundzug der Persönlichkeit zugrunde liegt, ist die fast gleichbedeutende
Boshaftigkeit zu unterscheiden, die aber gerade nicht auf die völlige Vernichtung

des Gegners abzielt. Die Bösartigkeit geht einen Schritt weiter als die Boshaftig-keit, d.h. sie nimmt die absolute Niederlage, die Vernichtung und sogar den Tod des Gegners in Kauf. Dies verbindet diese „heiße" Emotion mit Hass und Wut. Der boshafte Mensch zieht „seinen Gewinn vor allem aus kleinstem Leid, das er anderen zufügt, mit geringem Einsatz und schlichten Schachzügen, kurze spitze Bemerkungen, Seitenhiebe, Kratzen, verletzende Worte, Demütigungen, Gemein-heiten, üble Nachrede, Knausrigkeit und Verhöhnung" (Casiraghi und Maggiori 2019, S. 271). Statistisch gesehen gibt es in der sozialen Welt mehr bösartige als wirklich böse Menschen. Mit anderen Worten: Die Fähigkeit zur Boshaftigkeit ist Teil des Menschseins, und es ist daher nicht verwunderlich, dass Menschen von Zeit zu Zeit zu dieser greifen. Sie verweist auf eine sich ständig entwickelnde Persön-lichkeitseigenschaft, die sich im Laufe des Lebens zu einem schwer revidierbaren Charakterzug verfestigen kann.

Erscheinungsweisen Und doch stellt sich die Frage: Gibt es Menschen, die wirk-lich frei von Bosheit sind? Wahrscheinlich nur sehr wenige, wie uns die Geschichte lehrt, vielleicht Jesus, Gandhi...? Insofern scheint es legitim zu behaupten, dass jeder von uns ein bösartiges Potenzial in sich trägt, dass er gegebenenfalls ausbilden und abrufen kann und wird. Allerdings sind die Ausbrüche und Manifestationen der Bösartigkeit in den allermeisten Fällen zeitlich begrenzt und nicht unbedingt als Dauerzustand oder permanente Charaktereigenschaft zu verstehen. Damit will ich sagen: Auch der bösartigste Mensch wird Momente der Nichtbösartigkeit erleben und vielleicht sogar als kleine Auszeit schätzen. Und: An der Boshaftigkeit bestimm-ter Haltungen und Handlungen wird die Welt nicht zugrunde gehen. Die Frage ist natürlich, ob sich das in einer neoliberalen und neoimperialistischen Gesellschaft, die auf Egoismus, Sozialdarwinismus und Selbstverwirklichung setzt, so verän-dert, dass die Boshaftigkeit oder zumindest das bösartige Handeln die Oberhand gewinnen.

Das Böse und die Bösartigkeit Etwas anders verhält es sich mit der Bösartigkeit, die einen heftigen (wenn auch manchmal unterdrückten) Affekt impliziert und an Abgründe in uns rührt, denn das Böse hat immer etwas Unheimliches, wenn auch Faszinierendes (Stangneth 2016). Zeitgenössische Formen der Bösartigkeit sind besonders gefährlich, weil diejenigen, die sie ausüben, in der Lage sind, ihre wahren Motive, Absichten und Interessen zu verschleiern (Wetzel 2019). Donald Trump ver-sucht, seine offensichtliche Bösartigkeit zu kaschieren, aber seinen Anhänger:innen scheint dies weitgehend egal zu sein. Mit anderen Worten: Die hässliche Fratze der Bösartigkeit verbirgt sich hinter der stoischen Haltung des scheinbar Gleichgültigen. Der bösartige Mensch muss aber in der Regel viel investieren, damit seine „wahren"

Gefühle (und Affekte) nicht ans Tageslicht kommen – weder gegenüber anderen noch gegenüber sich selbst. Empfindet der bösartige Mensch notwendigerweise Lust, wenn er sich seiner Bösartigkeit hingibt? Irgendeine Form von Befriedigung scheint zumindest im Spiel zu sein. Diese muss aber nicht immer bewusst angestrebt werden, da es in erster Linie um die Verwirklichung eigener Wünsche und Absichten geht.

Banalisierung der Bösartigkeit? Eine spannende Frage ist in diesem Zusammenhang, ob sich der bösartige Täter als Wiederholungstäter irgendwann an seinen Zustand gewöhnt und ihn insofern gar nicht mehr (als negativ oder problematisch) registriert. Wäre dies der Fall, könnte man von einer Art „Banalisierung der Bösartigkeit" (frei nach Hannah Arendt) sprechen, die besonders gefährlich wäre, weil sie gewissermaßen beiläufig erfolgt und man sich ihrer zerstörerischen Kraft nicht mehr bewusst ist. Mit Blick auf die Weltgeschichte können wir sagen: Ja, das war so und wird wohl auch in Zukunft so sein. Fremd- und Eigenwahrnehmung klaffen in diesen Fällen besonders weit auseinander. Würde sich zum Beispiel ein Hamas-Kämpfer oder ein Selbstmordattentäter als zwangsläufig böse beschreiben? Wohl kaum.

Bösartigkeit als Prinzip in der Politik Bösartigkeit hat die Menschheit in Gestalt von Hitler und Stalin schon einmal an den Abgrund der Zivilisation geführt. Und sie setzt sich in der Gegenwart fort: Als Putin kurz vor Kriegsbeginn (was angeblich niemand gewusst haben will) einen Staatschef nach dem anderen in den Kreml einbestellte, unterschätzten die allermeisten seinen Willen zur Bösartigkeit und zum brutalen Machtspiel. Die damit einhergehende Naivität und der (Irr-)Glaube an das Gute demokratisch gewählter und orientierter Staatsoberhäupter gefährden das Wohlergehen der Demokratien und der westlichen Gesellschaften. Aus dieser bitteren Erkenntnis resultiert die Schockstarre, die zu Beginn des Angriffskrieges Russlands gegen die Ukraine immer wieder in den Gesichtern der Politiker:innen abzulesen war. Obwohl nicht nur in der Politik jederzeit mit böswilligen Handlungen gerechnet werden muss, neigen die meisten Menschen dazu, diese zu verharmlosen oder systematisch zu unterschätzen. Das kann fatale Folgen haben. Die Ausklammerung einer so wichtigen Emotion führt zu falschen, manchmal geradezu fatalen Fehlwahrnehmungen, die die Ordnung der Dinge gewaltig durcheinander bringen können. Auch wenn es „das" Böse in seiner Absolutheit nicht gibt, so kann es doch den Lauf der Dinge massiv beeinflussen, wenn ihm niemand Einhalt gebietet.

Gründe für bösartiges Handeln Die Psychoanalyse liefert uns weitaus mehr Erklärungen für bösartiges Handeln als die herkömmliche positive Psychologie. Bösartige

Menschen – oder hat schon jemand von bösartigen Tieren gehört? – zielen mit ihrem Handeln grundsätzlich darauf ab, sich einen Vorteil gegenüber anderen Menschen zu verschaffen. Dieses zentrale Motiv der (unlauteren) Vorteilsnahme ist jedoch nicht das einzige. Diese Menschen versprechen sich einen Lustgewinn, eine Triebabfuhr oder ein perverses Gefühl der Zufriedenheit. Und sie realisieren dieses Gefühl, indem sie Leid, Schrecken und Unwahrheiten verbreiten. Es ist einfacher, einer direkt auftretenden Bösartigkeit zu begegnen als einer, die im Verborgenen operiert und die wir dementsprechend erst einmal dechiffrieren müssen. Das ist nicht immer einfach, denn Bösartigkeit verändert sich und lernt dazu. Wenn das Offenlegen nicht gelingt, werden Menschen verletzt, gekränkt und schlagen zurück (oder entwickeln heimlich Gegenstrategien). Das liegt daran, dass sie von dieser Bösartigkeit affiziert worden sind, was einen normalerweise nicht kalt lässt.

Im sozialen Mit- und Gegeneinander müssen wir auf der Hut sein, um allfälligen Bösartigkeiten begegnen oder ausweichen zu können. Die klügste Strategie ist, solche Bösartigkeiten zu meiden und die Menschen, die sie ausüben, zu ignorieren. Denn durch ihr Auftreten vergiften bösartig Handelnde die Atmosphäre, beispielsweise die eines Meetings, eines privaten Treffens, am Frühstücksbuffet im Hotel etc. Das Problem dabei ist: Wir können diesen bösartigen oder boshaften Praktiken nicht immer ausweichen. Und dann brauchen wir (emotionale) Gegenstrategien, um uns und andere zu schützen.

Bezüge zu anderen Affekten & Emotionen   Die Neigung zu bösartigem Verhalten steigt, wenn eine Person als unsympathisch wahrgenommen wird. Die Bereitschaft, eine Handlung zu vollziehen, wird größer, wenn eine Person prinzipiell als negativ eingestuft wird. Dies resultiert in einer Selbstlegitimation für Angriffe. Die Begegnung mit Bösartigkeit seitens eines als „gut" wahrgenommenen Menschen erfordert ein gewisses Maß an Skrupel. Bösartigkeit manifestiert sich auf der Ebene der Praktiken in Wut und Hass, wobei diese Emotionen als Legitimation und Erklärung für die Ausübung von aggressiver Gewalt dienen. In der wissenschaftlichen Literatur findet sich bereits eine Auseinandersetzung mit dem Konzept des malignen Narzissmus, einer Form der Bösartigkeit, die sich durch eine besonders destruktive Art der Einflussnahme auf andere auszeichnet (Kohut 2021). Die Bekämpfung der heimlichen Bösartigkeit erweist sich als besonders schwierig, da der bösartige Mensch in der Regel bestrebt ist, seine Unart zu kaschieren. Dazu bedient er sich einer Maske, um sein wahres Ich zu verbergen. Es ist von entscheidender Bedeutung, diese Maskerade zu durchschauen, da andernfalls Nachteile für das eigene Leben drohen. Selbstredend ist die Zuschreibung einer Bösartigkeit eine Konstruktion, die nicht von allen geteilt werden muss. Der bösartige und brutale Mafioso präsentiert

sich in Konflikten mit anderen Clans oder Andersdenkenden von seiner gewalttätigen Seite. In seinem privaten Umfeld hingegen zeigt er sich als liebenswerter und
fürsorglicher Familienvater, der von seinen Untergebenen respektiert und anerkannt
wird. Diese Form der Doppelmoral dient vor allem den Bösartigen und schadet der
Gesellschaft.

Resümee Historisch betrachtet manifestiert sich Bösartigkeit stets in menschlichen
Praktiken und lässt sich auch zukünftig in vielfältigen Kontexten als vornehmlich
negative Emotion identifizieren. Aggressionsaffekte, die offen oder versteckt zum
Ausdruck kommen, motivieren Menschen in überwiegender Zahl dazu, ein solches Handeln aus moralischen Erwägungen abzulehnen. Dies bedeutet jedoch nicht,
dass sie es gleichzeitig anwenden. Eine gewisse Form der Bösartigkeit kann dann
als legitim erachtet werden, wenn bösartiges Handeln im Sinne von Rache durch
ein gleichwertiges Handeln vergolten wird. Terminologisch präziser wäre es, in
solchen Fällen von „boshaften Praktiken" zu sprechen. Eine besondere Herausforderung stellt die Begegnung mit diesen dar, wenn es den betroffenen Menschen
nicht gelingt, bösartige Praktiken überhaupt als solche zu identifizieren. Sie gehören zur „Kreativität des Handelns" (Joas 1996) ebenso dazu wie das gutmütige und
wohlwollende Auftreten. Aus genetischer Perspektive kann dem Menschen keine
Bösartigkeit attestiert werden, allerdings weist die menschliche Natur ein Potenzial
zur Bösartigkeit auf, das jederzeit aktiviert werden kann. Ein realistisches Men-
schenbild, wie es beispielsweise von der modernen Psychoanalyse vertreten wird,
berücksichtigt die gesamte Bandbreite menschlicher Praktiken und reduziert den
Menschen nicht auf ausschließlich positive oder negative Eigenschaften.

Wut und Zorn

Begriff und Bedeutung „Rasender Zorn" stammt aus dem Althochdeutschen (um 800) und Mittelhochdeutschen (wuot f.), wo es für heftige Bewegung, Gemütserregung und Raserei stand. Im Mittelniederländischen (woet f. m.) und Neuhochdeutschen (woede f.) bedeutet es ebenfalls Wut und Raserei. Im Altenglischen (wōþ f.) bedeutete es Ton, Stimme und Dichtung, während es im Altnordischen (ōðr m.) Erregtheit, Dichtkunst und Dichtung bedeutete. Das verwandte Adjektiv im Althochdeutschen (-wuot in firwuot, 11. Jh.) bedeutete „unsinnig, ohne Vernunft". Im Altenglischen (wōd) und älteren Dialekten des Englischen (wood) hieß es „wahnsinnig, wütend, rasend". Im Gotischen (wōds) bedeutete es „wütend, besessen". Diese Begriffe leiten sich vom germanischen *wōda- ab. Ursprünglich könnte das Wort einen Zustand des Außersichseins oder eine übermächtige Erregung bedeuten, die durch übermenschliche Kräfte wie Dämonen oder Götter verursacht wird. In älteren Sprachgebrauch bezieht sich das Substantiv auf verschiedene starke emotionale Erregungen wie Raserei, Wahnsinn, Verzückung, zügellose Erregung und rasenden Zorn. Besonders die Bedeutung des rasenden Zorns ist bis heute gebräuchlich.[1]

Als „Aggressionsaffekte" (Demmerling und Landweer 2007, S. 306) besitzen Wut und Zorn in der Gesellschaft eine erhebliche Relevanz, gelten aber herkömmlich als negative und damit sozial unerwünschte Affekte/Emotionen. Dem entgegen schreibt Heidi Kastner gerade der Wut eine wichtige Bedeutung und diverse Funktionen zu: „Wut hat viele Funktionen, sie vermittelt klare Grenzen, setzt Warnsignale, befreit von der Spannung, die aus Kränkung entsteht, vermittelt uns selbst präzise Einsichten in unsere Schwachstellen und fordert uns auf zur Veränderung, entweder

---

[1] In Anlehnung an „Wut", in: Wolfgang Pfeifer et al., Etymologisches Wörterbuch des Deutschen (1993), digitalisierte und von Wolfgang Pfeifer überarbeitete Version im Digitalen Wörterbuch der deutschen Sprache. [letzter Zugriff am 25.07.2024].

D. J. Wetzel, *Affektregister der Gegenwart*, https://doi.org/10.1007/978-3-658-46134-8_19

an uns selbst oder an unsere Lebensumstände, sie fordert und fördert Lebendigkeit."[2] Selten fühlen wir uns so lebendig (und gleichzeitig voller Scham), wenn wir einen eigenen Wutanfall erleben und uns das Blut ins Gesicht schießt. Insofern müssen Wut (und Zorn) als prinzipiell ambivalente Emotionen qualifiziert werden.

Affekt & Emotion Wut ist ein starkes, „impulsiv-aggressives Gefühl", das entsteht, wenn man den Eindruck hat, eine Situation nicht kontrollieren zu können und sich ein Gefühl des „Außer-sich-Seins" (Kergel 2022, S. 179) breitmacht. Wut ist eine klare und entschlossene Reaktion, die Unzufriedenheit und Ablehnung zum Ausdruck bringt. Beleidigungen sind ebenfalls ein Grund, wütend zu werden. Dieses Gefühl äußert sich in der Regel in Form von Zornausbrüchen und verbalen Auseinandersetzungen mit der Person, die für das Unbehagen verantwortlich ist. Soziologisch ist festzuhalten, dass Wut auch ein Mittel zur Verteidigung gegen Unterdrückung sein kann. Damit können Menschen ihre Position stärken und sich gegen Ungerechtigkeit wehren. Außerdem ist es wichtig, Wut als etwas Positives zu betrachten. Denn sie hilft Menschen, Energien freizusetzen, um selbstbestimmte Entscheidungen zu treffen und ihre Ziele zu erreichen.

Phänomenologie Im Gegensatz zu unspezifischen Aggressionen wie Wut oder Ärger ist Zorn eine viel stärkere Emotion. Sie ist mit mehr Intensität verbunden als Wut. Zorn führt in der Regel zu aggressivem Verhalten gegen den Auslösenden und hat oft negative Konsequenzen für alle Beteiligten. Zorn kann lange anhalten und macht die Person noch reizbarer. Sie fühlt sich hilflos und machtlos, was sie noch wütender macht. Beim Zorn braucht es gleichsam eine vergleichsweise große „Abstraktionsleistung", wie Demmerling und Landweer (2007, S. 309) betonen, denn wir empfinden Zorn gegenüber einer Person aufgrund einer Handlung, die wir als ungerecht und dieser Person zurechenbar betrachten. Diese Ungerechtigkeit muss nicht direkt, aber doch persönlich schädigend sein. Zorn wird insbesondere dann empfunden, wenn wir selbst oder jemand, der uns nahesteht, von dieser Ungerechtigkeit betroffen ist. Im Gegensatz zur Wut basiert Zorn oft auf tieferliegenden Gefühlen wie Frustration oder Ressentiments, was ihn zu einer gefährlicheren Emotion macht als Wut. Die Erfahrung von mangelnder Anerkennung, die mitunter in Verachtung umschlagen kann, bildet einen wesentlichen Faktor, der Zorn hervorrufen und sich auf diese Weise einen Ventilmechanismus verschaffen kann. Peter Sloterdijk hat in seinem Werk *Zorn und Zeit* (2006, S. 42 f.) die Verwobenheit von

[2] Zitiert nach Schroder, Vera (2024), Wut tut gut, in: *Süddeutsche Zeitung* vom 29./30.05.2024, S. 16.

Zorn und Anerkennung in einer ausführlichen Passage erörtert. „Sofern der bürgerlich konditionierte Thymos der psychologische Sitz des von Hegel dargestellten Strebens nach Anerkennung ist, wird verständlich, warum ausbleibende Anerkennung durch relevante Andere Zorn erregt. Wer von einem bestimmten Gegenüber Anerkennung fordert, unterzieht diesen einem moralischen Test. Verweigert sich der Angesprochene dieser Prüfung, muss er sich mit dem Zorn des Herausforderers auseinandersetzen, da dieser sich missachtet fühlt. Die Zornaufwallung geschieht zunächst, wenn mir die Anerkennung von Anderen vorenthalten wird (woraufhin extravertierter Zorn entsteht), aber sie regt sich auch, wenn ich mir selber im Licht meiner Wertideen die Anerkennung verweigere (so daß ich Ursache habe, gegen mich selber zu zürnen)." Neben dem Zorn gegen andere, die mir gegenüber nur Missachtung und Geringschätzung aufbringen, ist der von Sloterdijk angesprochene Zorn die Reaktion auf einen konkreten Anlass der Selbstherabsetzung. Es lässt sich jedoch beobachten, dass eine diffuse Wut auf sich selbst viel häufiger zu beobachten ist. Diese Wut wird nicht durch konkrete Anlässe begründet, sondern beruht auf einem allgemeinen Gefühl der Unzulänglichkeit. Schließlich wird diese Wut auf die eigene Person in einigen Fällen durch eine Abwendung von der Realität ersetzt, bei der die Betroffenen ihre Wut auf andere Personen lenken, die in ihrem Umfeld präsent sind.

Exkurs: Aggression als passiv-aggressives Verhalten Es kann angenommen werden, dass nahezu jeder Mensch im Laufe seines Lebens passiv-aggressives Verhalten an den Tag legen wird. Hinter diesem Verhalten stehen häufig Unzufriedenheit und Wut. Die interessante Frage ist, ob sich jenseits der individuellen Disponiertheit ein solcher Verhaltensmodus kulturell, also in einer Mentalität niederschlägt und dadurch breitenwirksam in Erscheinung tritt. Bei Betrachtung diverser Kulturen lässt sich eine gewisse Affinität bestimmter Bevölkerungsgruppen für eine passiv-aggressive Verhaltensweise feststellen. Das direkte Ansprechen und das unmittelbare, unverstellte Ausleben von Affekten werden als verpönt und als kaum gesellschaftlich satisfaktionsfähig erachtet. Inwiefern manifestiert sich dies auf semantischer Ebene? Dies lässt sich beispielsweise auf der sprachlichen Ebene bei der deutschsprachigen Schweizer Bevölkerung beobachten, genauer durch das Anhängen des schönen Worts „oder" mit Fragezeichen. Selbst die schlimmsten Aussagen können auf diese Weise geäußert werden, ohne dass eine Reflexion über die möglichen Konsequenzen erfolgt. Der eigentlich aggressive Akt, beispielsweise eine Verunglimpfung einer bestimmten Gruppe, wird ausgesprochen (Stichworte: Triebabfuhr, Dampf ablassen), wobei die Reaktion und die Bewertung dem Gegenüber überlassen wird. Dies kann als passiv-aggressiv bezeichnet werden. In der Konsequenz kann das Gegenüber, sofern es sich auf den Ausspruch in irgendeiner

Weise einlässt, nur verlieren. Die Fähigkeit, dies hundertprozentig für sich auszu-
schließen, ist jedoch nicht immer gegeben. Eine Möglichkeit, sich dieser Situation
zu entziehen, besteht in der Fundamentalopposition, welche die Aussage an sich
infrage stellt.

Gegenwartsdiagnose und der „Wutbürger" Es ist eine interessante Frage, inwiefern bestimmte Gesellschaftsformationen Aggressionen, wie etwa Wut, Ärger und
auch Zorn und Hass hervorrufen oder zumindest ein Stück weit provozieren. Für
Kergel (2022, S. 181) stellt sich der Zusammenhang wie folgt dar: „Bürgerliche
Gesellschaft produziert über den Wirtschaftswettkampf des Kapitalismus Unsicherheit, Aggression und damit Wut. Die gesellschaftliche Produktion von Wut
wird durch eine milieuspezifische Objektkonstruktion abreagiert – z. B. durch die
Abgrenzung gegen den ‚Fremden', gegen ‚die da oben' etc." Es lässt sich durchaus
argumentieren, dass Wut und Zorn als „normale" Reaktionsweisen auf erlittenes
Unrecht und Benachteiligung akzeptiert werden sollten. Aus triebtheoretischer
Perspektive wäre alles andere unangebracht und auch langfristig gesundheits-
schädigend. Dennoch muss die Gesellschaft dafür Sorge tragen, dass sich diese
Aggressionsaffekte auf legitime und möglichst sozialverträgliche Weise äußern
können, beispielsweise im Rahmen von sportlichen Aktivitäten oder musikalischen
Darbietungen.

„*Eine Wut im Bauch haben"*, ist eine verbreitete Redewendung. In diesem Kontext ist zudem der Zusammenhang mit der Psychosomatik von Relevanz, da starke
Gefühle – zu denen zweifelsfrei auch Wut zählt – eine körperliche Wirkung entfalten und sich somit auf das körperliche Wohlbefinden auswirken. Affektsoziologisch
betrachtet, lässt sich Wut als ein starkes Gefühl emotionaler Intensität oder Aggression definieren, das sich in einer Art emotionaler Reaktion äußert. Es handelt sich um
eine spontane, intensive Gefühlsreaktion auf eine als unannehmbar oder ungerecht
empfundene Situation oder Erfahrung. Ebenso kann die Wut als eine emotionale
Reaktion betrachtet werden, die ein Individuum in dem Versuch zeigt, seinem Willen Geltung zu verschaffen und spezifischen Zielen näherzukommen. Es besteht die
Möglichkeit, Wut als einen Komplex von Gefühlen zu betrachten, der auch andere
Emotionen impliziert (vgl. Demmerling und Landweer 2007).

In den letzten Jahren ist vor allem die auf den Journalisten Dirk Kurbjuweit
zurückgehende Sozialfigur des „Wutbürgers" auf den Plan getreten und hat sich
seitdem im deutschen Diskurs weitgehend gehalten. Dieser Wutbürger „fühle sich
ausgebeutet, ausgenutzt, bedroht. Ihn ärgert das andere, das Neue. Er will, dass
alles so bleibt, wie es war. Aber Deutschland wird türkischer und damit islami-
scher werden, das ist eine Gewissheit. Man kann das nicht aufhalten, nur gestalten."
(Kurbjuweit 2010, Abs. 16) Obschon die empirische Evidenz für die Gültigkeit

dieser Figur fraglich ist, trifft sie doch den Kern einer Gesellschaft, die sich zunehmend durch eine affektgeladene Politik und Sozialwelt auszeichnet. Die Etablierung des Wutbürgers und der Wutbürgerin führt zu einer zunehmenden Akzeptanz des sprichwörtlichen „Dampfablassens" in der Gesellschaft. Die Tatsache, dass sich über die vergangenen Jahre eine beträchtliche Menge an Emotionen und Konflikten angestaut hatte, wurde insbesondere im Kontext der globalen Pandemie deutlich.

In Zeiten der (Post-)Pandemie und „multiplen Krisen" gibt es mehr als genug Gründe, wütend zu werden und zornig zu sein. Die entscheidende Frage ist: Soll man Aggressionen akzeptieren und erst einmal stehen lassen, oder soll man sie leugnen und unterdrücken? Unabhängig davon, wie man diese Frage beantwortet: Wut muss kanalisiert und der Zorn sozialverträglich gestaltet werden. Die von Freud beschriebene „dünne Tünche der Zivilisation" hält unsere heißen Gefühle, und dazu zählen Wut und Zorn, in Schach und ermöglicht so ein weitgehend friedliches Zusammenleben.

Regulationsweisen der Wut Wer seine Wut dauerhaft unterdrückt, zahlt einen hohen Preis. Denn ohne Ventil für die angestauten Aggressionen, werden diese immer weiter anwachsen und sich irgendwann entladen. Im schlimmsten Fall droht eine Depression und die Betroffenen ziehen sich aus der Welt zurück. Im anderen, keinesfalls weniger schlimmen Fall kommt es zu Amok, Vergeltung oder Rache. Den Gefühlen ihren Lauf zu lassen, wird in unseren Gesellschaften nicht einfacher, denn wir begegnen einander immer wieder und sind letztlich radikal voneinander abhängig. Wir passen unsere Emotionen an, um sie mit der tatsächlichen oder imaginierten Sozialverträglichkeit in Einklang zu bringen.

Wut ist die natürliche Reaktion, wenn man sich ungerecht behandelt fühlt – egal, ob die Behandlung real erfolgt ist oder nur in der eigenen Vorstellung existiert. In der Pandemie sind die einen wütend auf den Staat und die böse Politik, die angeblich alles verbietet. Die anderen sind auf diejenigen wütend, die sich den Anordnungen der Politik nicht fügen wollen, beispielsweise einer Impfempfehlung nicht nachkommen. Wir leben mittlerweile in affektiv aufgeladenen Gesellschaften, in denen sich verschiedene Gruppierungen zunehmend feindselig und wütend begegnen. Dabei werden vernünftige und auf Ausgleich setzende Vorgehensweisen einfach unter den Tisch fallen gelassen. Diese setzen zwar nicht auf Leugnung, sondern auf die Einhalt gebietende Gegenwehr gegenüber den Affekten.

Bezüge zu anderen Affekten & Emotionen „Zorn als Kind der Angst", so heißt ein Kapitel in dem Buch *Königreich der Angst* (2018) von Martha Nussbaum. Sie zeigt überzeugend, inwiefern die Angst, genauer gesagt verschiedene Ängste gleichsam den Nährboden für Wut und Zorn bilden, ein „Zorn erzeugendes Gift" (ebd., S. 111) darstellt. Der ängstliche Mensch fürchtet den Statusverlust, den Liebesverlust und erfährt sich in seiner eigenen Verletzlichkeit. Das alles sind Potenziale für Zorn und Hass, falls sich diese Verlustängste bewahrheiten sollten. Doch auch andere Affekte und Emotionen gehen Bündnisse mit dem Zorn ein. Demmerling und Landweer (2007, S. 309) machen deutlich, dass Wut, Zorn und Ärger in einem grundlegenden Verhältnis zueinanderstehen: „Ärger und Wut scheinen sich nicht in ihrem intentionalen Gehalt zu unterscheiden, wohl aber in ihren leiblichen Richtungen und in ihrer Intensität. Wut sprüht leiblich nach allen Seiten, ohne bereits in einem klaren Ziel fokussiert sein zu müssen wie der Zorn. Ärger dagegen kann diffus auf etwas zielen, ohne so eindeutig gerichtet zu sein wie Wut und Zorn, wobei die gereizte Stimmung noch ganz richtungslos ist."

Eine besondere Form der Wut, der in Hass umzuschlagen vermag, kommt auf, wenn wir an den unanständigen Reichtum nicht nur, aber eben auch beispielsweise russischer Oligarchen denken.[3] Diese versammeln sich und ihre Luxusgüter in allen besonders attraktiven Städten und Gegenden dieser Welt (London, Genf, Hamburg usw.). Unter der Gnade von Nr. 1 (Putin) sind sie ins Ausland gegangen und haben dort bis heute mithilfe von Banken und Offshore-Anlagen ihre Besitztümer angehäuft und mit demonstrativem Konsum zur Schau gestellt. In diesen Tagen wird uns klar, dass Putin sein Imperium auch dadurch aufgebaut hat, dass er viele im Westen mit Geld und Versprechen auf Vermögen geködert hat. Das ist eine bittere Erkenntnis, die allerdings reichlich spät kommt. Die Schweizerischen Banken spielen dabei, wieder einmal, eine unrühmliche Rolle. Die Gier nach schnellem und unanständigem Reichtum führt dazu, dass Menschen korrupten Politikern und bösartigen Warlords in die Arme treiben. Diese versuchen, ihre eigene Macht und ihren eigenen Einfluss zu sichern, indem sie sich dieser Machenschaften bedienen.

Wut kann auch mit „Gegenwut" beantwortet werden. Das sehen wir exemplarisch an der Diskussion um die Aktionen der „Letzten Generation". Ich bin überzeugt, dass die meisten Menschen verstehen, dass junge Menschen Wut, Empörung und Unverständnis angesichts des Klimawandels empfinden. Sie sind nicht verzweifelt, sondern haben allen Grund dazu. Aus dieser diffusen Gemengelage von Gefühlen erwächst das Bedürfnis nach radikalen Aktionen, um maximale Aufmerksamkeit bei der Normalbevölkerung zu erzeugen. Doch wenn diese Menschen mit den Konsequenzen dieser Aktionen (Festkleben auf Straßen, Blockierung von Flughäfen etc.) konfrontiert werden und ihre Freiheiten eingeschränkt werden, reagieren sie mit „Gegenwut". Eine sachliche Auseinandersetzung ist dann nicht mehr möglich und die gegenseitigen Vorwürfe sind emotional unterfüttert. Wir stehen vor

---

[3] Vgl. dazu die Debatte zu den (moralischen) Grenzen des Reichtums, neuerdings im Kontext von „Limitarismus" (Robeyns 2024).

einem scheinbaren Paradox: Obwohl wir alle handeln müssten, tun wir es nicht. Den meisten reicht es, ein steigendes Bewusstsein bezüglich des Klimawandels zu bekunden. Damit beruhigen sie ihr schlechtes Gewissen und lenken von der eigenen Nichtbereitschaft, tatsächlich zu handeln, ab.

Resümee Wut und Zorn werden als „heiße" Aggressionsaffekte bezeichnet, die sich in (bürgerlichen) Gesellschaften nur schwer verhindern lassen. Diese Affekte sind Bestandteil unseres Affekthaushalts und müssen in Bahnen gelenkt werden, um zu verhindern, dass sie zu großem persönlichen und gesellschaftlichen Schaden führen. Die Funktionalität dieser Emotionen ist jedoch unbestritten (Kastner 2014). Die wenig zielgerichtete Wut steht in engem Zusammenhang mit dem konkret fokussierenden Zorn, da beide auf Unzufriedenheit, Ärger oder Zurückweisung reagieren. Die Erfahrung von mangelnder Anerkennung und Wertschätzung kann Auslöser für Wutausbrüche sein, die sich sowohl auf größere als auch auf kleinere Anlässe beziehen. Die Bezeichnung „Wutbürger" wird gemeinhin für Personen verwendet, die sich durch eine ausgeprägte Frustration und eine ablehnende Haltung gegenüber potenziellen Veränderungen auszeichnen. Dabei wird von ihnen häufig ein Rückschritt in der historischen Entwicklung angestrebt. Dennoch ist es erforderlich, dieses Phänomen ernst zu nehmen, da es nicht zuletzt von Parteien des rechten und extremistischen Spektrums aufgegriffen und für sich zunutze gemacht wird. Eine wesentliche Fragestellung ist, wer über die Angemessenheit von Wut- und Zorngefühlen – und insbesondere deren Ausdruck – entscheidet. In Situationen, in denen die Kontrolle über die eigenen Emotionen verloren geht und eine überwältigende Wut und ein intensiver Zorn überhandnehmen, wird die Entscheidungsmacht über das eigene Handeln vorübergehend außer Kraft gesetzt. Das damit einhergehende Gefühl des „Außer-sich-Seins" kann als Erklärung für einen ambivalenten Affekt oder ein länger anhaltendes Gefühl herangezogen werden, stellt jedoch keine Entschuldigung dar. Aus der Perspektive des Individuums sowie der Gesellschaft ist es von entscheidender Bedeutung, adäquate Methoden und Wege zu finden, um mit Wut und Zorn angemessen umzugehen. Das Ausleben dieser Emotionen in Bereichen wie Sport und Musik erscheint im Vergleich zu deren Ausdruck in zwischenmenschlichen Beziehungen oder in der Politik sozial verträglicher zu sein.

Ekel

Herkunft und Bedeutung Prinzipiell muss von Beginn an zwischen dem Ekel vor etwas, d. h., im Sinne von Widerwille und Abscheu und dem Ekel als soziale Zuschreibung eines Persönlichkeitsmerkmals (‚widerwärtiger, unsympathischer Mensch‘) differenziert werden. Die konkrete Herkunft des Wortes ist weitgehend unklar. „Möglicherweise lässt es sich in Verbindung bringen mit Wörtern wie gotisch aiwiski, altenglisch äwisc und griechisch aischos, die alle ›Schande‹ bedeuten; vielleicht auch mit lateinisch aeger (›krank, verstimmt‹). Das Grimm'sche Wörterbuch zieht auch einen Zusammenhang mit dem mittelhochdeutschen erklich (›zuwider‹) oder mit heikel (›wählerisch‹) in Erwägung. Zu letzterem würde passen, dass das Adjektiv ekel früher nicht nur dasselbe bedeuten konnte wie ek(e)lig und ekelhaft (›Ekel, Abscheu erregend‹), sondern eben auch ›wählerisch, eigen, eigensinnig‹: Wenn jemand ekel ist, bedeutet dies, dass er nicht alles isst. Über den französischen Schriftsteller Alexis Piron (1689–1773) sagt Goethe, „daß er das ekle Publicum durch keines seiner […] Stücke befriedigen konnte".[1] Mit Sicherheit begegnen wir mit dem Ekel ein „in der menschlichen Natur verankertes Grundgefühl, von dem man unmittelbar betroffen wird" (Demmerling und Landweer 2007, S. 93). Sein idealtypisches materielles Substrat könnte „eine weiche klebrige Masse" (Casiraghi und Maggiori 2019, S. 209) sein, die beim Berühren, Sehen und Riechen zu Ekelgefühlen Anlass gibt.

Affekt & Emotion Ekel steht für ein „situativ erzwungenes" Affektgeschehen, das an ein „unerwünschtes *Nahetreten* gekoppelt ist", wie Benkel (2011, S. 22) schreibt. Die Konfrontation mit dem Ekelerregenden ist dabei von zentraler Bedeutung.

---

[1] https://www.uni-vechta.de/germanistik/sprachwissenschaft/jdw/woerter/02.

Dies kann eine Person, ein Gegenstand oder etwas anderes sein. Ekel ist ein starkes, mitunter intensives Gefühl, das durch etwas Anstößiges oder Unangenehmes ausgelöst wird. Es handelt sich um eine Abwehrreaktion, die zwar subjektiv empfunden, gleichwohl aber gesellschaftlich-kulturell geformt ist (Kolani 2007, S. 8). Ein eindeutiges Indiz dafür ist, dass Ekel nicht überall auf der Welt vor denselben Dingen oder Menschen empfunden wird. Für Benkel (2011, S. 12) ist Ekel „der Ausdruck einer Definitionsmacht, die darüber aufklären will, welche Momente in der Gesellschaft als verstörend und vermeidenswert abgebucht werden sollen, damit das erreichte Kulturniveau bewahrt werden kann." Gleichwohl dürfte es im Einzelfall schwierig sein, darüber immer überein zu kommen, was aus welchen Gründen als ekelhaft oder abstoßend empfunden wird.

In der konkreten Begegnung mit dem Ekel manifestiert sich eine Form der unmittelbaren Affizierung, der wir uns nicht einfach entziehen können, da sie sinnlich und unbewusst vermittelt ist und sich somit vor allem über den Geruchs- und Tastsinn vollzieht. Aufkommender Ekel kann sich in Form von Abscheu oder intensiver Abneigung äußern, was dazu führen kann, dass Maßnahmen ergriffen werden, um die Sache zu vermeiden, vor der Ekel empfunden wird. Dies lässt sich beispielsweise an der Begegnung mit einem Meeting festmachen, welches mit großer Unlust oder sogar Ekel assoziiert wird. Der Ekel entzündet sich dabei an dem jeweiligen Vorgesetzten (oder einem Mitarbeitenden), der für eine schlechte Stimmung sorgt oder sich und sein Unternehmen in denkbar schlechter Art und Weise präsentiert.

Zeitdiagnose – Ekel im politisch-sozialen Kontext Ekel ist eine Emotion, die man nicht auf die leichte Schulter nehmen sollte. Es ist wichtig, über die Folgen von Ekelgefühlen und -bekundungen nachzudenken, bevor man sie auslebt. Wir sollten uns einen Moment Zeit nehmen, um die Konsequenzen unserer Entscheidungen zu bedenken. Nur so können wir solche treffen, die auf Fakten und nicht auf Emotionen basieren. Das führt letztendlich zu besseren Ergebnissen. Jeder verdient Respekt, ganz gleich, ob er mit unseren Überzeugungen oder Werten übereinstimmt oder nicht. Wir sollten darauf achten, Ekel oder Abscheu gegenüber anderen nicht auf eine Weise zum Ausdruck zu bringen, die ihre Würde verletzt. Aber es gibt Grenzen! Ein Mensch, der sich auf Instagram in ein Bad voll mit Schokoladensauce (Nutella oder was auch immer) setzt, bekommt so gut wie sicher die Aufmerksamkeit, die er verdient. Solche Bilder werden tausendfach geliked. In der Sozialisation wird uns beigebracht, dass wir in einer solchen Situation Ekel empfinden sollten. Die Sensationslust und die Gier nach unkonventionellen Situationen überdecken das Ekelgefühl. Das ist nicht sofort als Zivilisationsbruch zu vermerken, zeigt aber, dass die Geltungsbereiche von Affekten und Emotionen verschoben werden. Im vorliegenden Beispiel ist das noch harmlos, im politischen Kontext jedoch nicht.

Da steht der Ekel für Strategien der Ausgrenzung und der Stigmatisierung, wobei sich diese „auf jegliche Form von Alterität" (Casiraghi und Maggiori 2019, S. 208) beziehen. Am Anderen, am Unbekannten, mir Fremden entzündet sich der Ekel und damit werden diese anderen gleichsam auf Distanz gehalten.

Phänomenologische Überlegungen zum Ekel Es gibt vieles, was als ekelhaft empfunden und dementsprechend (subjektiv) klassifiziert wird. Wichtig ist aber zum einen eine leibliche Betroffenheit, die sich nicht selten als Übelkeit äußert. Diese kann in unterschiedlichen Abstufungen auftreten. Zum anderen handelt es sich praktisch immer um eine „Übertretung der Körpergrenze", wie Demmerling und Landweer (2007, S. 96) zweifelsfrei herausarbeiten. Zudem existiert auch eine Verbindung zu dem, „was der Mensch für das Tierische an sich selbst hält, nämlich mit allem, was der lebendige Körper ausstößt – als ob er dadurch an Leben verlöre. Außerdem ist Ekel verknüpft mit dem, was ihm von außen her als tod- und krankheitsbringend droht, mit allem, was visuell, physisch oder mental ans Verfaulen erinnert, an die unabwendbare, geräuschlose Auflösung aller Lebensfunktionen", wie Casiraghi und Maggiori (2019, S. 205) schreiben.

Für Aurel Kolnai gibt es „vom praktisch-funktionalen Standpunkt aus zweierlei ekelhafte Gegenstände: solche, die sozusagen schon von Natur wegen ekelhaft sind, und solche, die es nur unter ganz bestimmten Umständen werden" (2007, S. 61). In seiner 2007 wieder veröffentlichten Schrift *Phänomenologie feindlicher Gefühle* beschreibt Kolnai Ekel als eine Art negatives ästhetisches Vergnügen. Für ihn ist es ein Gefühl der Abscheu und des Entsetzens gegenüber etwas, das sowohl unangenehm als auch abstoßend ist. Sein Verständnis von Ekel kommt besonders dort zur Geltung, wenn wir auf etwas stoßen, das nicht nur gegen unseren ethischen Kodex verstößt, sondern auch unseren Geschmacks- und vor allem den Geruchssinn herausfordert. „Durch den Geruch […] wird der obere Digestivtrakt am unmittelbarsten affiziert, Brechreiz am meisten hervorgerufen, das Motiv der Nähe am stärksten erfüllt. Durch den Geruch werden auch Partikelchen des Gegenstandes in das Subjekt hineingetragen, wird intime Erfassung des fremden Soseins ermöglicht. In der *Intimität* dieser Sinnesmodalität gründet ihre primäre Bedeutung für den Ekel […]." (Kolnai 2007, S. 26) Kolnais Überzeugung ist, dass Ekel eine Emotion oder ein Gefühl ist, das alle Menschen irgendwann in ihrem Leben erleben. Er erkennt es als eine der stärksten Kräfte in uns an. Kolnais Beschreibung des Ekels macht deutlich, dass diese Emotion uns vor potenziell gefährlichen Situationen oder Objekten schützt. Er stellt fest, dass Ekel uns von Dingen fernhalten kann, die für uns schädlich oder abstoßend sind – wie zum Beispiel verdorbenes Essen oder grausame Szenen. Aber er erkennt auch an, dass er uns zu angenehmeren Erfahrungen drängen kann. Er macht deutlich, wie Ekel unser Verhalten formt. Er hält uns von bestimmten

Umständen fern und verstärkt positive Umstände, indem er uns Freude verspricht, wenn wir uns von ihnen entfernen. Nicht zuletzt zeigt Kolnai auf, dass Ekel nicht nur eine negative Emotion ist, sondern eine, die zum allgemeinen Gleichgewicht in unserem Leben beiträgt. Ekel bietet uns sowohl Schutz als auch Freude.

Bezüge zu anderen Affekten & Emotionen Obwohl der Ekel die ablehnende Haltung gegenüber dem Objekt mit den „heissen" Gefühlen Wut, Zorn und Hass teilt, „beinhaltet der Ekel eine massive Abkehr von seinem Objekt; im Ekel sucht man Distanz zu dem, was ihn auslöst" (Demmerling und Landweer 2007, S. 108). Ekel führt zu (unbewusstem) Vermeidungsverhalten und zu Strategien der Ausgrenzung und Abwertung – das ist ein Fakt. Ekel vor dem Siechtum, Sterben und Tod anderer Menschen (mögen diese auch nahestehende Personen sein) geht oft mit Distanznahme und Verachtung einher. Dies zeigt sich deutlich im Kontext von Krankheit, wenn der kranken Person ihr Kranksein als eigenes Verschulden vorgeworfen wird. Die Verachtung äußert sich auch in Überlegenheitsgefühlen gegenüber der kranken Person und legitimiert scheinbar autoritäre Maßnahmen des Autonomieentzugs. Auch gegenüber Dritten kann sich die Praktik des Fremdschämens einstellen. Man glaubt, sich in gewisser, vielleicht indirekter Weise für den Zustand der kranken Person entschuldigen zu müssen.

Ekel und Angst sind beides „passive Abwehrreaktionen des Subjekts auf eine eindeutig darauf hingeordnete, gleichsam hinstrebende Affizierung" (Kolnai 2017, S. 18), wobei die Angst danach strebt, den Gegenstand ihrer Angst zu eliminieren, zu vermeiden oder zu fliehen, sofern dies möglich ist. Der Ekel hingegen zeigt eine Ausweichbewegung, um dieses Gefühl zu umgehen und es nicht zu betrachten oder zu riechen. Während das Ekelhafte eine Störung hervorruft, manifestiert sich die Angst in einer Bedrohungsgeste (ebd.). Neben dem evidenten Bezug zur Angst sind auch Scham- und Ekelgefühle in enger Verbindung zueinander zu beobachten. In diesem Kontext sei auf die Ausführungen von Benkel (2011, S. 17 f.) verwiesen, der den öffentlichen Toilettengang als Beispiel anführt, der sowohl Ekel- als auch Schamgefühle hervorrufen kann. Der Anblick öffentlicher Toiletten ist gemeinhin mit Ekel und Abscheu verbunden, wobei hier eine kulturelle Komponente impliziert ist. Während in Westeuropa der Gang zur Toilette und die dort verrichtete Notdurft als ästhetische und olfaktorische Offenbarung wahrgenommen wird, lässt sich dieser an sich unangenehme Akt in Japan vergleichsweise unproblematisch vollziehen, da hier sehr großen Wert auf öffentlich saubere Toiletten gelegt wird.[2] Unter Berücksichtigung der Prozesshaftigkeit lässt sich eine Verbindung zwischen Ekel und Wut

---

[2] Wie eindrücklich zuletzt der Film von Wim Wenders „Perfect Days" (2023) gezeigt hat.

feststellen. Der Anblick einer verschmutzten und stinkenden Toilette evoziert primär Ekelgefühle (wobei auch die Angst vor Ansteckung eine Rolle spielt, wenn eine
Defäkation unmittelbar erforderlich ist). In erster Linie ist jedoch ein Wutaffekt zu
beobachten, der aus dem als unmöglich und asozial wahrgenommenen Verhalten
der Vorgänger auf der Toilette resultiert. Als weitere Ursache kann die mangelnde
Bereitschaft des Personals identifiziert werden, die Missstände zu beseitigen. Diese
Wut flammt auf, sucht ein Ziel, oft vergebens, und verpufft dann in der Regel auch
schnell wieder. Allenfalls führt sie bei einer Wiederholung zu einem Beschwer-
debrief oder Ähnlichem. Des Weiteren können beim Ekel bemerkenswerterweise
Ambivalenzgefühle beobachtet werden. „Die Absonderung von Urin, Speichel und
Schweiß ruft Widerwillen hervor, doch sie können bei Sexspielen auch das Begehren
anstacheln, anstatt es zunichtemachen", wie Casiraghi und Maggiori (2019, S. 204)
festhalten.

Moral und Ekel In der philosophischen Theorie wird Ekel zudem zumeist als
eine Emotion der moralischen Missbilligung betrachtet (Demmerling und Landweer
2007). Es wird angenommen, dass Menschen, die Ekel empfinden, ihre eigene Moral
und ihre Maßstäbe zum Ausdruck bringen. Die Vermeidung bestimmter Dinge oder
Verhaltensweisen, die als moralisch verwerflich empfunden werden, kann durch
Ekel motiviert sein. Ekel ist nicht auf physische Objekte beschränkt. Des Weiteren kann Ekel auch gegenüber Ideen oder Überzeugungen empfunden werden, die
gegen unsere Werte und Erwartungen verstoßen. So wird beispielsweise die Skla-
verei von vielen Menschen als verwerflich empfunden, da sie gegen grundlegende
Werte wie Freiheit oder Gleichheit verstößt. In ähnlicher Weise reagieren manche
Menschen mit Abscheu auf Tierquälerei, da diese die weit verbreitete normative
Erwartung von Tierliebe massiv enttäuscht. Die Bilder von übervollen Hühnerfar-
men, auf denen sich Huhn an Huhn reiht, sind hinlänglich bekannt und führen bei
Betrachter:innen nicht selten zu einem aufkommenden Brechreiz. Das moralische
Empfinden ist dabei nicht angeboren, sondern wird im Rahmen der Sozialisation
vermittelt, wodurch es auch ausbleiben oder nur abgeschwächt auftreten kann.

Lust am Ekel Unter bestimmten Umständen lässt sich eine gewisse Lust am Ekel-
haften nicht leugnen. Der Ekel erfährt nicht nur in der bereits diskutierten Sexualität
mitunter einen ambivalenten Charakter, sondern manifestiert sich im Medium Film,
insbesondere im Horrorfilm. Die Möglichkeit, sich aus einer sicheren Distanz heraus zu ekeln und die dabei aufkommenden Ängste zu kontrollieren, verleiht dem
Betrachter eine gewisse Macht über die gezeigten Inhalte. Dabei geht es häufig um
das Überschreiten von Körpergrenzen, beziehungsweise darum, „dass etwas aus dem

Inneren des Körpers nach Außen tritt" (Demmerling und Landweer 2007, S. 96).[3]
Die Unkontrollierbarkeit des menschlichen Körpers und seiner Funktionen eröffnet
ein breites Spektrum an Ekelgefühlen, da hierbei Ausscheidungen, Öffnungen und
olfaktorische Reize eine wesentliche Rolle spielen. Es ist bemerkenswert, dass die
bei Filmen aktivierten Seh- und Hörsinne in der Regel ausreichen, um den Ekel
auch leiblich zu empfinden. Die Praktiken des Wegschauens, des Ignorierens und
des Relativierens erweisen sich als hilfreich bei der Bewältigung der schlimmsten,
d. h. in diesem Fall der ekligsten Szenen.

Umgangsweisen und Überwindung des Ekels? Kolnai betont zurecht die „kognitive und selektive Aufgabe des Ekels vom Standpunkte der Biologie, Metaphysik
und Ethik" (2007, S. 63). Innerhalb der Biologie fungiert das Ekelempfinden als
Indikator sowie als Warnsignal gegenüber verdorbenen Speisen und der Fäulnis im
Allgemeinen. Des Weiteren hilft es bei der ästhetischen Einschätzung bestimmter Gegenstände und dient zudem als Orientierung im Umgang mit anderen. Mit
anderen Worten: Es kann primär gar nicht um die Überwindung von Ekelgefühlen
gehen, vielmehr sollte unsere Einschätzung überprüft und gegebenenfalls relativiert
werden. Des Weiteren erfolgt in spezifischen Situationen eine Unterdrückung des
Ekelempfindens, wie Benkel postuliert. „Es ist entlarvend, dass der Ekel, versteht
man ihn als körperlich-kognitive Reaktion auf verzichtbare Erfahrungen, beispielsweise gerade dann rational ‚ausgeschaltet' oder zumindest unterdrückt wird, wenn
es um die Behandlung von schwerkranken Patienten im Hospital oder Hospiz (…)
oder um das Wickeln der Windeln eines Kleinkindes geht." (2011, S. 14).

Resümee Zusammenfassend lässt sich festhalten: Ekel ist ein starkes Gefühl, das
auf einer unmittelbaren, sinnlichen Affizierung beruht. Damit bringen wir unsere
moralischen Werte und Empfindungen zum Ausdruck. Der Ekel zeigt sich in ganz
vielfältiger Art und Weise. Besonders eindrücklich dazu sind die Ausführungen
von Demmerling und Landweer (2007, S. 95): „Selbst in der Geste des Nase-
rümpfens, welches häufig dem Ausdruck einer Missbilligung in einem sehr weiten
Sinne dient, zeigen sich noch Spuren stärkerer Ekelreaktionen wie beispielsweise
des Würgens." Der Begriff „Ekel" bezeichnet eine Emotion, die sich sowohl auf
physische Objekte als auch auf Ideen beziehen kann. In der Regel wird diese
verwendet, um die Missbilligung von Handlungen oder Situationen zum Ausdruck zu bringen, die aus moralischer Perspektive als falsch erachtet werden. Das

---

[3] Kaum zufällig fallen uns dazu die Filme von David Cronenberg („Shivers") und Ridley
Scott („Alien") ein.

Verständnis der Funktionsweise von Ekel ermöglicht es Menschen, die Akzeptabilität bestimmter Verhaltensweisen besser einzuschätzen. Es ist nicht zu erwarten, dass Ekelgefühle gänzlich aus dem Leben der Menschen verschwinden werden. Sie fungieren vielmehr als Hinweisgeber dafür, welche sinnlichen Erfahrungen und gesellschaftlich-kulturellen Normen von den Individuen als störend oder gar abstoßend empfunden werden. Des Weiteren zeigt sich eine Verbindung des Ekels mit anderen Affekten und Emotionen, darunter die Angst, die Scham und die Wut. Diesbezüglich sei das Beispiel der Scham angeführt, die sich einstellt, wenn etwas potenziell Ekelhaftes einem selbst oder anderen geschieht.

Hass

Begriff und Bedeutung Hass ist eine Emotion intensiver Abneigung oder Feindseligkeit gegenüber einem bestimmten Objekt, das Einzelpersonen oder Gruppen umfassen kann, wie etwa beim Antisemitismus. Dieser Hass kann sich bis zur Absicht steigern, das Objekt zu vernichten (tödlicher Hass). Hass führt oft zu gewalttätigen Handlungen, die darauf abzielen, das Objekt zu zerstören oder ihm leid zuzufügen. Das Objekt des Hasses wird häufig als bedrohlich oder unmoralisch wahrgenommen, und der Hassende kann ein Gefühl der existenziellen Bedrohung für sich selbst oder seinen Selbstwert empfinden. Die Entstehung von Hass kann durch das Erleben existenzieller Verletzungen, durch überlieferte soziale Normen oder durch eine feindselige Persönlichkeitsdisposition begünstigt werden. Hass beinhaltet affektive Komponenten (reaktive, instinktähnliche Wut), soziale Komponenten (Ausgrenzung, Vermeidung von Kontakt) und kognitive Komponenten (destruktive Abwertung).[1]

Affekt & Emotion Hass ist eine aggressive, „heiße" Gefühlsäußerung. Hassgefühle sind von außen betrachtet meistens etwas Unangenehmes, sozusagen Hässliches und im Grunde genommen auch etwas sozial Unerwünschtes, manchmal Tabuisiertes. Mit dem Hass geht ein Gefühl von Feindschaft und radikaler Ablehnung einher. „Ihm wohnt daher etwas ‚Weltumstürzendes‘, ein Hang zur Zerschlagung der Seinsstrukturen, inne", wie Kolnai schreibt (2007, S. 138). Obgleich es als gesellschaftlich inkorrekt gilt, etwas oder jemanden zu hassen, ist es dennoch eine Emotion, die jeden Menschen in unterschiedlichem Maße betrifft. Die Erfahrung, von Hass erfüllt zu sein, kann als emotional aufwühlend beschrieben werden. Dies kann sich sowohl auf andere Personen, sich selbst oder auch auf Objekte beziehen.

---

[1] https://dorsch.hogrefe.com/stichwort/hass.

145

Die körperlichen Reaktionen, die mit dem Gefühl des Hasses einhergehen, lassen sich nicht leugnen. Auch die affektiven Anteile werden hierbei angesprochen. In der jüngeren Vergangenheit konnte beobachtet werden, dass der Hass auf die Gesellschaft (und auf die Demokratie oder die Monarchie) eine gewisse Konjunktur erfuhr. In vielen Fällen ist die Erfahrung von Unterlegenheit, sei sie real oder imaginiert, ein wesentlicher Faktor, der dazu führt, dass die Betroffenen sich in einer schwächeren und mitunter ohnmächtigen Position wiederfinden. Der Hassende kann diese von ihm derart wahrgenommene Unterlegenheit, zuweilen auch Ungerechtigkeit, zwar nicht aus der Welt schaffen, jedoch gelingt ihm ein emotionaler Ausgleich, sofern er das Hassgefühl für sich so empfindet respektive auslebt. Eine gewisse (Trieb-)Befriedigung stellt sich ein, wenn Menschen durch das Hassen einer ungeliebten Person eine bestimmte Form der Zufriedenheit erlangen. Von großer Bedeutung ist es, das sozialregulative Moment von Hass als an sich negativ qualifiziertes Gefühl nicht zu unterschätzen.

Motivation zum Hass Woran entzündet sich Hass? Viele Motive und Gründe sind denkbar, warum jemand in den Zustand des Hassens gerät. Im Hintergrund waltet häufig „ein Narzissmus der kleinen Unterschiede, der den Hass dazu treibt, in der Verwandtschaft, in der Blutsverwandtschaft, in der geographischen, politischen oder religiösen Nähe und Nachbarschaft, im Beinahe-Ähnlichen akribisch nach kleinsten Kriterien für die Unähnlichkeit und Fremdheit zu suchen" (Casiraghi und Maggiori 2019, S. 312 f.). Mitunter kommt es sogar zur *„Welterschließung durch Hass"* (Demmerling und Landwehr 2007, S. 295 f., dazu auch Kolnai 2007, S. 120). In der Regel stellt diese Haltung jedoch eine extreme Position dar, die von den meisten wieder aufgegeben wird. Dennoch ist das Hassen zumindest als zeitlich begrenzter Zustand den allermeisten Menschen nicht fremd: „der Gehasste wird als jemand angesehen, der einem irgendwie schadet oder in der Vergangenheit geschadet hat. […] Sowohl kollektive Hass- als auch Verachtungsdispositionen wie Misogynie, Antisemitismus, Rassismus und Homosexuellenphobie kommen ohne die entsprechenden Ideologien, wonach von dem Verachteten oder Gehassten ein gesellschaftlicher Schaden, eine Gefahr oder Bedrohung ausgehen, nicht aus" (ebd., S. 296). In den vergangenen Jahren ist insbesondere die Misogynie in Form des Femizids in den Fokus der öffentlichen Wahrnehmung gerückt. Partnerinnen oder Ex-Partnerinnen werden von ihren (Ex-)Männern häufig auf grausame Weise umgebracht. Dies lässt auf Hassgefühle schließen, die den einstmals Geliebten entgegenschlagen und auf die Vernichtung des Gegenübers abzielen.

Manifestationen des Hasses Hass manifestiert sich auf verschiedenen Ebenen, wobei eine Differenzierung zwischen interpersonaler, institutioneller, kultureller und kollektiver Ebene vorgenommen werden kann. Auf der Mikroebene sozialer Beziehungen zeigt sich Hass in diskriminierenden Handlungen, verbalen Attacken oder gewaltsamen Auseinandersetzungen (Butler 1998). Die Manifestation von Hass auf bestimmte Menschen und Gruppen erfolgt zudem durch Gesetze, wie beispielsweise der rechtlich abgesicherte Schwulenhass in Russland oder anderen Ländern. Auf der kulturellen und kollektiven Ebene manifestiert sich der Hass in den Machenschaften des Krieges, wo er sein besonders grausames Gesicht zeigt. Auch in der Sklaverei manifestierte sich ein Hass (und eine Verachtung) der weißen, sogenannten überlegenen „Rasse" gegenüber der schwarzen Bevölkerung, was sich nicht nur in den USA (mit der Gegenreaktion beispielsweise der Black-Lives-Matter-Bewegung) erhalten hat. Des Weiteren ist der Religionshass zu nennen, der nicht nur bei Kolnai (2007, S. 133) an vorderster Stelle steht und die Weltgeschichte schon seit langer Zeit wesentlich beeinflusst hat. Innerhalb religiöser Gemeinschaften manifestiert sich der Hass insbesondere in Form der Verachtung von Personen, die nicht den eigenen Glaubensüberzeugungen folgen oder sich diesen nicht anschließen möchten.

Phänomenologie und soziologische-philosophische Positionen Zu den besten Arbeiten über den Hass aus einer phänomenologischen, aber auch philosophisch-soziologischen Sicht zählt immer noch die Arbeit des jüdischen Philosophen Aurel Kolnai (2007, orig. 1935). Kolnai beschreibt in seinem Werk *Der Hass* eben diesen Hass als eine tiefgehende und anhaltende Emotion, die auf die vollständige Zerstörung ihres Objekts abziele. „Jeder Haß ist seinem konkreten Zweck nach unbestimmt und führt, ohne Rücksicht auf das konkrete Wollen, das sich an ihn knüpft, eine Atmosphäre ‚absoluter' Vernichtung, einen Blick auf Töten und Auslöschen, bei sich." (ebd., S. 108) Weiter ist Hass für ihn „nun vor allen Dingen ein Gefühl, dem notwendigerweise eine – „Ganzheit" andeutende – Einsetzung der eigenen Person eigentümlich ist, in phänomenologischer Sprache zugleich Tiefe und Zentralität" (ebd., S. 101). Der Hass richtet sich gegen Personen oder Gruppen, die als fundamentale Bedrohung wahrgenommen werden. Ausgelöst wird er durch erlebte Ungerechtigkeiten oder Bedrohungen. Diesbezüglich führt Kolnai aus, dass „eine enge Beziehung von Hassen und Für-böse-halten" (ebd., S. 104) existiert. Die dem anderen unterstellte Bösartigkeit macht es vermeintlich leichter, diesen zu hassen.

Hass ist eine ganz besondere Emotion, die sich deutlich von anderen negativen Gefühlen wie Wut unterscheidet. Während Wut eher kurzfristig und spezifisch ist, ist Hass umfassend und dauerhaft. Hass ist totalisierend, denn er lehnt das gesamte Wesen des gehassten Objekts ab und will es vernichten. Kolnai untersucht auch die moralischen und sozialen Dimensionen des Hasses. Dabei macht er deutlich, dass tief verwurzelte Vorurteile und gesellschaftliche Strukturen diesen Hass oft zusätzlich verstärken. Er zeigt auf, dass Hass nicht nur auf individuellen Erfahrungen beruht, sondern auch durch kollektive Ideologien und kulturelle Kontexte geprägt ist. Durch seinen phänomenologischen Ansatz macht Kolnai deutlich, wie Hass das Bewusstsein, die Wahrnehmung und das Verhalten eines Menschen tiefgreifend beeinflusst. Seine Arbeit bietet wertvolle Einblicke in die zerstörerische Natur des Hasses und dessen Auswirkungen auf Individuen und Gesellschaften.

Auch William Hazlitt (2017, orig. 1903) hat in seinem Essay *Über das Vergnügen zu hassen* etwas zum Verstehen des Hasses beizusteuern, und zwar auf der grundsätzlichen anthropologischen Ebene: „Aber es ist nun einmal so, dass es im menschlichen Geist eine geheime Affinität, ein *Verlangen* nach dem Bösen gibt und dass der Mensch ein perverses, aber glücksbringendes Vergnügen daran findet, Unheil anzurichten, denn dies ist eine nie versiegende Quelle der Befriedigung. Reine Gutwilligkeit wird bald fade, ihr mangelt es an Abwechslung und Elan." (2017, S. 8 f.) Auch wenn die hier präsentierte Beschreibung als solche nicht unbedingt geteilt werden muss, so deutet sie doch an, dass das Phänomen des Hasses und des Hassens nicht so einfach aus der Welt zu schaffen ist. Im Gegenteil: So wie es vermutlich immer eine Form der Liebe geben wird, solange Menschen miteinander existieren, so wird auch der Hass nicht verschwinden. Es gibt sogar Versuche, den Hass als etwas Gutes zu rechtfertigen.

Rehabilitierung des Hasses?   Seyda Kurt versucht sich an einer Rehabilitierung des Hasses als einer transformativen Kraft, wie sie schreibt (2023). Insofern interessiert sich die Autorin nicht primär für die unterdrückerische, schädigende Kraft des Hasses, vielmehr für Hass „als eine widerständige Handlungsform" (ebd., S. 15), ein Hass, „der Zärtlichkeit hervorbringt" (ebd., S. 19). Damit droht Kurt das zerstörerische Potenzial des Hasses zu unterschätzen und die utopisch-transformative Kraft Hinsicht einer besseren Welt zu überschätzen. „Der Hass kann das Versprechen sein, das ständige Unbehagen und Grollen um der falschen Harmonie willen nicht zum Verstummen zu bringen" (ebd., S. 50). Dennoch thematisiert Kurt wesentliche Fragestellungen: Die Frage, wer zurecht hassen darf und wer dies nicht darf, ist von zentraler Bedeutung. Bei der Beantwortung dieser Fragen ist stets zu berücksichtigen, in welcher macht- und herrschaftsspezifischen Konstellation sich der Hassende jeweils befindet. Die Frage, ob es legitim und akzeptabel ist, einen Peiniger oder Vergewaltiger zu hassen, insbesondere wenn man selbst zu einem Opfer geworden ist, ist Gegenstand intensiver Debatten.

Soziologisch betrachtet ist der *Selbsthass* eine besondere Form des Hasses. Kolnai liefert eine phänomenologische Beschreibung: „Ich, mit diesen meinen

Eigenschaften, die ich nun einmal habe, bin unfähig, meinen Idealen nachzule-
ben und die Erfolge, auf die mein innerstes Ich Anspruch erhebt, zu erzielen, – ich,
der ich mir so nahestehe, sollte das aber, – daher verdiene ich, von mir selbst gehaßt
zu werden." (2007, S. 111) Selbsthass stellt eine Gegenposition zur Selbstliebe dar,
die für die menschliche Psyche von grundlegender Bedeutung ist. In der Konsequenz fällt es Menschen in der Regel leichter, andere zu hassen als sich selbst. Die
Ablenkung von der eigenen Person erfolgt durch die Projektion des Hasses auf alles
Fremde und Unbekannte. Eine weitere Möglichkeit der Konfliktbewältigung besteht
in der externen Schuldzuweisung an andere Personen. Dies hat den Vorteil, dass die
eigene Verantwortung für die Problematik negiert wird und eine Distanzierung von
den involvierten Personen und Sachverhalten erfolgt.

Bezüge zu anderen Affekten & Emotionen Die Nähe des Hasses zur Verachtung ist
bemerkenswert, jedoch kaum verwunderlich. „Verachtung kann sich jemand in einer
überlegenen Position erlauben, während Hass eher das Gefühl des sozial Unterlege-
nen ist, das auf die – aus seiner Sicht – Verantwortlichen für seine problematische
Lage gerichtet ist." (Demmerling und Landweer 2007, S. 296) Der Hassende strebt
die Vernichtung des gehassten Subjekts oder Objekts an, während der Verachtende
auf den sozialen Ausschluss und die gesellschaftliche Ächtung des Verachteten
abzielt. In ihrer Veröffentlichung aus dem Jahr 2007 vertreten Demmerling und
Landweer die These, dass „wir in einer Verachtungsatmosphäre leben, in der direkter Hass und offene Missgunst tabuisiert sind" (ebd., S. 299). Diese Situation hat
sich in der jüngeren Vergangenheit gewandelt. Es lässt sich eine gewisse Normalisierung des Hasses beobachten, wobei die Rolle der sogenannten sozialen Medien
nicht zu unterschätzen ist. Soziale Medien ermöglichen eine bislang unbekannte
Freisetzung von Affekten und Emotionen, die eine Reihe destruktiver Emotionen
wie Hass, Zerstörungswut und Bösartigkeit implizieren.

Als klassische Gegenemotion muss natürlich die Liebe an erster Stelle genannt
werden. Beides, der Hass und die Liebe, sind heisse Emotionen, die in der Hass-
liebe ambivalent in sich vereinigt werden. Kolnai liefert dazu ein illustres Beispiel:
„So können ehrgeizige Eltern gleichsam das ganze Wesen ihres faulen Sohnes hassen, dabei aber diesen Sohn im rein abstrakten Sinne als ‚Bezugspunkt', eben als
ihren Sohn fanatisch ‚lieben', und ihn ebenso mit aller erdenklichen Sorgfalt wie –
im Namen der Liebe – mit aller erdenklichen Feindseligkeit bearbeiten." (Kolnai
2004, S. 107). Auch vielen Paarbeziehungen dürften diese an sich gegensätzlichen
Gefühlsregungen nicht fremd sein. In jeder Liebe schlummert gleichsam die Möglichkeit des Hasses, denn „alles Mißfällige und Gegenstrebige von seiner Seite eignet
sich daher, infolge der (relativen) Unaufhebbarkeit der Verbundenheit echten ‚Haß'
auszulösen" (ebd., S. 125). Sofern der Hass überwiegt, oft uneingestanden, kommt

es zu Trennungen oder Seitensprüngen. Das einst geliebte Objekt wird abgewertet und durch ein anderes ersetzt. Dem Hass eignet mit Blick auf die Liebe häufig auch eine kompensatorische, vergleichende Funktion. „Man haßt Staat und Gesellschaft, liebt aber eine verborgene Sekte, ja deren Häupter; man haßt Familie, Berufsgenossen, Passanten, liebt aber seinen Hund, dessen fabelhafte Treue man mit der angeblichen Verderbtheit der Menschen vergleicht." (Kolnai 2002, S. 130).

Auch andere Emotionen wie Wut und Zorn können als Verbündete des Hasses betrachtet werden (vgl. Demmerling und Landweer 2007, S. 287 f.). Versteckter Hass kann sich zudem als ein Ressentiment im Sinne eines heimlichen Grolls entladen, der seinerseits mit dem Zorn assoziiert ist, wie Sighard Neckel (2021, S. 82) eindrucksvoll darlegt. „Tatsächlich ist der Groll des Zorns verschwiegener Bruder, nach innen gekehrt und passiv, während das affektive Geschwister seine Erregung aktiv nach außen richtet. Einen Groll gegen jemanden zu hegen, spielt sich im Verborgenen ab. Daher ist er nicht leicht zu erkennen und noch schwerer zu überwinden." Die Praxis des Grollens kann sich aufstauen, an der Oberfläche schwelen und irgendwann auch gewaltsam entäußern, sofern sich dazu eine Gelegenheit bietet. Beim Meeting im beruflichen Kontext lässt sich der grollende Kollege, die grollende Kollegin, kaum übersehen, jedoch verlassen sie nur selten die Deckung, um ihrem Ärger Luft zu machen.

Fallbeispiel: Der Hass auf die „letzte Generation" Die Emotionen, insbesondere die Wut, werden von den Aktivist:innen geschürt, wenn sie den Stadtverkehr durch ihre Aktionen erneut lahmlegen. Insbesondere die Reaktion der Automobilist:innen in Berlin ist bemerkenswert. Diese durchfuhren die von den Demonstrationen betroffenen Straßenabschnitte, klebten die Demonstrant:innen ab und kehrten anschließend auf die reguläre Fahrbahn zurück. Die Gesichter der aufgebrachten Menschen zeugen von der Wut und dem Hass auf die Demonstrant:innen. In der Tat kann hier von einer negativen Form der Affizierung gesprochen werden. Es ist erstaunlich, dass es bisher nicht zu Schusswaffeneinsätzen gekommen ist. Die Frage, warum sich die Emotionen derart vehement entzünden und die Befürchtung, dass die Affekte nicht unter Kontrolle gebracht werden können, drängt sich in diesem Kontext auf. Die letzte Generation übt mit ihren Aktionen Kritik an einem Lebensmodell, das eine dauerhafte Mobilität und Flexibilität der Individuen voraussetzt. Der Slogan „Freie Fahrt für freie Bürger" verdeutlicht, dass das Automobil für viele Menschen das letzte Refugium für ein souveränes, an der individuellen Freiheit orientiertes und selbstbestimmtes Handeln darstellt. In diesem Kontext stellt sich die Frage, ob die Anwendung von Gewalt tatsächlich als letztes Mittel zu werten ist, oder ob die Demonstranten und Demonstrantinnen nicht doch im Sinne einer Gegengewalt auf die ursprünglichere „ökologische Gewalt" (Lindemann 2022) reagieren.

Die Frage, ob die gewählten Mittel tatsächlich als richtig und zielführend zu bewerten sind, soll an dieser Stelle nicht erörtert werden. Aus affektlogischer Perspektive ist jedoch zu konstatieren, dass Menschen besonders empfindlich reagieren, wenn sie ihre subjektiven Freiheitsrechte eingeschränkt sehen.

Mit Seyda Kurt lässt sich der Hass in diesem Fall als widerständiges Gefühl begreifen. Diesbezüglich ist zu beobachten, dass auch die Aktivist:innen der letzten Generation den Hass produktiv zu machen versuchen. Dies erfolgt durch die Transformation ihrer Wut und ihres Hasses in verstörende Aktionen, wodurch Aufmerksamkeit für ihre Anliegen erzielt werden soll. Gleichzeitig werden jedoch auch die Grenzen dieses Konzepts ersichtlich, da es potenziell zu einer Eskalation und einem wachsenden gegenseitigen Unverständnis führen kann. Folgendes Szenario wäre denkbar: Der Rechtsstaat verurteilt die jüngste Aktivistengeneration zu Haftstrafen, stellt die öffentliche Ordnung wieder her (was der überwiegenden Mehrheit der Bevölkerung durchaus entspricht) und die Gesellschaft kehrt zur (eigentlich falschen) Normalität zurück.

Resümee Der Hass ist ein ebenso verabscheuungswürdiges wie notwendiges Gefühl. Und wie sollen wir als Gesellschaft damit umgehen, wie auf Hassende positiv einwirken? Kolnai (2004, S. 142) schlägt am Ende seiner Abhandlung über den Hass folgendes vor: „Sachliches ‚Besiegen‘ und ‚Außer-Gefecht-setzen‘ statt ewigen und uneingeschränkten Vernichtenwollens könnte als ethisch-taktischer Leitsatz für die ‚Behandlung‘ von Hassenden verwendet werden." Es ist ein grundlegendes menschliches Bedürfnis, nicht gehasst oder verachtet zu werden. Dennoch ist es eine ebenso empirische Tatsache, dass jeder Mensch im Laufe seines Lebens mit diesen Emotionen konfrontiert wird. Die These, dass Hass auf bestimmte Zustände oder Menschen etwas Widerständiges und Produktives sein kann, wird von Seyda Kurt vertreten, wobei ihre Diagnose als einseitig zu kritisieren ist, da sie die zerstörerischen Aspekte, die der Hass zweifellos besitzt, nicht wirklich berücksichtigt. Es erscheint ratsam, dem Hass mit einer gewissen ambivalenten Haltung zu begegnen. Dies impliziert, die negativen und destruktiven Effekte des Hasses ernst zu nehmen, gleichzeitig jedoch anzuerkennen, dass es Situationen und Personen gibt, die tatsächlich Hass „verdienen". Insofern wäre es tatsächlich utopisch und falsch, ein solches, gesellschaftlich lange Zeit tabuisiertes und verpöntes Gefühl ignorieren oder wegschließen zu wollen. Diese Einschätzung teilen Casiraghi und Maggiori (2019, S. 312): „Der Hass steht also an der Wiege der Kultur und nährt sie weiter. Paradoxerweise schreibt sich der Hass sogar eine Funktion der Befriedung und Stiftung von Einheit in menschlichen Gruppen zu. Er bestimmt Sündenböcke als Opfer – jemand, der von außen kommt, nicht dieselbe Hautfarbe hat, einen anderen

Glauben hat, andere Ideale verteidigt etc. Diese müssen für alles Schlechte herhalten, was der Hass austreiben oder zerstören will, um den identitären Zusammenhalt der Gemeinschaft wiederherzustellen."

Lust

Begriff und Bedeutung Das Wort „Lust" stammt etymologisch aus dem Althochdeutschen und erscheint dort als „lust" oder „lusta". Es ist eng verwandt mit dem gotischen „lustus" und dem altenglischen „lyst". Diese Wörter gehören zur germanischen Sprachfamilie und leiten sich von der indogermanischen Wurzel „*las-" ab, die „verlangen" oder „wünschen" bedeutet. Im Laufe der Zeit entwickelte sich der Begriff in den germanischen Sprachen weiter, behielt aber seine Grundbedeutung als Verlangen oder Freude bei. Im Mittelhochdeutschen heißt es „lust" und bezieht sich auf Freude, Vergnügen, Verlangen oder Neigung. Im Neuhochdeutschen entwickelte sich das Wort zu seiner heutigen Bedeutung, die sowohl körperliche als auch geistige Lust und Freude umfassen kann.[1]

Fragen wir zum Einstieg, wie das Thema Lust heute in der (post-)modernen Literatur thematisiert wird. Die Schriftstellerin Odile Kennel schreibt in ihrem Text *Lust* (2021): „Lust ist Sehnen, Streben, Mangel, ist das bereits bekannte, erhoffte, erwartete Noch-Nicht, ist drin, dabei, vielleicht zufällig, richtungslos, rhizomartig, nicht punktuell, genau am Ort (…)." (S. 11) Die Ort- und in gewisser Weise auch Zeitlosigkeit der Lust erschwert ihre Erfassung und macht sie zu einer schwer greifbaren Emotion. Sie entzieht sich einem Zugriff im Sinne einer handhabbaren Emotion und erweist sich insofern plausibler als Affekt, affektives Geschehen. Obgleich sich günstige Bedingungen für das Aufkommen von Lustgefühlen in gewisser Weise arrangieren lassen, entzünden sich diese doch im je spezifischen Moment.

Lust & Erotik – ein Differenzierungsversuch Es stellt sich die Frage, wie sich Lust und Erotik voneinander abgrenzen lassen. Der französische Soziologe und Archivar

---

[1] Vgl. dazu „Lust", in: Wolfgang Pfeifer et al., Etymologisches Wörterbuch des Deutschen (1993), digitalisierte und von Wolfgang Pfeifer überarbeitete Version im Digitalen Wörterbuch der deutschen Sprache. [letzter Zugriff am 26.07.2024].

D. J. Wetzel, *Affektregister der Gegenwart*, https://doi.org/10.1007/978-3-658-46134-8_22

Georges Bataille (1897–1962) definiert Erotik, durchaus metaphysisch angehaucht, als einen höheren Zustand der menschlichen Existenz, der über die bloße Lust hinausgeht. Soziologisch gewendet kann Erotik als ein Verlangen nach Intimität und Nähe mit einem anderen Menschen definiert werden, während der Begriff der Lust in erster Linie den physischen Aspekt von Sexualität betont. Die Wollust symbolisiert das triebhaft-animalische Begehren des Gegenübers. Idealerweise gehen Lust und Erotik eine Verbindung ein. Eine psychologische Analyse von Erotik und Lust ergibt, dass Erotik eine tiefere Verbindung zu einer anderen Person auf einer emotionalen Ebene bedeutet, während Lust tendenziell schnelles Vergnügen, beispielsweise im Sexualakt bietet.

In der allgemeinen Definition bezeichnet der Begriff der Erotik einen spirituellen und in seiner Wirkung wesentlich tiefgreifenderen Prozess als die bloße Lust. In seiner 1994 veröffentlichten und 1957 ursprünglich erschienenen Monografie *Die Erotik* untersucht Bataille das Konzept der Erotik als einen Weg, sich frei von gesellschaftlichen Konventionen zu fühlen und eine Kontrolle über alle Aspekte des Lebens zu erlangen. Er definiert sie als eine extreme Form des Ausdrucks menschlicher Emotionen und Gefühle, welche den Menschen in einen rituellen Zustand der Erregung versetzen, sodass eine Teilnahme am Rest der Welt unmöglich wird. Bataille betont zudem die spirituelle Dimension der Erotik und zeigt auf, wie eine Konzentration auf etwas Größeres als das eigene Selbst möglich wird. In einer hyperrationalen (und gleichzeitig affektgeladenen) sowie komplex organisierten Gesellschaft lässt sich eine „Erotisierung des Alltagslebens" erfahrungsgemäß nur in begrenztem Umfang realisieren. Nach dem Niedergang der klassischen Religionen manifestiert sich jedoch eine Sehnsucht nach „Wiederverzauberung" in esoterischen Bewegungen unterschiedlicher Ausprägung. Es lässt sich ein anthropologisches Bedürfnis nach einer körper- und gefühlsorientierten Daseinsweise vermuten. Nur so entsteht ein Gefühl von Lebendigkeit und Gegenwärtig sein, was als Teil einer gelingenden Lebensführung zu betrachten ist.

Lust- und Realitätsprinzip Von Sigmund Freud stammt die berühmte Unterscheidung in ein *Lust-* und ein *Realitätsprinzip* (Freud 1975, orig. 1920). Genauer unterscheidet er das Lust- und Realitätsprinzip als zwei Strukturen der psychischen Entwicklung, die miteinander in Konflikt stehen: „Unter dem Einflusse der Selbsterhaltungstriebe des Ichs wird [das Lustprinzip] vom Realitätsprinzip abgelöst, welches ohne die Absicht endlicher Lustgewinnung aufzugeben, doch den Aufschub der Befriedigung, den Verzicht auf mancherlei Möglichkeiten einer solchen und die zeitweilige Duldung der Unlust auf dem langen Umwege zur Lust fordert und durchsetzt." (1975, S. 219 f.) Das Lustprinzip kann als eine instinktive, auf unmittelbarer Befriedigung basierende Kraft definiert werden, die sich aus den grundlegenden menschlichen Trieben ableitet. Es befürwortet Handlungen, die auf die unmittelbare Erfüllung von Bedürfnissen abzielen. Demgegenüber werden Handlungen, die nicht im Einklang mit der Realität stehen oder keine weiterführende Hilfe darstellen, vom Realitätsprinzip abgelehnt. Gemeint ist damit ein handlungsleitender Ansatz, der konstruktive Ziele unter Berücksichtigung realer Umstände bevorzugt. Während das Lustprinzip vor allem bei Kleinkindern eine Rolle spielt, sollten erwachsene Menschen eher dazu neigen, das Realitätsprinzip zu berücksichtigen. In der Praxis erweist sich jedoch eine Kombination der beiden Prinzipien als besonders förderlich für die Gesundheit und das physisch-psychische Wohlbefinden.

Soziale Differenzierung Soziologisch betrachtet, ist eine Differenzierung zwischen Menschen, die über das nötige ökonomische (vor allem!), kulturelle, soziale und symbolische Kapital (Bourdieu 1992) verfügen, und denjenigen, denen diese Kapitalformen – aus welchen Gründen auch immer – fehlen, erforderlich. Während Ersteren ein Leben und Handeln nach dem Lustprinzip möglich ist, ist dies Letzteren tendenziell weniger möglich. Im Vorgang der Affizierung werden angenehme Lustgefühle unmittelbar freigesetzt, was eine gewisse Erklärung dafür liefert, dass sich so viele Menschen gerne affizieren lassen (durch andere Menschen, Tiere oder auch Smartphones). Diese Reaktion hat auch eine neurophysiologische Grundlage: Im Gehirn wird das Belohnungszentrum aktiviert und die Ausschüttung von Dopamin initiiert. Allerdings ist ein Wechsel zwischen Zuständen des Affiziert-Werdens und des Nicht-Affiziert-Werdens erforderlich, um das (unerfüllbare) Versprechen auf Triebbefriedigung aufrechtzuerhalten. Eine ultimative Triebbefriedigung, wie sie etwa im Erleben eines Orgasmus, dem sogenannten „kleinen Tod", zum Ausdruck kommt, ist naturgemäß zeitlich begrenzt und lässt sich allenfalls in eine gewisse Serialität bringen, die ihrerseits wiederum physiologischen Bedingungen und Einschränkungen unterliegt.

Geschlechterdifferentes Lustempfinden In der geschlechtsspezifischen Erforschung des Lustempfindens lassen sich biologische und psychologische Differenzen nachweisen (Döring 2022). Aufgrund biologischer Dispositionen reagieren Männer stärker auf visuelle Reize und zeigen eine direktere physiologische Erregungsreaktion, wobei ein höherer Testosteronspiegel als Einflussfaktor zu nennen ist. Bei Frauen hingegen findet eine komplexere Integration von emotionalen, kognitiven und physischen Faktoren statt, welche durch Östrogene beeinflusst wird. Die genannten Erfahrungen werden zudem durch psychologische und soziale Kontexte modifiziert. Dabei weisen Frauen tendenziell eine stärkere emotionale Verbindung zur Sexualität auf, während Männer häufig eine stärkere Fokussierung auf physische Aspekte zeigen. Diese generalisierten und stereotypisierten Muster variieren jedoch individuell und unterliegen im Laufe der Zeit einem Wandel, der durch die Emanzipation und die Vervielfältigung der Geschlechter geprägt ist.

Lacans Jouissance Der Begriff der Jouissance wurde von dem französischen Psychoanalytiker Jacques Lacan geprägt und bezeichnet eine schillernde Konzeptualisierung des menschlichen Verlangens. Diese wird als eine „unüberwindliche Barriere" beschrieben, welche die kognitive Kapazität des Subjekts limitiert. Diese Art von Lust ist nicht autonom und allein auf sexuelle Befriedigung bezogen, sondern kann in unterschiedlichen Formen auftreten, beispielsweise im religiösen Eifer oder im Wunsch nach Unsterblichkeit. Die Jouissance ist vielfach darauf ausgerichtet, eine Illusion der Unendlichkeit zu erlangen. Dies basiert auf dem Konzept des „permanenten Nichtwissens". Dieses Konzept widerspiegelt den Grundgedanken, dass Befriedigung nicht vollständig erreicht werden kann. Demnach kann Jouissance als ein Prozess der ständigen Suche nach der vollkommenen Erfüllung des Seins definiert werden, welche sich jenseits aller rationalen Erkenntnis befindet. In der folgenden Passage wird ersichtlich, dass für Lacan das Konzept der Jouissance, die Begierde und die Freiheit des Menschen zusammengehören: „Die Freiheit des Menschen ist ganz innerhalb des grundlegenden Dreiecks eingeschrieben, das gebildet wird aus dem Verzicht, den er wegen des Genusses der Früchte seiner Knechtschaft dem Begehren des anderen durch die Todesdrohung auferlegt, ferner aus dem Einverständnis mit dem Opfer seines Lebens aus Gründen, die dem menschlichen Leben sein Maß geben, und schließlich aus der selbstmörderischen Entsagung des Besiegten, die den Herrn bei seinem Sieg frustriert, indem sie ihn seiner unmittelbaren Einsamkeit überläßt." (Lacan 1996, S. 166)

Ekstase, kollektiv In der Soziologie wird der Begriff der (kollektiven) Ekstase verwendet, um die Erfahrung des Subjekts zu beschreiben, sich über das Alltägliche hinauszubegeben und in einen mystischen oder spirituellen Zustand außerhalb von Raum und Zeit zu versetzen (Leistner und Schmidt-Lux 2012). Diese Form des Transzendenten ist ein konstitutives Element des menschlichen Bewusstseins und kann als eine Art Flucht vor den Leiden und dem Unbehagen der Alltagswirklichkeit betrachtet werden. Die Teilnahme an religiösen Ritualen erfolgt mit der Intention, das beschriebene Gefühl zu erleben. Gleichwohl können auch Musik, Kunst und Meditation dazu beitragen, einen ekstatischen Zustand zu erreichen. Der Zustand der Ekstase wird vielfach als eine Form der positiven Transformation betrachtet, da er bei zahlreichen Individuen zu einem Gefühl des Wohlbefindens führt.

Gründe und Motivationen Lustgefühle können sich an verschiedenen Dingen entzünden, häufig selbstverständlich an anderen Menschen, die uns nahestehen – oder auch nicht (der Konsum von Pornos nimmt seit Jahren zu). Ebenso gut entwickeln sich Lustgefühle, beispielsweise an einem Foto oder an einer Erinnerung. Dabei treffen wir auf ein Paradoxon: Alle Lust will Ewigkeit (Nietzsche in „Also sprach Zarathustra"). Genau genommen kann sich die Lust aber nur als Erregungszustand im Moment, allenfalls in Momenten, realisieren. Das Gefühl verflacht jedoch sehr schnell, wenn die Erregung nachlässt.

Unlustgefühle Bei einer Beobachtung der Gesellschaft kann leicht der Eindruck gewonnen werden, dass das Vermeiden von Unlustgefühlen für viele Menschen in unserer Gesellschaft von zentraler Bedeutung ist. Dies wurde insbesondere im Umgang mit der Pandemie ersichtlich. Es bestand häufig keine Motivation, die Maske adäquat zu tragen. Etlichen fehlte die Bereitschaft, auf die Belange anderer Rücksicht zu nehmen. Die Entscheidung, sich impfen zu lassen, basierte auf der individuellen Abwägung, ob dies im eigenen Interesse ist oder nicht. Die mangelnde Lust, anderen die Wahrheit zu sagen oder gar zuzumuten, ist weit verbreitet. Stattdessen wird ein undurchsichtiges Spiel getrieben, bei dem die tatsächlich empfundenen Gefühle verschwiegen oder unterdrückt werden. In manchen Fällen entladen sich die Unlustgefühle auch in einer affektiven Reaktion, beispielsweise wenn jemand in Rage gerät. In solchen Fällen wäre ein Realitätssinn oder das von Freud beschriebene Realitätsprinzip durchaus angemessen.

Eine Frage des Maßes und der Vermittlung Vermutlich kommt es darauf an, fortlaufend und immer wieder aufs Neue ein vernünftiges Maß zwischen (Un-) Lust- und Realitätsprinzip zu finden.[2] Nur oder überwiegend dem Lustprinzip zu frönen, kann in einer hochgradig ausdifferenzierten und aufeinander angewiesenen Gesellschaft ebenso wenig funktionieren wie ein reines und ödes Leben nach dem Realitätsprinzip. Während es durchaus vorstellbar scheint, dass Maschinen und künstliche Intelligenzen rein und absolut dem Realitätsprinzip folgen, gehört es (noch) zu unserer anthropologischen Verfasstheit als Menschen, dass lustvolle Momente und Episoden ein wesentlicher Teil dessen sind, was wir unter einem gelingenden Leben verstehen. Die hier eingebrachte These lautet, dass es auch eine Frage der Schicht- und Milieuzugehörigkeit ist, in welchem Verhältnis Realitäts- und Lustprinzip zueinanderstehen. Je privilegierter eine Person, was sich in einer hohen Ausstattung an den Kapitalarten im Sinne Bourdieus zeigt, desto mehr ist diese in der Lage, dem Lustprinzip zu frönen, ihre Freiheiten zu genießen.

---

[2] Wie bedeutend die Frage nach dem richtigen Maß in vielen Bereichen des Lebens ist, zeigt Ralf Konersmann in seiner Arbeit *Welt ohne Maß* (2021).

Bezüge zu anderen Affekten & Emotionen Lustempfinden und Lustbefriedigung sind wesentliche Bestandteile eines erfüllten Lebens und gehören auch zu einer glücklichen Liebesbeziehung. Die Lust auf den anderen erzeugt das Gefühl der Freude und des Glücks. Gleichzeitig kann die Lust auch zu einem ambivalenten Gefühl werden. Lust und Unlust stehen in einem dialektischen Verhältnis zueinander. Erst wenn Momente der Unlust erlebt werden, wird Lust (affektiv) empfunden. Das zeigt sich deutlich bei der sogenannten Angstlust. Das eigentlich negativ konnotierte Angsterlebnis wird durch dessen Überwindung zu etwas Lustvollem, das man genießen kann. In Horrorfilmen wird gezielt mit dieser Angstlust gespielt, um bei den Zuschauern Schauer und Ängste zu erzeugen. Auch die Lektüre der Geschichten von Edgar Allan Poe löst bei den Leser:innen mitunter Angstlust aus. Wir genießen den Horror in quasi medialer Vermittlung und finden dadurch Distanz zum schrecklichen Geschehen. Des Weiteren kommt es bei der Sexsucht zu einer manischen und krankhaften Abhängigkeit von Lust und Ekstase. Dadurch entstehen Schamgefühle, die insgesamt bei Lust und deren Entäußerungen eine Rolle zu spielen vermögen.

Resümee Die Verlustanzeige in Sachen Lust und jouissance ist aus affekt- und emotionsanalytischer Perspektive zweifelsfrei eine doppelte. Lustbefriedigungen stehen uns zwar häufig und unmittelbar zur Verfügung – etwa im Internet oder mit Pornos –, dennoch beklagen sich Menschen über das Ausbleiben von Lustgefühlen. Eine wachsende Zahl von Asexuellen etwa empfindet keine Lust. Zudem scheint die Lust am Sex und die Koitusfrequenz insgesamt abzunehmen. In unseren durch den „Krisenmodus" und multiple Krisen (Umwelt, Kriege, Pandemie etc.) ausgezeichneten Gesellschaften ist es kein Zufall, dass die Lust abhandengekommen ist und sich auf Momente des Ekstatischen reduziert. Menschen suchen solche Momente und erleben diese auch in musikalischen und künstlerischen Zusammenhängen. Vermutlich ist die spürbare Ent-Erotisierung des (Alltags-)Lebens (und dessen Verlagerung auf die einschlägigen Porno-Plattformen) viel gravierender als gemeinhin angenommen. Damit einher geht eine Gleichgültigkeit und eine soziale Kälte.

Liebe

Begriff und Bedeutung Es gibt einfacheres, als die Liebe und das damit einhergehende Liebesgefühl präzise zu bestimmen. Dennoch sind die folgenden Ausführungen vielleicht doch hilfreich. Liebe, abgeleitet aus dem Mittelhochdeutschen „liebe" für „Gutes, Angenehmes, Wertes", beschreibt im engeren Sinne die intensivste Form der Zuneigung, die ein Mensch gegenüber einem anderen Menschen, einem Tier oder einem Objekt empfinden kann. Im weiteren Sinne versteht man unter Liebe eine grundlegende ethische Haltung, bekannt als „Nächstenliebe". In ersterem Kontext ist Liebe ein Gefühl oder eine innere Einstellung tiefer, positiver Verbundenheit zu einer Person, die über den reinen Zweck oder Nutzen einer Beziehung hinausgeht und sich meist durch aktives Engagement und Zuwendung zeigt. Dabei unterscheidet man nicht, „ob es sich um eine tiefe Zuneigung innerhalb eines Familienverbundes („Elternliebe") handelt, um eine enge Geistesverwandtschaft („Freundesliebe") oder ein körperliches Begehren („geschlechtliche Liebe"). Auch wenn letzteres eng mit Sexualität verbunden ist, bedingt sich auch in letzterem Falle beides nicht zwingend (z. B. sog. „platonische Liebe").["1]

Liebe als Gabe Für den französischen Philosophen Jean-Luc Marion stellt die Liebe eine Gabe ohne Gegengabe dar: „Es gibt nur einen einzigen Liebesbeweis: ohne Gegenleistung und ohne Anspruch auf Ausgleich geben, und also dabei verlieren können oder möglicherweise sich selbst verlieren können." (2015, S. 141) Diese Asymmetrie in der Liebesbeziehung, die an die Ethik der Gabe (Derrida) erinnert, stellt die Unbedingtheit des Liebens ins Zentrum der Bestimmung. Und zwar ohne Wenn und Aber. Der Liebende setzt sich bewusst der Gefahr aus, dass seine Liebe nicht erwidert wird. Er ist bereit, alles zu geben und zu exponieren, denn er möchte

---

[1] https://www.fremdwort.de/suchen/bedeutung/liebe.

© Der/die Autor(en), exklusiv lizenziert an Springer Fachmedien Wiesbaden GmbH, ein Teil von Springer Nature 2025
D. J. Wetzel, *Affektregister der Gegenwart*,
https://doi.org/10.1007/978-3-658-46134-8_23

unbedingt lieben. Die Geschichte und die Literatur sind voll von einseitiger und unerwiderter Liebe. Diese asymmetrische Form des Liebens ist sogar die einfachere, da es nicht primär auf die Reaktion des Gegenübers ankommt. Mir ist es zwar wichtig, dass er mich auch liebt, aber es ist nicht notwendig. Das Aufrechterhalten der Liebe um der Liebe willen ist letztlich wichtiger. Aurel Kolnai vertritt eine Liebesvorstellung, die in puncto Liebe zu einer Sache oder einem Gegenstand durchaus als exemplarisch bezeichnet werden kann. „Echte Liebe ist überall dort vorhanden, wo man sich ‚für' einen Gegenstand um dessen selbst, um dessen Beschaffenheit und dessen historischer Eigenart willen einsetzt, wo einem ein Gegenstand ‚teuer' ist." (2004, S. 118) Die musikalische Betätigung, sowohl das Musizieren als auch das Singen, übt auf mich eine große Faszination aus, auch wenn ich in diesen Bereichen keine Perfektion anstrebe. Die Ausübung dieser Tätigkeiten ist für mich mit einer starken emotionalen Komponente verbunden und bereitet mir in der Regel großes Vergnügen.

Affekt & Emotion   In einem *Affektregister der Gegenwart* darf die Liebe nicht fehlen. Ein eindeutiger Bestimmungsversuch erscheint schwierig oder vermessen, aber dennoch nähern wir uns dem Phänomen vor allem affekttheoretisch. Für den Philosophen Alain Badiou ist die Liebe in seinem *Lob der Liebe* (2015) ein so starkes Gefühl, weil diese eine „Erklärung der Ewigkeit" sei und „sich in der Zeit verwirklichen und entfalten muss, so gut sie kann. Ein Hinabsteigen der Ewigkeit in die Zeit" (2015, S. 45). Im Unterschied zu solchen metaphysisch angehauchten Überlegungen, stellt sich die Frage, wie sich Liebe aus affektiv-emotionssoziologischer Sicht bestimmen lässt: „»Liebe« ist ein Set von Verhaltensroutinen, das von hochspezifischen kulturellen Schemata (Einzigartigkeit des Anderen, Faszination durch dessen scheinbar banale Eigenschaften etc.) abhängt und in das ein eigentümliches Set von Affekten eingesetzt ist: das Begehren nach dem Körper des Anderen, die Sehnsucht nach dem Anderen, falls er nicht anwesend ist, der existenzielle Schmerz, wenn die Liebe nicht (mehr) erwidert wird etc. Es versteht sich, dass diese Verhaltensroutinen eng mit diskursiven Praktiken und Diskursfeldern verknüpft sind – etwa der Lektüre bestimmter Romane oder dem Betrachten bestimmter Spielfilme –, in denen die Codes und Affekte des Liebens öffentlich und zur Nachahmung repräsentiert werden. Liebesbeziehungen sind in Zeiten radikaler Vermarktlichung und den damit verbundenen Konkurrenzen unter Veränderungsdruck geraten." (Reckwitz 2016, S. 170)

Phänomenologie der (romantischen) Liebe   Die romantische Liebe wurde schon oft beschrieben und mindestens so oft als altmodisch respektive unzeitgemäß verabschiedet. Für den Systemtheoretiker Niklas Luhmann ist die romantische Liebe

„ideal und paradox, sofern sie die Einheit einer Zweiheit zu sein beansprucht. Es gilt, in der Selbsthingabe das Selbst zu bewahren und zu steigern, die Liebe voll und zugleich reflektiert, ekstatisch und zugleich ironisch zu vollziehen" (1994, S. 172). Viele Liebesbeziehungen scheitern an diesen Aufgaben. Die Geschichte der (eigenen) intimen Beziehungen lehrt uns das. Das führt zu dem bekannten Paradox, dass die meisten von uns zwar um die Unmöglichkeit einer romantischen Liebesbeziehung auf Dauer wissen, dabei aber umso hartnäckiger an diesem Ideal festzuhalten suchen. Robert Nozick schreibt diesbezüglich: „Liebe, romantische Liebe, ist der Wunsch mit dieser besonderen Person ein Wir zu bilden, das Gefühl oder vielleicht der Wunsch, daß dieser Mensch der Richtige ist, um mit ihm ein *Wir* zu bilden, und auch der Wunsch, der andere möge im Hinblick auf einen selbst ebenso empfinden." (2015, S. 274)

Gefühlstransformationen in der Zeit Eine neue Liebe beginnt immer mit dem überwältigenden Gefühl des Verliebtseins. Die Verliebten drängen zueinander und streben die Symbiose an – keine Frage. Nach einiger Zeit, Forscher:innen sprechen von vier bis fünf Jahren, verwandelt sich das Gefühl des Verliebtseins, welches durch die Biologie mit befördert wird, entweder zu einem stabileren Gefühl der Liebe oder diese gerät in Gefahr. Die Schmetterlinge im Bauch werden weniger, bis sie ganz verschwinden. Dafür wird die vertrauensvolle Liebesbeziehung zum neuen Mittelpunkt. Viele Menschen möchten jedoch nicht auf diese Gefühle des Verliebtseins verzichten. Deshalb kommt es u. a. zum Phänomen der „seriellen Liebe/Monogamie". Dadurch lösen sich romantisch begonnene Partnerschaften auf Zeit auf und werden durch neue Beziehungen ähnlichen Typs kompensiert und aufs Neue begonnen. Der Soziologe Karl Otto Hondrich stellt klar, dass Liebe den ganzen Menschen umfasst und dass diese Gefühle zwar hochindividuell ausgelebt, dabei jedoch gesellschaftlich geformt sind. „Sosehr die Liebe diesem Ideal gemäß, ganz Gefühl, ganz Gegenseitigkeit, ganz Individualität zu zweit, ganz Selbstbestimmung sein soll, sosehr ist sie doch in gesellschaftliche Normen verwoben, ja sie selbst *ist* ein solches Geflecht aus millionenfach geteilten moralischen Gefühlen und Geboten: Die Liebenden sollen sich von gleich zu gleich anziehen und verstehen. Sie sollen einvernehmlich entscheiden und die Lust und Last des Zusammenlebens teilen. Sie sollen sich auch darüber einigen, ob sie ihre Liebe weitergeben, also ob, wann und wieviel Kinder sie bekommen. Sie sollen dies alles aus freien Stücken tun etc." (2004, S. 15) Diese hier von Hondrich angesprochene Kompliziertheit der Liebe respektive der Liebesbeziehungen erfährt durch den Einzug der sog. sozialen Medien und Online-Plattformen nochmals einen Schub. Alles scheint zunehmend möglich, aber die (dauerhafte) Verwirklichung der Liebe wird dadurch nicht einfacher und das hat Gründe.

Liebe im digitalen Zeitalter, ein Fallbeispiel Die Liebe und damit auch Liebesbeziehungen müssen sich zunehmend den verlockenden Herausforderungen der virtuellen Welt stellen. Das Versprechen lautet: Die nächsten Beziehungspartner:innen sind nur einen Klick entfernt. Die israelische Soziologin Eva Illouz hat sich in ihrem Werk *Der Konsum der Romantik* (1997) und vielen weiteren Arbeiten mit der Liebe und deren Wandel im emotionalen Kapitalismus auseinandergesetzt. Sie beweist überzeugend, dass die Liebe zunehmend den Gesetzen des Marktes und der Ökonomie unterworfen wird und somit gleichsam einem Konsum unterliegt. Auch intime Beziehungen sehen sich heute mit den Parametern Effizienz, Produktivität und Optimierung konfrontiert – genauso wie die Ökonomie. Liebessuchende müssen auf Online-Plattformen ein ideales, perfektes Selbst präsentieren, um eine Chance auf ein Match und Date zu erhalten. Der Markt der Plattformen und Dating-Apps hat sich in den letzten Jahren rasant entwickelt. Es ist umstritten, ob Liebesbeziehungen, die online angebahnt werden, auch langfristig halten (Wetzel 2013).

Das folgende Ausgangsszenario dient als Fallbeispiel: Der Chatbot als Liebespartner auf der Plattform „replica" (Fulterer 2023). Auf dieser besteht die Möglichkeit, einen eigenen Avatar zu kreieren und mit diesem eine Art Liebesbeziehung zu führen. Es stellt sich die Frage, welche Motive Menschen dazu bewegen, eine Liebesbeziehung mit einem Chatbot einzugehen. Kurz gesagt: Die Vorstellungskraft übertrifft die Realität. Im Vergleich zu einem realen Liebespartner weist ein Chatbot eine Reihe von Vorteilen auf, die aus der Perspektive der Nutzer:innen von großem Vorteil sein können. Ein wesentlicher Aspekt ist die ständige Verfügbarkeit, die in Zeiten grassierender Einsamkeit von großem Wert ist. Aufgrund der integrierten KI entwickelt sich der Avatar zu einem verständnisvollen Zuhörer, der die Interessen seiner Schöpfer:innen widerspiegelt. Des Weiteren besteht die Möglichkeit, den Chatbot je nach individuellem Bedürfnis abzuschalten, was in einer Liebesbeziehung mit einem menschlichen Partner aufgrund der physischen Präsenz des Gegenübers nicht möglich ist. Ein entscheidender Aspekt ist die Fähigkeit, das Gefühl des Verliebtseins zu simulieren. Dieses Gefühl ist für die meisten Menschen von enormer Bedeutung und kann als eines der berauschendsten und erstrebenswertesten Gefühle überhaupt bezeichnet werden. Im Akt des Verliebens findet ein gegenseitiges Affiziert-Werden in der Liebesbeziehung statt. Die Funktionsweise ist bemerkenswert. Sie basiert auf der Eigenschaft des Menschen, insbesondere des Gehirns, als eine Art Projektionsmaschine zu arbeiten.

Im Rahmen der Betrachtung des Fallbeispiels erfolgt eine Annäherung an die Liebe unter Berücksichtigung von Affekten und Emotionen anhand der folgenden

Fragen: Welche Bedeutung kommt der Liebe im Kontext einer zunehmenden Virtualisierung menschlicher Beziehungen zu? Welchen Einfluss übt die künstliche Intelligenz auf unsere Gefühlswelt aus? Im Folgenden wird die These entwickelt, das virtuelle Liebesbeziehungen als „Echo-Beziehungen" bezeichnet werden können, während Offline-Partnerschaften im besten Fall als „Resonanzbeziehungen" zu erleben sind. Die Erfahrung des Rausches des (seriellen) Verliebtseins ist als ein grundlegendes menschliches Bedürfnis zu verstehen, wie bereits zuvor dargelegt wurde. In mindestens zwei Konstellationen scheint dies gegenwärtig möglich zu sein. Zum einen sind hier polyamouröse Beziehungskonstellationen zu nennen, in denen nicht nur die „Mehrfach-Liebe" (Méritt et al. 2005, Hofmann und Zimmermann 2012) als wünschenswert angestrebt wird, sondern, so die hier verfochtene These, der Zustand des wiederholten Verliebtseins in mehrere andere Personen (Wetzel 2014). Eine weitere Möglichkeit stellt die Initiierung einer virtuellen Beziehung mit einem Chatbot dar, wobei das Versprechen auf ein Sich-Verlieben gegeben wird. Dies bedeutet jedoch nicht, dass Liebesbeziehungen lediglich auf einer affektiv-emotionalen Ebene stattfinden. Vielmehr wird dadurch die Relevanz dieser Komponenten für das Zustandekommen von Liebesbeziehungen thematisiert.

Und was passiert mit den Gefühlen? Die Erkenntnis, dass technische Hilfsmittel romantische Gefühle nicht verhindern, sondern im Gegenteil deren Intensität steigern können, ist spätestens seit Studien zum Online-Dating evident (vgl. Wetzel 2013). In der Alltagswelt stellt sich nach dem Ende der biologisch nachweisbaren Phase des Verliebtseins häufig die Routine in Liebesbeziehungen ein. Der Chatbot hingegen verspricht, ein perfektes Gegenüber zu sein. Hinter dieser Entwicklung steht vielfach die Sehnsucht nach harmonischen, einfachen Beziehungen, die quasi auf Knopfdruck in Gang gesetzt werden können. Bei näherer Betrachtung erweisen sich derlei Beziehungen jedoch als „Echobeziehungen", die dadurch gekennzeichnet sind, dass sie dem einen das zurückspiegeln, was er/sie selbst dem anderen zugeschrieben hat. Folglich ist es nicht verwunderlich, dass sich Menschen während der Kommunikation mit ihrem Chatbot wohlfühlen und möglicherweise sogar sexuell aktiv sind. Der Reiz des Identischen manifestiert sich. Der Chatbot weiß im Zweifelsfall genau, was der Nutzer lesen oder hören möchte. Insofern entpuppt er sich als williges, entgegenkommendes Alter Ego mit reziproken Vorlieben und Interessen.

Im Gegensatz zu den sogenannten „Echobeziehungen" transformieren sich die beiden Liebenden in einer Liebespartnerschaft, die man als „Resonanzbeziehung" bezeichnet, stets aufs Neue. Transformation ist eine von vier Dimensionen von Resonanz, die sich in der Liebe zeigen. Der soziologische Klassiker Georg Simmel hat in seinem Fragment „*Über die Liebe*" (2004, orig. 1921/22) bereits diesen

Aspekt hervorgehoben: „Wie ich selbst als Liebender ein anderer *bin* als vorher –
denn nicht diese oder jene meiner ‚Seiten‘ oder Energien liebt, sondern der ganze
Mensch – was noch nicht eine sichtbare Änderung aller sonstigen *Äußerungen*
zu bedeuten braucht – so ist auch der Geliebte als solcher ein anderes Wesen,
aus einem anderen Apriori aufsteigend als der erkannte oder der gefürchtete, der
gleichgültige oder der verehrte Mensch." Ebenso zentral ist zweitens das Moment
der *Unverfügbarkeit*. In „wahren" oder „richtigen" Liebesbeziehungen kann ich
den anderen streng genommen nie habhaft machen, ihn für mich reklamieren.
Vielmehr muss ich mit einem Sich-Entziehen rechnen und den anderen im Zweifelsfall sein lassen. Das erinnert an die von Jean-Luc Marion bereits erwähnte
Vorstellung der Liebe als Gabe. Als dritte Dimension kommt die *Selbstwirk-
samkeit* ins Spiel. So erfahre ich mich in einer glückenden Liebesbeziehung als
selbstwirksam insofern, als ich zum Gelingen mit meinem Tun, beispielsweise
durch Beziehungsarbeit, beitragen kann. Das vierte Moment ist das *gegenseitige Affizieren*. In einer resonanten Liebesbeziehung lasse ich mich von einem
bedeutsamen anderen affizieren und affiziere diesen anderen. Um aufkommenden
Missverständnissen vorzubeugen: Dabei handelt es sich nicht um eine utopisch
überhöhte und (romantisch) idealisierte Liebesbeziehung.[2]

Widerstände und Andersartigkeit sind in solchen Liebesbeziehungen nicht nur
der Normalfall, sondern sogar essenziell, um die jeweilige Persönlichkeit reifen
zu lassen. Eine Beziehung mit einem Chatbot ist einfacher und weniger nerven-
aufreibend. Eine solche Beziehung kann nicht scheitern. Aber auch Beziehungen
zu Chatbots sind nicht unbedingt immer auf Dauer angelegt. Software-gesteuerte
Updates können Beziehungen empfindlich und nachhaltig verändern. Das kann
zu Unbehagen und Frustration führen.

Die Zukunft der Liebe Wie werden Liebesbeziehungen in der Zukunft aussehen? Die Gestaltung ist geprägt durch Vielfalt, Unkonventionalität sowie eine
Vermischung mit traditionellen Formen. Es ist anzunehmen, dass sich im Rahmen der weiteren Entwicklung eine Mischform aus „realen" Offline-Beziehungen
und Online-Beziehungen, welche durch KI gesteuert werden, herausbilden wird. In
Bezug auf eine künstliche Intelligenz zweiter Ordnung besteht die Möglichkeit, dass
anstelle von Echobeziehungen Resonanzbeziehungen entstehen. Es bleibt abzu-
warten, ob die klassische Offline-Partnerschaft in ihrer bisherigen Form weiterhin
benötigt wird und in welcher Form sie sich gegebenenfalls zukünftig manifestieren

---

[2] In der resonanten Liebesbeziehung gibt es keine Überhöhung des anderen, wie es in der
romantischen Liebesbeziehung dezidiert angestrebt wird. Im Gegenteil: Der/die andere wird
in seiner/ihrer Andersartigkeit belassen und als solche/r wertgeschätzt.

wird. Liebesverhältnisse gestalten sich höchst individuell, wobei die durchschnittliche Dauer dieser Beziehungen aller Wahrscheinlichkeit nach abnehmen wird. Im Zuge der technischen Möglichkeiten und der Pluralisierung von Lebens- und Liebesformen wird sich der Affekthaushalt der Liebenden Zug um Zug verändern und den neuen Gegebenheiten anpassen. Die Sehnsucht nach Liebesbeziehungen oder auch danach, geliebt zu werden, wird vermutlich bestehen bleiben, solange keine vollständige Transformation zu „hyperrationalen Idioten" (Illouz 2006, S. 167) stattgefunden hat.

Bezüge zu anderen Affekten & Emotionen Die Liebe steht in vielfältigen Beziehungen zu zahlreichen Affekten und Emotionen. Im Folgenden wird der Fokus auf die wesentlichen Aspekte gelegt. In Phasen des Verliebtseins manifestieren sich die Lust und die Freude als engste Verbündete der Liebenden. Zu den Emotionen, die im Kontext der Liebe eine Rolle spielen, gehören auch Freude und Trauer als komplementäre Gefühle sowie Neid und Eifersucht. Gerade letztere bleiben auch in Phasen der scheinbaren Allgegenwart potenzieller Liebespartner:innen bestehen. Die Liebe kann als „heißes" Gefühl bezeichnet werden, welches jedoch auch erkalten kann und dann sogar in Wut, Zorn und Hass umschlägt. Hass, Gleichgültigkeit sowie die Angst vor dem Verlust des anderen stellen die größten Feinde des Liebesgefühls dar. In diesem Kontext ist zudem der Narzissmus zu berücksichtigen, der in seinen heftigsten Ausprägungen für eine destruktiv-asymmetrische Liebesbeziehung sorgt. Dabei ist zu beobachten, dass sich diese Beziehung zudem mit der Bösartigkeit als einem weiteren mächtigen Verbündeten des narzisstischen Menschen konfrontiert sieht. Stabile Liebesbeziehungen sind erstrebenswerte Konstrukte, deren Etablierung jedoch stets mit Herausforderungen verbunden war und ist. In der heutigen Zeit werden Gefühle der Ambivalenz (und des Nicht-Entscheiden-Könnens) zunehmend beobachtet. Die Möglichkeiten und insbesondere das Versprechen einer neuen, möglicherweise befriedigenderen Liebesbeziehung sind durch digitale Plattformen nahezu unbegrenzt gewachsen. In der Fantasie der Menschen mag dies anders aussehen, doch die Zunahme von Einsamkeit, sozialer Kälte und Gleichgültigkeit lässt vermuten, dass die Liebe als seltene Gabe bewahrt und wertgeschätzt werden muss. Wer das Geschenk der Liebe nicht zu nehmen und vor allem auch zu erhalten weiß, lebt in einer trostlosen und resonanzarmen Welt, die es im Sinne einer gelingenden Lebensführung gerade anzustreben gilt.

Resümee Die Liebe kann als ein intensives, euphorisches, jedoch nicht zwingend dauerhaftes Gefühl definiert werden. Die Flüchtigkeit der Liebe hat im digitalen Zeitalter eher noch zugenommen, auch deshalb, weil durch die Online-Medien eine Vielzahl neuer Möglichkeiten der Partnervermittlung am „Liebesmarkt" entstanden ist. Der Liebe wird gerne einiges aufgeladen, wenn beispielsweise der chilenische Dichter Pablo Neruda schreibt: „Wenn uns schon nichts vor dem Tod rettet, sollte uns Liebe wenigstens vor dem Leben retten." Soziologisch geerdet lässt sich die Frage stellen, wie sich Liebe über einen möglichst langen Zeitraum erhalten lässt, ohne zu vergehen. Dies ist jedoch keine leichte Aufgabe. Martin Seel (2004, S. 780) präsentiert in diesem Kontext eine interessante Idee, die darin besteht, den anderen in einer Liebesbeziehung so zu akzeptieren, wie er ist, und „Zonen der Indifferenz" zu schaffen. Affekttheoretisch betrachtet, führt die Annahme, dass Liebe auf einem gleichbleibenden, konstanten und verlässlichen Niveau pendelt, zu der Schlussfolgerung, dass sich jenseits von Liebe und Hass (als starke Gefühle) eine Beziehung etablieren kann, die für die Zukunft trägt und der auch eine politische Dimension zu eigen ist. „Wo Liebe und Haß eine Pause machen, wächst ein Interesse an den Leuten, einfach weil sie Leute sind, die lieben und hassen können wie wir selber, und die wir darum lassen wollen, wie sie nun einmal sind. Der Gleichgültigkeit in der Liebe entspringt die Achtung unbestimmt vieler." (ebd., S. 781)

Freundschaft

Herkunft und Bedeutung Das Wort „Freundschaft" entstammt dem Deutschen und hat seine Wurzeln in der indoeuropäischen Sprachfamilie, zu der auch das Deutsche gehört. Es setzt sich zusammen aus den Wortteilen „Freund" und dem Suffix „-schaft", dass eine Zustands- oder Eigenschaftsbezeichnung ausdrückt. Der Begriff „Freund" wiederum stammt aus dem Alt- und Mittelhochdeutschen („friunt" im Althochdeutschen und „vriunt" im Mittelhochdeutschen), was ursprünglich „Liebender" oder „jemand, der zugetan ist" bedeutete. Diese Wortwurzel teilt sich mit dem englischen „friend" und anderen verwandten Wörtern in germanischen Sprachen. Das Suffix „-schaft" ist ein altes germanisches Suffix, das verwendet wird, um abstrakte Nomen zu bilden, die einen Zustand, eine Qualität, eine Kollektivität oder eine Zugehörigkeit bezeichnen. In diesem Fall bezeichnet „Freundschaft" die Qualität oder den Zustand von Personen, die Freunde sind oder die Eigenschaften von Freunden haben (Dudenredaktion 2020). Freundschaften unterscheiden sich von Liebesbeziehungen vor allem dadurch, dass erstere nicht institutionalisiert und dementsprechend nicht rechtlich verankert sind (Rosa 2016).

Phänomenologie und funktionale Aspekte der Freundschaft Die Erscheinungsformen von Freundschaft sind mannigfaltig, ebenso wie die Funktionen, die sie erfüllt. In seiner Besprechung aktueller Werke zur Freundschaftssoziologie kommt Walter Müller-Jentsch (2017, S. 367 f.) in seinem Fazit u. a. zu den folgenden Erträgen: „1. Freundschaft ist eine gesellschaftliche Universalie, wenngleich kulturell und – innerhalb einer Kultur – historisch variabel. 2. Freundschaft ist – in den westlichen Ländern – eine dyadische soziale Beziehung zwischen Menschen ähnlichen Alters, ähnlicher Bildung und gleichen Geschlechts, die nicht miteinander verwandt sind und auch keine Liebesbeziehung zueinander haben. […] 5. Wichtige Merkmale der Freundschaft sind: Freiwilligkeit, Intimität, Reziprozität, Gleichheit/Gleichrangigkeit (Homogenität), Dauerhaftigkeit, gelebte Praxis. 6. Zu

D. J. Wetzel, *Affektregister der Gegenwart*,
https://doi.org/10.1007/978-3-658-46134-8_24

den Funktionen von Freundschaften gehört die Fürsorge im weitesten Sinne, das heißt Unterstützungsleistungen emotionaler (Vertrauen, Beistand, sozialer Rückhalt, Selbstbewusstsein), kognitiver (Stimulation und Information) und materieller (geldliche und praktische Hilfe) Art. 7. Freundschaften kommen zustande durch räumliche und soziale Nähe in Gelegenheitsstrukturen (Fokus), die wiederholte Kommunikationen und Interaktionen ermöglichen." In vergleichbarer Art und Weise hat der Soziologe Heinz Bude in einem kurzen, überaus lesenswerten Essay die funktionalen Aspekte der Freundschaft gebündelt. Diese werde für bedeutsam erklärt „als kompensatorische Praxis der Sorge für Menschen, die weder den Banden der Familie noch den Verträgen des Wohlfahrtsstaats trauen; als intermediäre Sozialform, die Organisationsmitgliedschaften und Lebenspartnerschaften überdauert; als dialogische Begleitung lebenslanger Selbstsozialisation, die einen Anker für die eigene Biographie bildet; und schließlich als stille Ressource brauchbarer Kontakte für alle Fälle. Immer geht es um das Rätsel freiwilliger Bindungen in einer Gesellschaft der Individuen" (2017, S. 547). Im Kontext einer Pluralisierung von Lebens- und Familienformen sehen sich viele Menschen in der spät- oder postmodernen Gesellschaft mit der Herausforderung konfrontiert, dass ihnen der Verlust von Zugehörigkeit und Integration droht. Zudem besteht das Risiko, in die „Einsamkeitsfalle" zu geraten. Der Ausweg erscheint auf den ersten Blick vielversprechend, erweist sich jedoch als prekär. Bei einer Abnahme familiärer und verwandtschaftlicher Bindungen erfolgt eine Kompensation durch Freundschaften und gute kollegiale Beziehungen. Die Hyperindividualisierung stellt die Menschen jedoch vor die Herausforderung, dass die Bezüglichkeit und Verbindlichkeit von sozialen Beziehungen abnehmen und Menschen in unterschiedlichen Lebens- und Alterslagen freisetzen. Insbesondere im Kontext der Freundschaft entfalten die sog. sozialen Medien ihre ganze Ambivalenz. Obgleich Freundschaften potenziell jederzeit und überall eingegangen werden können, muss die Frage gestellt werden, ob es sich hierbei tatsächlich um Freundschaften handelt. Auf diese Problematik wird an späterer Stelle erneut eingegangen.

Der Zeitindex von Freundschaften Was oft vergessen wird: Freundschaften haben ihre Zeit – und bestehen keineswegs immer lebenslang, „Die meisten Freundschaften überstehen nur dann den Wandel der Zeiten, den Wechsel der Lebensphasen, der Orte, Haltungen und persönlichen Konstellationen, wenn man den narzisstischen Rausch des Sich-selbst-im-Gegenüber-Wiedererkennens hinter sich lässt." (Schreiber 2021, S. 51) Die Freude sowie die Wertschätzung des anderen scheinen in diesem Kontext von grundlegender Bedeutung zu sein. Diese sollte von Dauer sein, da andernfalls die Gefahr besteht, dass die Freundschaft lediglich eine Episode bleibt, die durch einen klaren Beginn und ein definierbares Ende gekennzeichnet ist. In retrospektiver Betrachtung erweist sich dieser Zeitaspekt jedoch nicht als problematisch, da es, ähnlich wie in Liebesbeziehungen, zu „Lebensabschnitts-freundschaften" kommt, die für eine gewisse Zeit vielfältige Funktionen erfüllen und dann auch wieder vergehen. Dennoch besitzen Jugend- und Studienfreund-schaften in der Regel einen besonderen Stellenwert, da sie über viele Jahrzehnte hinweg wachsen und reifen. Um die Stabilität der Freundschaft zu gewährleisten, ist es erforderlich, dass beide Beteiligten den Wert der bestehenden Freundschaft erkennen und teilen sowie Kontinuität und eine gewisse Regelmäßigkeit fördern.

Affekt & Emotion Bei Freundschaften spielen weder Affekte noch Stimmungen, zumindest auf den ersten Blick, eine entscheidende und tragende Rolle. Affekte sind weniger wichtig, denn Freundschaften brauchen Zeit, um sich zu entwickeln. Sie entstehen nicht über Nacht. In diesem Fall muss man von einer Bekanntschaft sprechen. Affektives Verhalten ist nicht geeignet, um Freundschaften zu beenden, dafür aber umso mehr, um sie zu begründen, etwa über Sympathiebekundungen. Freundschaftliche Gefühle sind natürlich trotzdem möglich, sie äußern sich in der Bezogenheit oder im Verbundenheitsgefühl gegenüber einem anderen Menschen. Entscheidend ist jedoch etwas anderes, genauer gesagt etwas Drittes, und das ist Resonanz. Resonanz lässt sich als multi-konstellatives Affektionsgeschehen ver-stehen. Dabei ist wichtig zu betonen, dass es sich nicht um ein Gefühl handelt. Vielmehr geht es um das qualitativ ausgewiesene Da-Zwischen einer Sozialbezie-hung (Wetzel 2021). Eine Antwortbeziehung bedeutet, dass etwas vom anderen zurückkommt, auch wenn es nicht übereinstimmt und nicht harmoniert. Ich lasse den anderen in einer resonanten Freundschaftsbeziehung so sein, wie er ist, und erwarte, dass mir dabei Gleiches widerfährt. Die Mischung aus Bekanntem und das Akzeptieren des Nicht-Identischen (Adorno) ist der Motor jeder Beziehung. Es macht das Miteinander reizvoll und unkalkulierbar.

Zeitdiagnostik Die Relevanz von Freundschaften wird in der einschlägigen Lite-ratur (Müller-Jentsch 2017, Derrida 2000) ebenso wenig infrage gestellt wie im privaten Umfeld. In Zeiten grassierender Einsamkeit betonen Psycholog:innen und Soziolog:innen mit Nachdruck die Bedeutung von Freundschaften, insbesondere im Alter, jedoch nicht ausschließlich in dieser Lebensphase. Dennoch sind „wahre" Freundschaften ein flüchtiges, knappes Gut in unseren Zeiten und waren es vielleicht schon immer. Der Begriff der „wahren" Freundschaft wird im Folgenden von dem der (oberflächlichen) Freundschaft abgegrenzt, welche eher als Kollegenschaft oder sogar nur als Bekanntschaft zu fassen ist. Zusammengefasst werden Freundschaften als Resonanzbeziehungen verstanden (Wetzel 2014).

Charakteristik und Kontext Und wie lassen sich diese charakterisieren? Es findet eine wechselseitige Form der Affizierung statt, bei der ein gegenseitiges „Berühren" und ein Sich-Anverwandeln in einer solchen resonanten Beziehung geschieht. Im Rahmen einer derart gefassten Freundschaftsbeziehung kommt es zu einem Transformationsprozess, in dessen Verlauf ein Drittes entsteht. Dabei findet mitunter auch eine Transformation der Beteiligten statt. Oftmals wird eine derartige Transformation erst im Nachhinein wahrgenommen. Eine wesentliche Qualität einer solchen Beziehung besteht in der Fähigkeit, andere Positionen als die eigene auszuhalten und die eigenen Gedanken durch und mit den Gedanken des anderen zu hinterfragen. Des Weiteren wird seitens der Beteiligten das Gefühl vermittelt, als Menschen akzeptiert zu werden, nicht lediglich aufgrund einer bestimmten Eigenschaft oder ähnlicher Merkmale. Daher kann es sich nicht um eine Echobeziehung handeln, die lediglich das Ziel verfolgt, Bestätigung (und nicht Anerkennung) für die eigene Position zu erlangen. Im Gegensatz zur Bestätigung durch Likes und Herzchen, welche in den sozialen Medien häufig gesucht wird, stellt Anerkennung einen intersubjektiven und reziproken Prozess dar, welcher auf Wertschätzung, Liebe und Solidarität des bzw. der anderen abzielt (Honneth 1994).

Politik der Freundschaft „Oh meine Freunde, es gibt keine Freunde", so Aristoteles in einer berühmten Passage, die von Jacques Derrida (2000, S. 17) und anderen aufgegriffen worden ist. Der entscheidende Punkt ist hier ein temporaler. Der Ausspruch besagt, dass streng genommen nur in der Vergangenheit und in der Zukunft von Freunden gesprochen werden kann. In der Gegenwartsbetrachtung, also in einem präsentischen Sinn, kann von Freund:innen keine Rede sein. Folglich lässt sich lediglich mit einer gewissen Sicherheit feststellen, dass man in der Vergangenheit Freund:innen hatte und auch zukünftig Freund:innen haben wird. Eine vollständige Garantie hierfür kann jedoch nicht gegeben werden.

Vom Nutzen und Nachteil von Freundschaften Im Rahmen von Freundschaften sind Resonanzbeziehungen, im Gegensatz zu instrumentellen Beziehungen, nur schwer zu realisieren. In diesen Beziehungen steht der Nutzen (und das Kalkül) des jeweils anderen im Vordergrund. Diese Logik impliziert, dass der oder die andere mir etwas (ein-)bringen muss, da ich andernfalls die Freundschaft nicht länger aufrechterhalten kann. In diesem Kontext wird die gängige Ausdehnung der Idee einer „Ökonomisierung" auf Sozialbeziehungen angesprochen. Daniel Strassberg schreibt: „Nur Freundschaften bilden eine Ausnahme. Sie bleiben von Gesetzen und von ökonomischen Überlegungen unberührt. Es sind die einzigen Beziehungen, die nicht bewertet und nach deren Nutzen nicht gefragt werden darf, ohne dass sie zerstört werden." (2024, S. 4) Ist dem wirklich so? Strassberg räumt ein, dass

Freundschaften durchaus asymmetrisch sein können und Freunde miteinander konkurrieren. Und dadurch zeigt sich meines Erachtens durchaus ihre Anfälligkeit für Nützlichkeitserwägungen und Instrumentalisierungen.

So lässt sich die These aufstellen, dass ein Großteil der Freundschaften auch und gerade deshalb in die Brüche geht, weil es nicht gelingt, auf Dauer aus dem anfänglich oberflächlichen und beliebigen Miteinander eine tiefere Resonanzbeziehung zu erschaffen. Instrumentelle Beziehungen sind austauschbar und weisen eine gewisse Beliebigkeit auf, während Resonanzbeziehungen von hohem Wert und nur in begrenztem Umfang verfügbar sind. Im zeitlichen Verlauf betrachtet, sind sie tatsächlich immer auch ein wenig unverfügbar, wie Hartmut Rosa im Kontext seiner Resonanztheorie herausgearbeitet hat (Rosa 2017). Diese Idee der Unverfügbarkeit erachte ich als zentral. Dies bedeutet Folgendes: Es ist nicht möglich, eine Freundschaft zu erzwingen, auch wenn dies wünschenswert wäre. Die Voraussetzung für das Gelingen einer solchen Freundschaft ist, dass beide Beteiligten darin einen besonderen (und fortlaufenden) Sinn und Wert erkennen. Andernfalls wird es zu einer dauerhaften Belastung. Im Unterschied zu den „Freund:innen" oder Follower:innen auf den sogenannten sozialen Plattformen spielt die schiere Quantität der Beziehungen keine entscheidende Rolle. Von wesentlicher Bedeutung sind vielmehr die Intensität und die Güte der Beziehungen. Diese These lässt sich wie folgt begründen: Die Erfüllung in Freundschaftsbeziehungen ist nur in wenigen, dafür aber besonders intensiven und erfüllenden Beziehungen möglich.

Ein Aspekt, der sich als Nachteil von Freundschaften oder besser gesagt als Hindernis für Freundschaften zeigt, liegt in der Konkurrenzsituation, die sich aus dem Aufeinandertreffen von Freundschaften und familiären sowie verwandtschaftlichen Banden ergeben kann. Diese Problematik ist bereits seit jeher präsent, hat jedoch durch die Zunahme diverser familiärer Lebensformen eine zusätzliche Dramatik erfahren. Im Unterschied zu Blutsverwandtschaften sind Freundschaften anfälliger für Veränderungen und weisen einen Zeitindex auf. Es besteht die Möglichkeit, dass freiwillig eingegangene Freundschaften sich im Laufe der Zeit erschöpfen und schließlich als langweilig empfunden werden. Die räumliche Distanz sowie divergierende Lebensentwürfe können dazu führen, dass sich die Interessen der Beteiligten verändern und die Kommunikation abbricht. Dennoch wird nicht selten an solchen (Nicht-mehr-)Freundschaften festgehalten, weil eine Beendigung der Beziehung für die Beteiligten vermutlich mit größeren Schwierigkeiten verbunden wäre, als die Beziehung weiterhin aufrechtzuerhalten. Auch Verwandtschaftsbeziehungen können den langsamen Tod sterben, langweilig sein oder sich zu solchen entwickeln. Dennoch besteht im Zweifelsfall die Tendenz, an ihnen festzuhalten, was mitunter auch dem Bedürfnis geschuldet ist, den Schein nach außen zu wahren und gesellschaftlichen Normen zu entsprechen.

Digitale Freundschaften als Antwort auf deren Mangel? Der Schriftsteller
Daniel Kehlmann hat jüngst darauf hingewiesen,[1] dass künstliche Freund:innen
und Lebensgefährten einen gigantischen Wachstumsmarkt darstellen, was sich beispielsweise bei dem Hype um die Firma Replica zeige. Selbstredend besteht die
Möglichkeit, dass wir uns dazu verleiten lassen, derartige künstliche Begleiter von
vornherein als nicht satisfaktionsfähig abzulehnen, wobei es hierfür gewiss triftige
Gründe gibt. Als Antwortmöglichkeit auf die Zunahme der Einsamkeit in unseren Gesellschaften müssen wir digitale Freundschaften als ernsthafte Alternative
zu Offline-Beziehungen in Betracht ziehen. Analog zur zunehmenden Relevanz
von Pflegerobotern bei absehbarem Pflegemangel erscheint auch die Entwicklung
künstlicher Intelligenz mit der Möglichkeit zur Kreation von Freundschaftscha-
rakteren, welche spezifische Aspekte von Freundschaften, wie etwa die Fähigkeit
zu einem konstruktiven, symmetrischen Gespräch, übernehmen können, vielversprechend. Oder schlichtweg verfügbar zu sein, wenn die „richtigen" Freundinnen
und Freunde wieder einmal keine Zeit für einen haben. Catrin Misselhorn (2021,
S. 110) sieht bei den „sozialen Robotern" durchaus eine andere Qualität, die gerade
auch für Freundschaften wichtig wäre: „Soziale Roboter […] initiieren von sich
aus Aktivitäten und suggerieren, eigenständig zu handeln. Sie verfügen über eine
Palette von Verhaltensweisen, und es wirkt so, als ob sie mentale Zustände hätten und eigene Bedürfnisse ausdrücken könnten. Sie reagieren auf ihre Umwelt,
insbesondere auf soziale Aspekte menschlicher Interaktionen, und sind in einem
gewissen Umfang lernfähig." Wenn dann diese sozialen Roboter noch empathisch
auftreten und Gefühle zeigen (oder vorspielen) können, ist der Weg für die Mensch-
Maschinen-Freundschaft geebnet. Bis es allerdings zu einer hier beschriebenen
richtigen Resonanzbeziehung kommt, wird es mutmaßlich noch dauern – unmöglich
dürften diese aber nicht sein.

Bezüge zu anderen Affekten & Emotionen Wie bereits dargelegt, stellt der Narzissmus einen Faktor dar, der einer Freundschaft abträglich ist. Dementsprechend
kann nicht von einem (scheinbaren) Wiedererkennen im anderen ausgegangen werden, was an eine Echobeziehung erinnert. Es muss der Wert verstanden werden,
der darin liegt, den anderen in seiner Andersartigkeit zu belassen und anzunehmen.
Die damit einhergehende Unverfügbarkeit erhebt die Freundschaft zu etwas Besonderem. Sie definiert diese als einen Ort, an dem Sympathie und Empathie spürbar
sind, Freude gemeinsam erlebt und die drohende Einsamkeit überwunden wird.
Nostalgische Gefühle sind in Freundschaften durchaus präsent, insbesondere bei
langen Zeiträumen zwischen den Treffen, in denen die gemeinsamen Erinnerungen

---

[1] So Daniel Kehlmann in der Süddeutschen Zeitung vom 6./7. Juli 2024, S. 17.

erneut aufgefrischt werden können. Ein weiteres Merkmal guter Freundschaften ist die Fähigkeit, unmittelbar nach einer Unterbrechung das Gespräch wiederaufzunehmen. Es entsteht der Eindruck, als wäre das Gegenüber gar nicht oder nur kurz abwesend gewesen. Die grundlegenden Bedingungen und Elemente der Beziehung sind bereits im Vorfeld definiert, was es den Beteiligten ermöglicht, sich im Dialog auf die wesentlichen Aspekte zu konzentrieren. In Zeiten der Pandemie wurden Freundschaften diesbezüglich einer besonderen Probe unterzogen. So wurde ersichtlich, dass grundlegende Einstellungen, etwa zur Pandemie und zum Impfen, eine Herausforderung für die Aufrechterhaltung von Freundschaften darstellen können, insbesondere wenn diese Differenzen offensichtlich wurden. Die Grenzen der Toleranz wurden schneller erreicht als angenommen. Stattdessen manifestierten sich Ärger und Wut über das Unverständnis der anderen, was nicht selten zu einer Verstärkung von Ressentiments und einer abrupten Beendigung von Freundschaften führte. Die Angst vor dem Verlust von Freundschaftsgefühlen sowie die Trauer über das Abnehmen derselben sind Bestandteile des menschlichen Daseins. Der Versuch, verlorene Freundschaften durch neue zu ersetzen, gestaltet sich mit zunehmendem Lebensalter oft schwieriger. Die Sehnsucht nach Gemeinschaft und nach gelebten Freundschaften (auch im Kollektiv) bleibt jedoch ein Leben lang bestehen. Das lustvolle Miteinander, das gemeinsame Feiern, die gemeinsamen Reisen und Erlebnisse stellen für die überwiegende Mehrheit der Menschen wesentliche Elemente einer gelingenden Lebensführung dar.

Resümee Dass es nicht die eine (richtige) Form von Freundschaft gibt, wird jeder Mensch, der Freundschaften er- und gelebt hat, unumwunden bestätigen. Die Arbeitskollegin oder die Kameradschaft mit Gruppenmitgliedern sind allenfalls Beziehungen, die sich in Freundschaften transformieren können. Die vielfach beschworenen Netzwerke oder der Einfluss schwacher Beziehungen treten in gewisser Weise in Konkurrenz zu einem anspruchsvollen Freundschaftskonzept. Freundschaften stellen eine wertvolle Form sozialer Beziehungen dar, die in gewissem Maße als unberechenbar und nicht vollständig verfügbar betrachtet werden sollten, um ihre Unabhängigkeit von Nützlichkeitserwägungen zu bewahren. Eine als Resonanzbeziehung verstandene und gelebte Freundschaft ermöglicht die Entwicklung und Aufrechterhaltung einer fruchtbaren Beziehung, in der die Reduktion des anderen auf das Eigene vermieden wird. In einer derart verstandenen Freundschaftsbeziehung transformieren sich Freund:innen auf die je eigene Weise. Innerhalb einer gewissen Zeitspanne kann ein gemeinsamer Gegenort im Sinne einer U-Topie etabliert werden, der sich den Banalitäten des Alltags entzieht. Dieses gleichsam „Dritte" stellt ein Geschenk eines Miteinanders dar, von dem alle Beteiligten zehren. Der hohe Anspruch eines solchen Konzeptes verweist darauf, dass

„wahre" oder „richtige" Freundschaften in der heutigen Welt, die von Eigen- und Nützlichkeitsorientierung geprägt ist, eher selten, aber dadurch umso bedeutsamer sind. Mit anderen Worten: Freundschaften sind (und waren) immer sehr bedeutsam, bei gleichzeitiger steigenden Unmöglichkeit ihrer Realisierung. Die Konstitution von Sinn erfolgt in der Welt in erster Linie über intensive und beständige Sozialbeziehungen. „Atomisierte Subjekte" im Sinne von Charles Taylor mögen zwar (beruflich) erfolgreich und ökonomisch wohlsituiert sein, demgegenüber ist bei den genannten Individuen jedoch ein dauerhaftes Gefühl der Verbundenheit vergleichsweise wenig ausgeprägt, zudem wird der Wert des Sozialen häufig nicht anerkannt. Dagegen wird in einer etwa bei Derrida entwickelten „Politik der Freundschaft" diese,[2] wie Bude konstatiert, „zum Statthalter einer „undarstellbaren Gemeinschaft" (Nancy 1988), die den Widerspruch zwischen kündbaren Beziehungen und unkündbaren Verpflichtungen aushält uns zu ihrem Gesetz macht" (2017, S. 554). Betont wird dabei gleichzeitig die Offenheit (aber auch Revidierbarkeit) und die Verbindlichkeit, die einer solchen, sozialen Beziehung zu eigen ist.

---

[2] Die klassische Arbeit „The Strength of Weak Ties" dazu stammt von dem Soziologen und Wirtschaftswissenschaftler Mark Granovetter aus dem Jahr 1973.

Gemeinschaftsgefühl & kollektive Verbundenheit

Begriff und Bedeutung Der Begriff Gemeinschaftsgefühl steht im allgemeinen Sprachgebrauch für das Erleben der Verbundenheit von Mitgliedern einer Gruppe untereinander. Der Psychoanalytiker Alfred Adler definiert den Begriff „Gemeinschaftsgefühl" umfassender als im allgemeinen Sprachgebrauch, nämlich als eine Verbundenheit mit dem Ganzen des Lebens und die Fähigkeit zur Mitarbeit und Mitmenschlichkeit innerhalb einer Gemeinschaft unter dem Aspekt der Ewigkeit. Für Adler ist dieses Gemeinschaftsgefühl angeboren; in den frühen Phasen seiner individualpsychologischen Lehre ging er sogar von einer physiologischen Grundlage aus, eine Annahme, die er später verwarf. Erziehungsfehler der Pflegepersonen eines Kindes können das Gemeinschaftsgefühl stören und führen immer zur Entwicklung eines Minderwertigkeitsgefühls, welches Adler als den Kern aller Lebensprobleme und neurotischen Fehlentwicklungen betrachtet. Bei ungestörter Entwicklung des Gemeinschaftsgefühls entstehen positive Beziehungen zu Mitmenschen, wie Zärtlichkeit, Nächstenliebe, Freundschaft und Liebe.[1]

Affekt & Emotion Für das Entwickeln von Gemeinschaftsgefühlen braucht es Zeit, was dafürspricht, diesen Zustand als (überdauernde) Emotion und nicht klassisch als Affekt zu begreifen. Rauber sieht im Gemeinschaftsgefühl allerdings einen „abgeleiteten Affekt mit der Intension (sic!) nach Beziehung" (2003, S. 26). Für ihn „werden die trennenden Affekte neutralisiert und die verbindenden Affekte gefördert" (ebd.). In der hier vorgeschlagenen Terminologie wird der Begriff „Affekt" durch den Begriff „Emotion" ersetzt. Insofern jedoch Gemeinschaften zu Panikgemeinschaften mutieren und deren Mitglieder sich gegenseitig anstecken und zu

---

[1] Vgl. dazu der Eintrag zum Gemeinschaftsgefühl auf www.schwabeonline.ch [letzter Zugriff am 31.07.2024).

irrationalem Verhalten neigen, ist eine andere Vorgehensweise erforderlich. In diesem Kontext sind affektive Momente von entscheidender Bedeutung, da diese durch ihre Eigenschaft der Nicht-Kontrollierbarkeit und Nicht-Handhabbarkeit definiert werden.

Gewarnt werden muss an dieser Stelle von einer Überfrachtung des Gemeinschaftsgefühls, wie es beispielsweise in der folgenden Passage zum Ausdruck kommt: „Gemeinschaftsgefühl äußert sich als Mitmenschlichkeit, Sachlichkeit, Logik im Denken, Bereitschaft zur Leistung, Bereitschaft zur Hingabe an das Erlebnis der Natur und Kunst und schließlich als Bereitschaft zur Verantwortung für alles Tun, Vorstellen, Denken und Empfinden." (Brinskele 2014, S. 161)

Gegenwartsdiagnose Die gegenwärtige (immer noch nicht beendete!) Pandemie sowie das damit einhergehende Virus verdeutlichen, dass kollektive Affekte und Emotionen eine wesentliche Herausforderung für unsere durchorganisierten, hyperrationalen, jedoch auch hochgradig verletzlichen Gesellschaften darstellen. Diese Erkenntnis hat sich in den letzten Jahren zunehmend durchgesetzt. Sozial- und Gesellschaftstheorien sowie Gegenwartsdiagnosen sind folglich gefordert, sich dieser Herausforderung zu stellen, dass in unseren komplexen Gesellschaften – und nicht nur bei diesen – Affekte und Emotionen in ihren vielfältigen Erscheinungsweisen ein anderes Bild von uns, genauer von unseren Welt- und Selbstbeziehungen nahelegen. Die Korrektur (hyper-)rationalistischer oder spieltheoretischer Ansätze hat bereits begonnen. In bisherigen Erklärungsversuchen werden Affekte und Emotionen häufig als störend, unterbrechend und insgesamt eher negativ wahrgenommen. Diese Annahme muss jedoch nicht zwangsläufig zutreffen. In diesem Kontext erweist sich eine detaillierte Untersuchung des Verhältnisses zwischen Affekten, Emotionen und der Sphäre des Rationalen sowie des Vernünftigen als unerlässlich. Eva Illouz warnt davor, dass eine übermäßige Rationalisierung zu einer Art „hyperrationalen Idiotie" führen könnte (Illouz 2006). Eine weitere Komplexitätssteigerung ergibt sich aus der Tatsache, dass es sich nicht um ein Entweder-Oder handelt, sondern um ein Gemisch aus verschiedenen Einflussfaktoren. Zum einen sind wir tatsächlich vernunftbegabte Wesen, zum anderen jedoch anfällig für Irrationalitäten und Spinnereien. In diesem Kontext ist eine Differenzierung zwischen kollektiven Affekten, wie sie beispielsweise bei einem Konzert oder Fußballspiel erlebt werden, und Verbundenheitsgefühlen erforderlich. Letztere zielen im Unterschied zu ersteren auf Dauer und Beständigkeit ab. Diese Problematik ist jedoch nicht trivial, da spätestens seit dem 19. Jahrhundert wichtige Fragen immer wiederkehrender Natur aufgeworfen werden. Wie gelingt es uns, das berühmte soziale Band herzustellen und zu verstetigen? Oder gibt es vielleicht gar nicht länger ein einzelnes und einigendes Band? Vielmehr könnte es viele Bänder geben, die sich gerade dadurch auszeichnen, dass diese sich nicht mehr zu einem Band flechten lassen?

Verbundenheit Ich bin der festen Überzeugung, dass wir diese und ähnliche Fragen nicht allein der Vernunft und dem Vertrauen in Verträge überlassen können. Die Begriffe „Wir-Gefühl" sowie „Solidarität" implizieren bereits, dass es sich hierbei um Emotionen handelt, die sich nicht einfach in rationaler Art und Weise verordnen lassen. Andernfalls wäre zu vermuten, dass wir aus der Pandemie mehr gelernt hätten. Es bedarf folglich eines wie auch immer gearteten Gemeinschaftsgefühls sowie eines Gefühls der kollektiven Verbundenheit. Es ist daher nicht verwunderlich, dass sich der französische Philosoph Michel Serres in seinem letzten Buch *Das Verbindende. Ein Essay über Religion* (2021) mit der Frage nach dem Verbindenden auseinandersetzt. Warum eigentlich? „Weil gegenüber diesen verstreuten, zerschnittenen, zerstückelten Elementen alle zeitgenössischen Probleme sich als Transversalen, als interdisziplinär, inter-ministerial, inter-professionell darstellen und nur von mehreren Vertretern divergenter Meinungen, Fähigkeiten, Expertisen gelöst werden können – unter dem sanften Einfluss eines Vereinfachers, der diese neue Kunst des Denkens verkörpert. Die Kunst des Webens, Knüpfens und Verknüpfens, des Verhandelns auch, tritt an die Stelle des *Discours de la méthode*. Den Heroldsstab des Hermes zieren zwei ineinander verflochtene Schlangen." (2021, S. 224/225) In dieser Passage werden zwei Dinge ersichtlich: Einerseits die Notwendigkeit des Zusammenführens, des Konstruierens von etwas Verbindendem, dem wir zweifellos zustimmen können. Gleichwohl manifestiert sich andererseits eine damit einhergehende Ambivalenz, an deren Horizont Gefahren lauern. Exemplarisch seien hier das Bild der „verflochtenen Schlange" sowie das des „sanften Einflusses eines Vereinfachers" angeführt. Es ist anzunehmen, dass diese Ambivalenz nicht auflösbar ist, sondern lediglich ausgehalten werden kann.

Das Gefühl der Verbundenheit mit der Welt, mit sich selbst und mit anderen Individuen kann als eine der grundlegendsten Emotionen betrachtet werden. Erst das Fehlen dieser Erfahrung schärft unser Bewusstsein für den Mangel. Es steht die Frage im Raum, welche Auswirkungen das Fehlen des Gefühls der Verbundenheit mit anderen auf das Individuum hätte. Zu befürchten sind atomisierte, vereinzelte Wesen – eine Beschreibung, die von Charles Taylor und anderen in durchaus kritischer Weise bereits vorgenommen wurde. Das Bedürfnis nach Verbundenheit und die Hoffnung auf eine Antwort von außen („Is there anybody out there?", Pink Floyd) im Sinne einer Resonanzerfahrung in und mit der Welt lässt uns als suchende Menschen begreifen, die nach Wärme und nicht nach sozialer Kälte streben (Rosa 2011).

Die Gefahr einer instrumentellen, strategischen und kalten Beziehungsform, die in spät- oder postmodernen Gesellschaften zunehmend an Bedeutung gewinnt, liegt in der pandemischen Verbreitung dieser Beziehungsform, die zwar als nicht erstrebenswert, aber als alternativlos wahrgenommen wird. Die Frage nach den Gründen für diese Entwicklung ist von zentraler Bedeutung. Diese Tatsache ist nicht als Irrtum oder etwas weiter Erstaunliches zu bewerten, sondern kann mit einem kurzen Moment des Nachdenkens erfasst werden. Die Erklärung ist trivial: Viele Menschen versprechen sich von dieser Form der Beziehung Vorteile, die sie in der Regel auch erzielen. Diese Vorgehensweise ist durchaus rational. Das von Menschen an ihrem eigenen Erfolg, Macht und Gewinn orientierte Handeln kann einfacher umgesetzt werden als in einem häufig langwierigen, kommunikativen Verfahren, bei dem ein Stück weit immer auch offen ist, was dabei herauskommt. Status, Prestige und materieller Wohlstand – inwiefern entziehen sich Individuen faktisch diesem kapitalistisch-bürgerlichen Wertekanon? Aus dieser Perspektive lassen sich die genannten Ziele einfacher und bequemer erreichen, indem das eigene Umfeld strategisch eingebunden und letztlich den eigenen Interessen untergeordnet wird. Der entscheidende Aspekt dabei ist, dass dies dem Gegenüber nicht direkt bewusst gemacht wird. Unter dem Deckmantel der Kooperation, zuweilen auch der Freundschaft, manifestiert sich in solchen, zunehmend instrumentellen Beziehungen mitunter das individuelle Interesse, insbesondere im Kontext des gut gemeinten Ratschlags, des coachenden Gesprächs etc. In der Konsequenz fühlen sich die Betroffenen von ihren Freunden missbraucht oder zumindest ein wenig ausgenutzt. Zugegeben werden muss, dass die Grauzonen ein entschiedenes Entgegentreten gegenüber solchen Praktiken erschweren, mitunter gar unmöglich machen. Dies ist darauf zurückzuführen, dass ein Verlust des Freundes oder der Freundin nicht riskiert werden soll. Auch hier manifestiert sich unser nur allzu menschlicher Wunsch, als soziales Wesen auf der sozialen Ebene integriert, anerkannt und möglicherweise sogar wertgeschätzt zu werden (Pelluchon 2019). Der Verlust des Status als „gefragte Person" oder das Fehlen von Kontaktaufnahmen (dies gilt auch für die sog. sozialen Medien) führt zu einer Wahrnehmung von Einsamkeit, Verlust und des Nichtmehrgebrauchtwerdens. In Verbindung mit diesen Prozessen entwickelt sich bei den Betroffenen ein Gefühl der Entfremdung und des Nichtdazugehörens, was mit einer erheblichen psychischen Belastung einhergeht. Im schlimmsten Fall kann dies zu einer Traumatisierung führen und ein Gefühl des sozialen Todes zu Lebzeiten hervorrufen. Die Frage, ob es Möglichkeiten gibt, diesem entgegenzuwirken, kann nur mit einem ambivalenten Ergebnis beantwortet werden.

Für und wider Gemeinschaften In diesem Kontext ist festzuhalten, dass Gemeinschaften dazu dienen, den zuvor erwähnten unangenehmen Gefühlen entgegenzuwirken. Traditionelle und neuere Gemeinschaften leben davon, ihren Mitgliedern das Gefühl des Aufgehobenseins, der Geborgenheit und der Verbundenheit zu vermitteln. In religiösen Kontexten wird dies häufig durch einen „Akt der Nächstenliebe" zum Ausdruck gebracht. In Anbetracht der Aufklärung und der Verderbtheit kirchlicher Institutionen sowie der bestehenden Konflikte zwischen den Weltreligionen ist es jedoch erforderlich, primär nicht religiös aufgeladene Gemeinschaften zu fördern. Notwendig sind kollektive Gebilde, die sich mit einer gemeinsamen Zielsetzung für ein übergeordnetes Anliegen einsetzen, beispielsweise für die Bekämpfung des Klimawandels oder des Artensterbens. Auf individueller Ebene wird ein Beitrag geleistet – oder eben auch nicht. Es ist jedoch evident, dass dies nicht ausreichen wird. Vielmehr muss es zu einem Wandel auf der kollektiven Bewusstseinsebene sowie vor allem auf der Ebene kollektiver und individueller Praktiken kommen. Der Erfolg dieses Unterfangens ist jedoch nur zu erwarten, wenn Affekte und Emotionen in die Überlegungen mit einbezogen werden und deren Zulassung gewährleistet ist. Die vorliegende Untersuchung sollte dazu beitragen, die Anteile und die Bedeutsamkeit dieser Faktoren besser zu verstehen. Dies war zumindest auch ein erklärtes Ziel meiner Bemühungen.

Bezüge zu anderen Affekten & Emotionen Das Gemeinschaftsgefühl sowie das Denken und Leben in kollektiver Verbundenheit erweisen sich als grundlegende Elemente für die Entwicklung vielfältiger Sozialbeziehungen und der damit einhergehenden Gefühle. In intimen Liebesbeziehungen sowie Freundschaften stellt es ein zentrales Element dar. Die Abgrenzung von Dritten, die in unterschiedlichem Maße erfolgreich ist, führt zur Bildung exklusiver Liebesgemeinschaften. Auch in Freundschaften ist die Zweierbeziehung, etwa die zu einem besten Freund oder einer besten Freundin, durch Gemeinschaftsgefühle geprägt. Gleichzeitig impliziert die Vergemeinschaftung nach innen eine Exklusion aller anderen, wie dies etwa in Religionsgemeinschaften oder politischen Gemeinschaften der Fall ist. In diesem Kontext ist zu beobachten, dass Hass, Wut und Ressentiments als negative, mitunter zerstörerische Emotionen und Affekte das Zusammenleben verschiedener Gemeinschaften in der Gesellschaft erschweren. Andererseits manifestiert sich im Zuge des Gemeinschaftsgefühls bei zahlreichen Mitgliedern eine gewisse Sympathie sowie ein spezifisches empathisches Vermögen im Umgang miteinander. Insofern ist das Phänomen der Gemeinschaftsgefühle von Ambivalenz geprägt. Für den in Gemeinschaft befindlichen Menschen kann es vorteilhaft sein, sich der positiven Gefühle der anderen gewiss zu sein. Für den nicht integrierten oder gar ausgegrenzten Menschen stellt das Gemeinschaftsgefühl der anderen ein Problem dar, was Neid und Missgunst zu evozieren vermag.

Resümee Gemeinschaftsgefühle besitzen einen ambivalenten Charakter. Sie fundieren Liebesbeziehungen einerseits, andererseits vermögen sie den Hass und die Ressentiments zu schüren, denn die Gemeinschaft der einen, ist oder beruht prinzipiell auf dem Ausschluss der anderen.[2] So sehr sie eine gemeinschaftsstiftende Bedeutung für die (exklusive) Gruppe haben, so deutlich separieren diese Gefühle die anderen, die nicht zur Gemeinschaft gehören und demzufolge auch keine Gemeinschaftsgefühle entwickeln sollen. Die Organisation von Menschen in Gemeinschaften ist ein Phänomen, das sich durch die Geschichte der Menschheit zieht und mit einer Vielzahl von Implikationen für die involvierten Individuen einhergeht. Die kollektive Verbundenheit, welche auch eine Orientierung am Gemeinwohl impliziert, ist in der heutigen Zeit des Hyperindividualismus und des Eigennutzes von essenzieller Bedeutung. Es kann als sinnvoll erachtet werden, Formen der Kollektivität und des Miteinanders nicht primär auf Affekten und Emotionen zu gründen, wobei deren Bedeutung in vielen Kontexten keineswegs negiert werden soll. Die Sorge um das „Wir", andere Formen der Solidarität und der Verbundenheit sind nicht nur, aber eben auch Gegenstand der politisch-kulturellen

---

[2] Niemand hat das besser auf den Punkt gebracht als Franz Kafka in seiner Erzählung Gemeinschaft (1992, orig. 1936, S. 138–139): „Wir sind fünf Freunde, wir sind einmal hintereinander aus einem Haus gekommen, zuerst kam der eine und stellte sich neben das Tor, dann kam oder vielmehr glitt so leicht, wie ein Quecksilberkügelchen gleitet, der zweite aus dem Tor und stellte sich unweit vom ersten auf, dann der dritte, dann der vierte, dann der fünfte. Schließlich standen wir alle in einer Reihe. Die Leute wurden auf uns aufmerksam, zeigten auf uns und sagten: „Die fünf sind jetzt aus diesem Haus gekommen." Seitdem leben wir zusammen, es wäre ein friedliches Leben, wenn sich nicht immerfort ein sechster einmischen würde. Er tut uns nichts, aber er ist uns lästig, das ist genug getan; warum drängt er sich ein, wo man ihn nicht haben will. Wir kennen ihn nicht und wollen ihn nicht bei uns aufnehmen. Wir fünf haben zwar früher einander auch nicht gekannt, und wenn man will, kennen wir einander auch jetzt nicht, aber was bei uns fünf möglich ist und geduldet wird, ist bei jenem sechsten nicht möglich und wird nicht geduldet. Außerdem sind wir fünf und wir wollen nicht sechs sein. Und was soll überhaupt dieses fortwährende Beisammensein für einen Sinn haben, auch bei uns fünf hat es keinen Sinn, aber nun sind wir schon beisammen und bleiben es, aber eine neue Vereinigung wollen wir nicht, eben aufgrund unserer Erfahrungen. Wie soll man aber das alles dem sechsten beibringen, lange Erklärungen würden schon fast eine Aufnahme in unsern Kreis bedeuten, wir erklären lieber nichts und nehmen ihn nicht auf. Mag er noch so sehr die Lippen aufwerfen, wir stoßen ihn mit dem Ellbogen weg, aber mögen wir ihn noch so sehr wegstoßen, er kommt wieder."

Agenda. Fritz Breithaupt formuliert die Kernaussage, dass das Denken in der Wir-Form von entscheidender Bedeutung ist, in einer prägnanten Weise. „Wer einmal in der Kategorie des Wir denkt, wird auch leichter etwas für den anderen Tun." (2017, S. 210)

Fazit: soziale und affektiv-emotionale Energie, KI und die gelingende Lebensführung

Die vorliegende Publikation unternimmt den Versuch, die wesentlichen Affekte und Emotionen der Gegenwart aus einer soziologisch-philosophischen Perspektive zu beleuchten. Nach meinem Dafürhalten handelt es sich dabei um zentrale Affekte und Emotionen, die ein *Affektregister der Gegenwart* darstellen, auch wenn dieses nicht umfassend und vollständig ist. Es beschreibt die angeführten Affekte und Emotionen jedoch in ihren wichtigsten Aspekten und Dimensionen und thematisiert bzw. legt ihre Bezüge zueinander offen.[1] In Analogie zu Sigmund Freud sind wir zu Beginn der Vermutung nachgegangen, dass, „wo Affekt war, Emotion werden soll". Diese Vorgehensweise hatte durchaus ihren Reiz (auch aus Gründen der Handhabbarkeit), denn Emotionen werden gemeinhin als besser beeinflussbar und regulierbar erachtet als die oftmals als frei flottierend wahrgenommenen Affekte. Lässt sich die Beherrschung von Affekten durch deren Transformation in Emotionen, als ein weiterer Aspekt eines instrumentellen Selbst-, Sozial- und Weltverhältnisses erklären? Diese Suggestion impliziert eine rationale(re) Umgangsweise mit Affekten, die in ihrer Reinform jedoch nicht existiert. Es erscheint daher sinnvoller, Affekte zunächst als solche zu identifizieren, anzuerkennen und zu verstehen. Affekte strömen auf Menschen ein, kommen von außen auf diese zu und sind, im Unterschied zu Emotionen, wesentlich nicht kontrollier- und manipulierbar. In diesem Zusammenhang ist auch zu berücksichtigen, dass Affekte, nicht nur in der Psychologie, häufig als basale Grundlage

---

[1] Selbstredend haben einige Affekte & Emotionen keinen direkten Einzug in dieses Affektregister gefunden, darunter beispielsweise die Sanftheit (Dufourmantelle 2013), das Vertrauen, die Verachtung etc.

für die Ausbildung von Emotionen dienen. Eine ernsthafte Betrachtung verdient hingegen die gängige Funktionalisierung von Affekten, beispielsweise in den sogenannten sozialen Medien, in der Politik oder auch in kulturellen und künstlerischen Zusammenhängen. In diesem Zusammenhang stellt sich die Frage nach dem Rahmen, nach einer allfälligen Einordnung oder eben „Verortung" von Affekten und Emotionen.

Die Frage nach den sozialen und emotionalen Energien
In meiner Lesart fügt sich das Nachdenken über wichtige Affekte und Emotionen in unserer Gesellschaft in den Rahmen sozialer und affektiv-emotionaler Energien ein (Rosa 2024). Positive „emotionale Energie" lässt sich mit Randall Collins als ein Ergebnis verschiedener Interaktionssituationen begreifen (Collins 2004). Diese Energie steht etwas unspezifisch für „a feeling of confidence, elation, strength, enthusiasm, and initiative in taking action" (Collins 2004, S. 49, zitiert in Greve (2012, S. 183). Dabei ist der (zwischen-)leibliche Bezug zum anderen von essenzieller Bedeutung. „Emotionale Energie variiert in dem Maße, in dem die Anwesenden in die Gefühle und Körperrhythmen der anderen verstrickt werden und in den allgemeinen Brennpunkt der Aufmerksamkeit geraten." (Collins 2004, S. 35) Thomas Kron ergänzt das einseitig auf positive Energie fokussierende Konzept um das der „negativen emotionalen Energie" (2020, S. 116), welche als „Ergebnis nicht gelungener Interaktion" zu verstehen sei. Während sich der Begriff der emotionalen Energie in einem soziologischen Sinne enger auf die konkreten Interaktionen (und Interaktionsrituale) auf der Mikroebene bezieht, erstreckt sich der Begriff der sozialen Energie in meinem Verständnis über diese hinaus. So umfasst soziale Energie nicht nur menschliche Interaktionen, sondern auch größere soziale Einheiten wie Gruppen, Gemeinschaften, ganze Gesellschaften und deren Verflechtung mit den Dingen. Die hierbei zirkulierenden affektiven Ströme sind Teil eines energetischen (Kreislauf-)Geschehens, welches sich durch eine hohe Relationalität sowie einen wesentlichen, unbewussten Ablauf auszeichnet. Hartmut Rosa unternimmt erste Bestimmungsversuche in diesem Feld, wobei er sich von einem metaphysischen, substanzorientierten Energiebegriff löst. Ihm zufolge bedarf es eines Konzepts „zirkulierender sozialer Energie", welches das klassische Input-Output-Modell überwindet und dessen Umsetzung letztlich bei den Individuen zu Erschöpfung führt. Dies muss jedoch nicht zwangsläufig der Fall sein, denn: „Anstrengung führt zu Energiegewinn, wenn ihr subjektiver Fokus auf der Tätigkeit selbst, auf dem „Throughput" liegt, und sie führt zu Erschöpfung, wenn er auf der Input-Output-Beziehung ruht." (Rosa 2024) Um eine gewisse Balance im Energiehaushalt zu erreichen, erweist sich die Frage

nach dem nutzenorientierten Einsatz von Ressourcen und den daraus resultieren-
den Erträgen als wenig zielführend, da diese letztlich in eine Art Abwärtsspirale
mündet: Es muss ein immer größerer Input geleistet werden, um einen Output
zu erzielen, der als erträglich, besser gesagt als Gewinn, wahrgenommen wird.
Diese Entwicklung führe, so Rosa, auf lange Sicht in die Erschöpfung und letztlich zum Burn-out (vgl. dazu auch Neckel und Wagner 2013). Dass es sich dabei
um eine genuin westlich-kapitalistische Interpretation sozialer Energien handelt,
zeigt ein Blick auf vergleichbare Konzepte in Asien oder in Afrika, wo beispielsweise *(Lebens-)Energie* fundamental in Denken und Handeln der Menschen
verankert sei (Diagne 2022).[2] Die hier diskutierten Affekte und Emotionen lassen
sich gemäß der dargelegten Argumentation in den Strom zirkulierender sozialer
Energien einfügen. Dies eröffnet die Möglichkeit, diese nicht länger primär als
positiv oder negativ zu qualifizieren, sondern genauer bestimmen zu können, welchen Anteil die jeweilige Emotion, der jeweilige Affekt für ein funktionierendes
Selbst-, Sozial- und Weltverhältnis besitzt.

Die Frage der Künstlichen Intelligenz
Die soeben thematisierten Selbst-, Sozial- und Weltverhältnisse sehen sich mit
der Herausforderung konfrontiert, dass die Künstliche Intelligenz eine nachhaltige
Transformation eben dieser Verhältnisse eingeleitet hat, die sich möglicherweise
sogar in einer dramatischen Weise manifestiert. Als eine der größten Herausforderungen, nicht nur, aber eben auch für das Identifizieren respektive das Umgehen
mit Affekten und Emotionen, erweist sich bereits gegenwärtig der steigende Einfluss von Künstlicher Intelligenz, ChatGPT etc. Die Verschiebung der Grenze
zwischen menschlicher und nicht-menschlicher Intelligenz, wie sie bereits in Filmen wie „Her" (2013) oder „Ex Machina" (2014) thematisiert wurde, ist seit
Längerem Gegenstand wissenschaftlicher und öffentlicher Debatten. In Bezug auf
die entsprechenden Affekte und Emotionen wurde bereits dargelegt, dass digitale
Freundschaften (Roboter, Avatare etc.) und Liebesbeziehungen rein menschliche
soziale Beziehungen auch zukünftig nicht vollständig ersetzen werden, jedoch
eine entscheidende Ergänzung und Veränderung derselben darstellen. Diese Auffassung wird von Catrin Misselhorn geteilt. „Da das menschliche Sozialverhalten
stark auf Emotionen beruht, ist es naheliegend, dass auch künstliche Systeme
Emotionen berücksichtigen müssen, sofern sie mit Menschen zu tun haben. Wenn
Mensch und Maschine sozial miteinander interagieren sollen, kommt es darauf

---

[2] Auch Rosa sieht diese Gefahr eines einseitigen, eurozentristischen Verständnis sozialer
Energien, ohne ihr allerdings bislang wirklich begegnen zu können. Interessanterweise stellt
sich für sein Konzept der Resonanz ein vergleichbares Problem.

an, das künstliche Systeme menschliche Emotionen zuverlässig erkennen, einordnen und sozial angemessen darauf reagieren können. Sie brauchen jedoch nicht zwangsläufig selbst über Emotionen zu verfügen, um diese Ziele zu erreichen." (2021, S. 12 f.) Bereits heute affizieren Maschinen Menschen und bedienen sich dabei verschiedener Affekte; was jedoch bislang den Maschinen „fehlt", sind die eigenen Emotionen und deren Handhabung. Gegenwärtig besteht weiterhin Forschungsbedarf hinsichtlich der Frage, inwiefern eine starke KI (zweiter Ordnung) in der Lage ist, Affekte und Emotionen nicht nur zu registrieren, zu simulieren und anzuwenden, sondern auch im klassischen Sinn zu „empfinden". Wie bei den meisten technischen Neuerungen werden daraus sowohl positive als auch negative Konsequenzen für das Individuum und die Gesellschaft resultieren.

Die Frage der gelingenden Lebensführung
Im Verlauf der Ausarbeitung wurde ersichtlich, dass der Versuch, ein (stets auch subjektiv gefärbtes) *Affektregister der Gegenwart* zu skizzieren, auf eine zentrale Fragestellung abzielt. Im Hintergrund steht das übergeordnete Thema der individuellen Suche nach einem guten, möglichst gelingenden Leben sowie einer gelingenden Lebensführung. Meine Grundintuition besagt, dass Affekte und Emotionen eine enorme, oftmals unterschätzte Rolle dabei spielen. Folglich ist die Auseinandersetzung mit dem individuell, sozial und kulturell geprägten *Affektregister* eine Form der (Selbst-)Aufklärung. Das Ergebnis ist, dass der Einzelne als Mensch besser dasteht, da eine besser informierte, emanzipierte und aufgeklärtere Lebensführung möglich wird. Diesbezüglich ist zunächst festzuhalten, dass die Kenntnis der eigenen Affekte und Emotionen sowie die Akzeptanz ihrer gleichwertigen Existenz neben den performativen Fiktionen der Rationalität zu einem besseren Verständnis der eigenen Person führt. Eine gelingende Lebensführung ist demnach möglich, wenn die Fähigkeit zur Integration von Affekten und Emotionen in den Gefühlshaushalt gegeben ist. Dies gilt für die Mikro-, Meso- und Makroebene gleichermaßen, wobei eine gegenseitige Durchdringung dieser Ebenen zu beobachten ist. Die Komplexität und Schwierigkeit eines solchen Unterfangens wächst mit der Anzahl der Beteiligten, wobei diese von Individuen über Gruppen bis hin zu Gesellschaften reichen kann.

Es sei an dieser Stelle noch einmal hervorgehoben, dass es nicht das Ziel ist, negative (und auch vermeintlich positive) Affekte und Emotionen auszugrenzen, zu leugnen oder auch zu glorifizieren. Vielmehr muss auch die Akzeptanz dieser Affekte und Emotionen erfolgen, was bei den vorgeblich eher positiv konnotierten Affekten und Emotionen unmittelbarer zuzugestehen leichter fällt. Wie Martin Seel darlegt, zielt die Suche nach einer gelungenen individuellen Lebensführung darauf ab, „das Leben so zu führen, wie es von dem Subjekt dieses Lebens bejaht werden kann, und dies bis zu einem gewissen Grad unabhängig davon, ob seine wichtigsten Ziele sich erfüllt haben, erfüllt werden oder überhaupt erfüllen können" (2003, S. 205). Die Akzeptanz, Integration und Respektierung von Affekten und Emotionen stellen wesentliche Elemente dar, die es zu berücksichtigen gilt. Sowohl der Ausschluss als auch die Ignoranz oder gar Überbetonung von Affekten und Emotionen bergen für den Menschen sowie für Gesellschaften ein gewisses Gefahrenpotenzial. In Anlehnung an die Tradition der Philosophie identifiziert Seel die Neugier als wichtigste Haltung. Diese sollte nach ihm auch im Umgang mit der Welt an den Tag gelegt werden. In diesem Sinne möchte ich die Hoffnung äußern, dass die Neugier geweckt wurde, sich mit den hier versammelten Affekten und Emotionen zu beschäftigen. Von noch größerer Bedeutung ist jedoch, dass diese Neugier nicht erlischt.

Literatur

Angerer, M.-L. (2007). *Vom Begehren nach dem Affekt*. Zürich: diaphanes.

Angerer, M.-L. (2021). Theoretische und politische Elemente eines affektiven Gefüges. In S. Witzgall & M. Kesting (Hrsg.), *Politik der Emotionen/ Macht der Affekte* (S. 99–110). Zürich: diaphanes.

Badiou, A. (2015). *Lob der Liebe*. Mit N. Truong. 2. überarbeitete Auflage. Wien: Passagen-Verlag.

Battaglia, D. (2020). *Was mein Leben sinnvoll macht. Über persönliche Werte, Selbstbestimmung, das Altern und das Sterben*. Zürich: Beobachter-Edition.

Battegay, C. (2023). Ambivalenz: Der Nutzen des Nicht-Entscheidens. *Geschichte der Gegenwart*. https://geschichtedergegenwart.ch/ambivalenz-der-nutzen-des-nicht-entscheidens/.

Bauman, Z. (1995). *Moderne und Ambivalenz. Das Ende der Eindeutigkeit*. Hamburg: Hamburger Edition.

Bauman, Z. (2000). *Liquid Modernity*. Cambridge: Polity Press.

Bauman, Z. (2003). *Liquid Love. On the Frailty of Human Bonds*. Cambridge: Polity Press.

Benkel, T. (2011). Die Idee des Ekels: Analyse einer Affekt(konstrukt)ion. *Psychologie und Gesellschaftskritik*, 35(1), 9–29.

Berberich, C. (2022). *Deprofessionalisierung der Pflege. Coolout als inhärente Grundlage einer unauflösbaren deprofessionellen Berufswirklichkeit?* Wiesbaden: Springer VS.

Bethmann, S. (2013). *Liebe – Eine soziologische Kritik der Zweisamkeit*. Weinheim und Basel: Beltz Juventa.

Beyer, M. (2022). Von der Emotion zum Affekt und wieder zurück? Aktuelle Entwicklungen in der Emotionssoziologie. *Soziologische Revue*, 45(1), 61–76.

Blumenthal, S.-F. (2018). Ethnographisches Forschen zu Affekten. Eine methodische Annäherung an Scham. In M. Huber & S. Krause (Hrsg.), *Bildung und Emotion* (S. 397–412). Wiesbaden: Springer VS.

Boehm, O. (2022). *Radikaler Universalismus. Jenseits von Identität. Universalismus als rettende Alternative*. Berlin: Propyläen.

Böhme, G. (2013). *Atmosphäre. Essays zur neuen Ästhetik*. Berlin: Suhrkamp.

Böhme, H. (2018). Müdigkeit, Erschöpfung und verwandte Emotionen im 19. und frühen 20. Jahrhundert. In T. Fuchs, L. Iwer & S. Micali (Hrsg.), *Das überforderte Subjekt. Zeitdiagnosen einer beschleunigten Gesellschaft* (S. 27–51). Berlin: Suhrkamp.

© Der/die Herausgeber bzw. der/die Autor(en), exklusiv lizenziert an Springer Fachmedien Wiesbaden GmbH, ein Teil von Springer Nature 2025
D. J. Wetzel, *Affektregister der Gegenwart*,
https://doi.org/10.1007/978-3-658-46134-8

Bohrer, K. H. & Scheel, K. (Hrsg.) (2004). *Ressentiment! Zur Kritik der Kultur.* Stuttgart: Klett-Cotta (Sonderheft Merkur 58:9/10).

Bourdieu, P. (1992). *Die verborgenen Mechanismen der Macht. Schriften zu Politik & Kultur 1.* Hamburg: VSA-Verlag.

Breithaupt, F. (2009). *Kulturen der Empathie.* Frankfurt am Main: Suhrkamp.

Breithaupt, F. (2017). *Die dunklen Seiten der Empathie.* Berlin: Suhrkamp.

Breithaupt, F. (2022). *Das narrative Gehirn. Was unsere Neuronen erzählen.* Berlin: Suhrkamp.

Bude, H. (2016). *Das Gefühl der Welt. Über die Macht von Stimmungen.* München: Hanser.

Bude, H. (2017). Soziologie der Freundschaft. *Berliner Journal für Soziologie,* 27, 547–557.

Bundesministerium für Familie, Senioren, Frauen und Jugend. Referat Öffentlichkeitsarbeit. (2023). Strategie der Bundesregierung gegen Einsamkeit. https://www.bmfsfj.de/res ource/blob/234584/9c0557454d1156026525fe67061e292e/2023-strategie-gegen-einsam keit-data.pdf.

Butler, J. (1998). *Haß spricht. Zur Politik des Performativen.* Berlin: Berlin Verlag.

Butler, J. (2001). *Psyche der Macht. Das Subjekt der Unterwerfung.* Frankfurt am Main: Suhrkamp.

Casiraghi, C. & Maggiori, R. (2019). *Archipel der Leidenschaften. Kleine Philosophie der großen Gefühle.* München: C. H. Beck.

Cassin, B. (2021). *Nostalgie. Wann sind wir wirklich zuhause?* Berlin: Suhrkamp.

Charim, I. (2022). *Die Quellen des Narzissmus. Über freiwillige Unterwerfung.* Wien: Zsolnay.

Ciompi, L. (2013). *Gefühle, Affekte, Affektlogik. Ihr Stellenwert in unserem Menschen- und Weltverständnis.* Wien: Picus.

Clough, P. T. with Halley, J. (2007). *The Affective Turn. Theorizing the social.* Durham and London: Duke University Press.

Collins, R. (2004). Interaction Ritual Chains. Princeton and Oxford. Princeton University Press.

Collins, R. (2011). Dynamik der Gewalt. Eine mikrosoziologische Theorie. Hamburg: Hamburger Edition.

Deleuze, G. & Guattari, F. (2000). *Was ist Philosophie?* Frankfurt am Main: Suhrkamp.

Demmerling, C. & Landweer, H. (2007). *Philosophie der Gefühle. Von Achtung bis Zorn.* Stuttgart: J.B. Metzler.

Diagne, S.B. (2022). *Bergson postkolonial.* Wien: Passagen.

Di Cesare, D. (2022). *Das Komplott an der Macht.* Berlin: Matthes & Seitz.

Döring, N. (2022). Weibliche Lust im 21. Jahrhundert: Alles ist anders, alles bleibt gleich …? *Zeitschrift für Sexualforschung,* 35(02), 69–72.

Dombek, K. (2016). *Die Selbstsucht der anderen. Ein Essay über Narzissmus.* Berlin: Suhrkamp.

Dudenredaktion (Hg.) (2020). *Duden. Das Herkunftswörterbuch.* 6., vollständig überarbeitete, und erweiterte Auflage. Berlin: Dudenverlag.

Duerr, H. P. (1994). *Der Mythos vom Zivilisationsprozeß, Band 1: Nacktheit und Scham.* Frankfurt am Main: Suhrkamp.

Dufourmantelle, A. (2013). *Puissance de la douceur.* Préface de Catherine Malabou. Paris: Payot & Rivages.

Durkheim, É. (1994). *Die elementaren Formen des religiösen Lebens*. Frankfurt am Main: Suhrkamp.

Eckert, J. (2019). *Gesellschaft in Angst? Zur theoretisch-empirischen Kritik einer populären Zeitdiagnose*. Bielefeld: transcript.

Ehrenberg, A. (2004). *Das erschöpfte Selbst. Depression und Gesellschaft in der Gegenwart*. Frankfurt/New York: Campus.

Ehrenberg, A. (2011). *Das Unbehagen in der Gesellschaft*. Berlin: Suhrkamp.

Elias, Norbert (1989): *Über den Prozeß der Zivilisation. Soziogenetische und psychogenetische Untersuchungen*. 2 Bände. Frankfurt am Main: Suhrkamp.

Eßbach, W. (2022). Gemeinschaft – Rassismus – Biopolitik. In ders., *Interdisziplinäre Kreuzungen* (S. 139–151). Wiesbaden: Springer VS.

Feldman, L. (2017). *How Emotions are Made: The Secret Life of the Brain*. Houghton Mifflin Harcourt.

Fleury, C. (2023). *Hier liegt Bitterkeit begraben. Über Ressentiments und ihre Heilung*. Berlin: Suhrkamp.

Freud, S. (1989). Das Unheimliche. In ders., *Psychologische Schriften* (Studienausgabe Band IV, S. 241–274). Frankfurt am Main: S. Fischer. (Originalarbeit veröffentlicht 1919).

Freud, S. (1975). Jenseits des Lustprinzips. In ders., *Psychologie des Unbewußten* (Studienausgabe Band III). Frankfurt am Main: S. Fischer. (Originalarbeit veröffentlicht 1920).

Freud, S. (1975). Zur Einführung des Narzissmus. In ders., *Studienausgabe Band III*. Frankfurt am Main: S. Fischer. (Originalarbeit veröffentlicht 1914).

Fuchs, T. (2014). Verkörperte Emotionen. Wie Gefühl und Leib zusammenhängen. *Psychologische Medizin*, 25(1), 13–20.

Fukuyama, F. (2019). *Identität. Wie der Verlust der Würde unsere Demokratie gefährdet*. Hamburg: Hoffmann und Campe.

Fulterer, R. (2023). Verliebt in einen Chatbot. *Neue Zürcher Zeitung*, 23.09.2023.

Gebauer, G. (2004). Das Ressentiment denkt: Rousseau – Nietzsche – Heidegger. In K. H. Bohrer & K. Scheel (Hrsg.), *Ressentiment!* (S. 762–773). Stuttgart: Klett-Cotta.

Gebauer, J. E., et al. (2018). Mind-body practices and the self: yoga and meditation do not quiet the ego but instead boost self-enhancement. *Psychological Science*, 0956797618764621. https://doi.org/10.1177/0956797618764621.

Glosch, K. (2001). „Cela m'était égal". Zur Inszenierung und Funktion der Gleichgültigkeit – in der französischen Literatur des 20. Jahrhunderts. Stuttgart Weimar: J. B. Metzler.

Goffman, E. (2003). *Wir alle spielen Theater. Die Selbstdarstellung im Alltag* (10. Auflage). München: Piper.

Graefe, S. (2015). Subjektivierung, Erschöpfung, Autonomie: eine Analyseskizze. *Ethik und Gesellschaft*, 2, 2015. https://doi.org/10.18156/eug-2-2015-art-3 (Zugriff am 10.06.2024).

Granovetter, M. (1973). The Strength of Weak Ties. *American Journal of Sociology*, 78, 1360–1380.

Grasshoff, Friederike Zoe (2024): Einsam, das sind nicht nur die anderen, in: *Süddeutsche Zeitung* vom 12. Juli 2024.

Gregg, M. & Seigworth, G. J. (2010). *The Affect Theory Reader*. Durham & London: Duke University Press.

Greve, J. (2012). Emotionen, Handlungen und Ordnungen: Überlegungen zu Randall Collins In A. Schnabel & R. Schützeichel (Hrsg.), *Emotionen, Sozialstruktur und Moderne* (S. 181–199). Wiesbaden: Springer VS.

Hähnel, M., Schlitte, A. & Torkler, R. (Hrsg.). *Was ist Liebe? Philosophische Texte von der Antike bis zur Gegenwart.* Stuttgart: Reclam.

Hahn, A. (2024). Affekt und Emotion als hermeneutisches Problem. In ders., *Horizonte der Kommunikation* (S. 363–378). Wiesbaden: Springer VS.

Halbwachs, M. (1985, orig. 1925). *Das Gedächtnis und seine sozialen Bedingungen.* Frankfurt am Main: Suhrkamp.

Halbwachs, M. (2001, orig. 1947). Gefühle und Gesellschaft. In ders., *Kollektive Psychologie. Ausgewählte Schriften* (S. 67–77). Konstanz: UVK.

Haubl, R. (2001). *Neidisch sind immer nur die anderen.* München: C.H. Beck.

Heinz, A. (2003). Irre Lüste und lustloses Irren. Konstruktionen von Lust und Begehren im 20. Jahrhundert. In D. Schöttker (Hrsg.), *Philosophie der Freude* (S. 175–186). Leipzig: Reclam.

Herding, K. & Krause-Wahl, A. (Hrsg.) (2007). *Wie sich Gefühle Ausdruck verschaffen. Emotionen in Nahsicht.* Taunusstein: Driesen.

Herzog, L. (2019). *Politische Philosophie.* Stuttgart: UTB (Wilhelm-Fink).

Hochschild, A. R. (1990). *Das gekaufte Herz. Die Kommerzialisierung der Gefühle.* Frankfurt am Main: Campus. (Originalarbeit veröffentlicht 1983).

Hoff, M. (2006). Die Kultur der Affekte. Ein historischer Abriss. In A. Krause-Wahl, H. Oehlschläger & S. Wiemer (Hrsg.), *Affekte. Analysen ästhetisch-medialer Prozesse* (S. 20–32). Bielefeld: Transcript.

Hofmann, I. & Zimmermann, D. (2012). *Die andere Beziehung. Polyamorie und philosophische Praxis.* Stuttgart: Schmetterling Verlag.

Hondrich, K. O. (2004). *Liebe in den Zeiten der Weltgesellschaft.* Frankfurt am Main: Suhrkamp.

Honneth, A. (1994). *Kampf um Anerkennung. Zur moralischen Grammatik sozialer Konflikte.* Frankfurt am Main: Suhrkamp.

Hübl, P. (1999). *Die aufgeregte Gesellschaft. Wie Emotionen unsere Moral prägen und die Polarisierung verstärken.* C. Bertelsmann.

Illouz, E. (1997). Eine alles verzehrende Liebe. In dies., *Der Konsum der Romantik. Liebe und die kulturellen Widersprüche des Kapitalismus* (S. 107–150). Frankfurt/New York: Campus.

Illouz, E. (2006). *Gefühle in Zeiten des Kapitalismus. Adorno-Vorlesungen 2004.* Frankfurt am Main: Suhrkamp.

Illouz, E. (2011). *Warum Liebe weh tut. Eine soziologische Erklärung.* Berlin: Suhrkamp.

Illouz, E. (2023). *Undemokratische Emotionen. Das Beispiel Israel.* Berlin: Suhrkamp.

Jaeggi, R. (2016). *Entfremdung. Zur Aktualität eines sozialphilosophischen Problems.* Frankfurt am Main: Suhrkamp.

Jakoby, N. (2012). Trauer als Forschungsgegenstand der Emotionssoziologie. In R. Schützeichel & A. Schnabel (Hrsg.), *Emotionen, Sozialstruktur und Moderne* (S. 407–424). Wiesbaden: VS Verlag.

Joas, H. (1996): *Die Kreativität des Handelns.* Frankfurt am Main: Suhrkamp.

Kafka, F. (1992). Gemeinschaft. In ders., *Zur Frage der Gesetze und andere Schriften aus dem Nachlaß* (S. 138–139). Frankfurt am Main: Fischer.

Kamhuber, S. (2024). Warum ist uns der eine sympathisch – und der andere nicht? *ZEIT Online*, 4. Mai 2024.

Kant, Immanuel (2000). Anthropologie in pragmatischer Hinsicht. *XII: Schriften zur Anthropologie, Geschichtsphilosophie, Politik und Pädagogik*. Frankfurt am Main: Suhrkamp.

Kastner, H. (2014). *Wut. Plädoyer für ein verpöntes Gefühl*. Wien: Kremayr & Scheriau.

Kaufmann, J.-C. (2008). *Was sich liebt, das nervt sich*. Konstanz: UVK-Verlag.

Kennel, O. (2021). *Lust. Edition Poeticon*. Berlin: Verlagshaus Berlin.

Kergel, D. (2022). *Erziehung zur Wut. Diversität und Bildung im digitalen Zeitalter*. Wiesbaden: Springer VS.

Kestel, C. (2011). Wir überschätzen uns. *Harvard Business Manager*, 8/2011.

Kierkegaard, S. (1996). *Der Begriff Angst*. (L. Richter, Übers.) Frankfurt/Main: Europäische Verlagsanstalt. (Originalarbeit veröffentlicht 1844).

Kohlberg, L. (1996). Die Psychologie der Moralentwicklung. Frankfurt am Main: Suhrkamp.

Kohut, H. (2021). *Narzißmus. Eine Theorie der psychoanalytischen Behandlung narzißtischer Persönlichkeitsstörungen*. Frankfurt am Main: Suhrkamp. (Originalarbeit veröffentlicht 1976).

Körner, J. (2004). Ressentiments und Gegenressentiments. In K. H. Bohrer & K. Scheel (Hrsg.), *Ressentiment!* (S. 924–933). Stuttgart: Klett-Cotta.

Kolnai, A. (2007). *Ekel, Hochmut, Haß. Zur Phänomenologie feindlicher Gefühle*. Frankfurt am Main: Suhrkamp.

Konersmann, R. (2021). *Welt ohne Maß*. Frankfurt am Main: S. Fischer.

Korsgaard, C. M. (2021). *Tiere wie wir. Warum wir moralische Pflichten gegenüber Tieren haben*. München: C.H. Beck.

Kron, T. (2020). Gewalt und soziale Energie. *Österreichische Zeitschrift für Soziologie* (2020) (Suppl 1) 45, 113–134.

Kuchler, B. & Beher, S. (Hrsg.) (2014). *Soziologie der Liebe. Romantische Beziehungen in theoretischer Perspektive*. Berlin: Suhrkamp.

Kurt, S. (2023). *Hass. Von der Macht eines widerständigen Gefühls*. Hamburg: HarperCollins.

Lacan, J. (1996). Funktion und Feld des Sprechens und der Sprache in der Psychoanalyse. In ders., *Schriften I* (S. 71–169). Berlin: Weinheim.

Lasch, C. (1995). *Das Zeitalter des Narzißmus*. Hamburg: Hoffmann und Campe. (Originalarbeit veröffentlicht 1979).

Latour, B. (2018). *Das terrestrische Manifest*. Berlin: Suhrkamp.

Leistner, A. & Schmidt-Lux, T. (2012). Konzentriertes Fallenlassen. Ansätze einer Soziologie der Ekstase. In R. Schützeichel & A. Schnabel (Hrsg.), *Emotionen, Sozialstruktur und Moderne* (S. 317–333). Wiesbaden: VS Verlag.

Lindemann, G. (2022). Die ökologische Gewalt fordert längst Opfer. *Die ZEIT*, 11. November 2022.

Lüscher, K. (2011). Über Ambivalenz. *Forum Psychoanalyse*, 27, 323–327.

Luhmann, M. (2023). Gefühle: „Einsamkeit ist ein Spektrum". *Süddeutsche Zeitung*, 22.12.2023.

Luhmann, N. (1994). *Liebe als Passion. Zur Codierung von Intimität*. Frankfurt am Main: Suhrkamp.

Maiwald, K.-O. & Sürig, I. (2019). *Mikrosoziologie. Eine Einführung*. Wiesbaden: Springer VS.

Mandeville, B. (2023). *Die Bienenfabel.* (W. Euchner, Einl.) Frankfurt am Main: Suhrkamp. (Originalarbeit veröffentlicht 1724).

Mannion, O. (2011). Reading Facebook through Lacan. *New Zealand Sociology,* 26(1), 143–154.

Marion, J.-L. (2015). Das Erotische. Ein Phänomen. In M. Hähnel et al. (Hrsg.), *Was ist Liebe?* (S. 137–148). Stuttgart: Reclam.

Massumi, B. (1995). The Autonomy of Affect. *Cultural Critique,* 31, 83–109. JSTOR https://doi.org/10.2307/1354446 Zugriff am 15. Juli 2024.

Matthew, E. S., Ellis, R. J., Schlaug, G., & Loui, P. (2016). Brain connectivity reflects human aesthetic responses to music. *Social Cognitive and Affective Neuroscience,* 11(6), 884–891.

Mausfeld, R. (2019). *Angst und Macht. Herrschaftstechniken der Angsterzeugung in kapitalistischen Demokratien.* Frankfurt/Main: Westend.

Mausfeld, R. (2023). *Hybris und Nemesis.* Frankfurt/Main: Westend.

Mead, G. H. (1988). *Geist, Identität und Gesellschaft.* Frankfurt am Main: Suhrkamp. (Originalarbeit veröffentlicht 1934).

Méritt, L., Bührmann, T., & Schefzig, N. B. (Hrsg.) (2005). *Mehr als eine Liebe. Polyamouröse Beziehungen.* Berlin: Orlanda Frauenverlag.

Misselhorn, C. (2021). *Künstliche Intelligenz und Empathie. Vom Leben mit Emotionserkennung, Sexrobotern & Co.* Stuttgart: Reclam.

Mitscherlich, A. & Mitscherlich, M. (2020). *Die Unfähigkeit zu trauern. Grundlagen kollektiven Verhaltens* (27. Auflage). München: Piper. (Originalarbeit veröffentlicht 1967).

Müller, H.-P. (2004). Soziale Ungleichheit und Ressentiment. In K. H. Bohrer & K. Scheel (Hrsg.), *Ressentiment!* (S. 885–894). Stuttgart: Klett-Cotta.

Müller-Jentsch, W. (2017). Freundschaftssoziologie – eine neue Bindestrich-Soziologie. *Soziologische Revue,* 40(3), 356–368.

Neckel, S. (1993). Achtungsverlust und Scham. In H. Fink-Eitel & G. Lohmann (Hrsg.), *Zur Philosophie der Gefühle* (S. 244–265). Frankfurt am Main: Suhrkamp.

Neckel, S. (1999). Blanker Neid, blinde Wut? Sozialstruktur und kollektive Gefühle. *Leviathan,* 1, 145–165.

Neckel, S. (2014). *BURNOUT. Das gesellschaftliche Leid der Erschöpfung. Transit. Europäische Revue,* 46, 116–130.

Neckel, S. (2021). Eingesperrt: der Groll. *Merkur,* 75(5), 81–87.

Neckel, S. & Wagner, G. (2013). Erschöpfung als ‚schöpferische Zerstörung'. Burnout und gesellschaftlicher Wandel. In dies., *Leistung und Erschöpfung. Burnout in der Wettbewerbsgesellschaft* (S. 203–217). Berlin: Suhrkamp.

Nietzsche, F. (1988). *Die fröhliche Wissenschaft.* In G. Colli & M. Montinari (Hrsg.), *Kritische Studienausgabe* (Bd. 3, S. 343–651). Berlin/New York: de Gruyter.

Nozick, R. (2015). Vom richtigen guten und glücklichen Leben. In M. Hähnel (Hrsg.), *Was ist Liebe?* (S. 272–285). Stuttgart: Reclam.

Nussbaum, M. C. (2002). *Konstruktion der Liebe, des Begehrens und der Fürsorge. Drei philosophische Aufsätze.* Stuttgart: Reclam.

Nussbaum, M. C. (2014). *Politische Emotionen. Warum Liebe für Gerechtigkeit wichtig ist.* Berlin: Suhrkamp.

Nussbaum, M. C. (2019). Zorn als Kind der Angst. In dies., *Königreich der Angst. Gedanken zur aktuellen politischen Krise* (S. 86–121). Darmstadt: WBG.

Nusser, K.-H. (1974). Gleichgültigkeit. In J. Ritter (Hrsg.), *Historisches Wörterbuch der Philosophie*. Basel: Schwabe Verlag. https://doi.org/10.24894/HWPh.1364.

Opitz, S. (2014). Zur Soziologie der Affekte. Resonanzen epidemischer Angst. In J. Fischer & S. Moebius (Hrsg.), *Kultursoziologie im 21. Jahrhundert* (S. 269–280). Wiesbaden: Springer VS.

Ott, M. (2010). *Affizierung. Zu einer ästhetisch-epistemischen Figur*. München: edition text + kritik.

Paris, R. (2010). *Neid. Von der Macht eines versteckten Gefühls*. Waltrop und Leipzig: Manuscriptum.

Pelluchon, C. (2019). *Ethik der Wertschätzung. Tugenden für eine ungewisse Welt*. Darmstadt: Wissenschaftliche Buchgesellschaft.

Piketty, T. (2022). *Eine kurze Geschichte der Gleichheit*. München: C. H. Beck.

Pfaller, L. & B. Wiese (2018). *Stimmungen und Atmosphären. Zur Affektivität des Sozialen*. Wiesbaden: Springer VS.

Pfaller, R. (2022a). *Zwei Enthüllungen über die Scham*. Frankfurt/Main: S. Fischer.

Pfaller, R. (2022b). Scham. Interview mit J. Rothhaas. *Süddeutsche Zeitung*, 18./19. Juni 2022, 50.

Plessner, H. (1975). *Die Stufen des Organischen und der Mensch*. Berlin und New York: de Gruyter.

Priddat, B. (2012). Die Leere der Fülle. *Kursbuch*, 171, 11–28.

Probst, P. (1992). Ressentiment. In J. Ritter & K. Gründer (Hrsg.), *Historisches Wörterbuch der Philosophie* (Bd. 8, S. 920–924). Basel: Schwabe.

Rackow, K., Schupp, J. & von Scheve, C. (2012). Angst und Ärger: Zur Relevanz emotionaler Dimensionen sozialer Ungleichheit. *Zeitschrift für Soziologie*, 41(5), 392–409.

Rancière, J. (2012). *Der Hass der Demokratie*. Berlin: August.

Reckwitz, A. (2016). Praktiken und ihre Affekte. In H. Schäfer (Hrsg.), *Praxistheorie: Ein soziologisches Forschungsprogramm* (S. 163–180). Bielefeld: transcript Verlag.

Reckwitz, A. (2019). *Die Gesellschaft der Singularitäten. Zum Strukturwandel der Moderne*. Berlin: Suhrkamp.

Reckwitz, A. (2021). Auf dem Weg zu einer Soziologie des Verlusts. https://www.soziopolis. de/auf-dem-weg-zu-einer-soziologie-des-verlusts.html [letzter Zugriff am 03.08.2024].

Rehberg, K.-S. (1997). Die Angst vor dem Glück. Anthropologische Motive. In A. Bellebaum et al. (Hrsg.), *Glücksvorstellungen. Ein Rückgriff in die Geschichte der Soziologie* (S. 153–176). Opladen: Westdeutscher Verlag.

Rosa, H. (2011). Is there anybody out there? Stumme und resonante Weltbeziehungen als monomanischer Analysefokus im Werk Charles Taylors. In: M. Kühnlein & M. Lutz-Bachmann (Hrsg.), *Unerfüllte Moderne? Neue Perspektiven auf das Werk von Charles Taylor* (S. 15–43), Frankfurt am Main: Suhrkamp.

Rosa, H. (2016). *Resonanz. Eine Soziologie der Weltbeziehung*. Berlin: Suhrkamp.

Rosa, H. (2024). Social Battery. Was ist soziale Energie? *Die ZEIT*, 14.01.2024.

Rosa, H., et al. (2013). *Soziologische Theorien*. Konstanz und München: UTB.

Sandel, M. J. (2020). *Vom Ende des Gemeinwohls. Wie die Leistungsgesellschaft unsere Demokratien zerreißt* (2. Auflage). Frankfurt: S. Fischer.

Sauerborn, E. (2022). Alain Ehrenberg: Das erschöpfte Selbst. Depression und Gesellschaft in der Gegenwart. In K. Senge et al. (Hrsg.), Schlüsselwerke der Emotionssoziologie (S. 135–143). Wiesbaden: Springer VS.

Schäfer, H. (Hrsg.) (2016). *Praxistheorie. Ein soziologisches Forschungsprogramm*. Bielefeld: transcript.

Scheler, M. (1955). Das Ressentiment im Aufbau der Moralen (1. Aufl. 1915). In M. Scheler (Hrsg.), *Vom Umsturz der Werte. Abhandlungen und Aufsätze* (S. 33–134). Bern: Francke.

Scherke, K. (2024). *Emotionssoziologie*. Bielefeld: transcript.

Scheve, C. v. & Berg, A. L. (2018). Affekt als analytische Kategorie der Sozialforschung. In L. Pfaller & B. Wiese (Hrsg.), *Stimmungen und Atmosphären* (S. 27–50). Wiesbaden: Springer VS.

Schmitt, C. S. & Clark, C. (2006). Sympathy. In J. E. Stets & J. H. Turner (Hrsg.), *Handbook of the Sociology of Emotions* (S. 467–492). Springer.

Schneider, L. (2021). *Scham*. 2. Auflage. Berlin: Edition Poeticon.

Schöttker, D. (Hrsg.) (2003). *Philosophie der Freude. Von Freud bis Sloterdijk*. Stuttgart: Reclam.

Schreiber, D. (2021). *Allein*. Berlin: Hanser.

Schröder, C. (2022). Wunderressource Empathie? Empathie, Politik und Macht in der Sozialen Arbeit. *Sozial Extra*, 5, 350–355.

Schütze, P. (2021). From Affective Arrangements to Affective Milieus. *Frontiers in Psychology*, 11, 1–11.

Seel, M. (1999). *Versuch über die Form des Glücks. Studien zur Ethik*. Frankfurt am Main: Suhrkamp.

Seel, M. (2003). Paradoxien der Erfüllung. Warum das Glück nicht hält, was es verspricht. In D. Schöttker (Hrsg.), *Philosophie der Freude* (S. 198–207). Leipzig: Reclam.

Seel, M. (2004). Zuneigung, Abneigung – Moral. In K. H. Bohrer & K. Scheel (Hrsg.), *Ressentiment!* (S. 774–782). Stuttgart: Klett-Cotta.

Senger, K. (2013). Die Wiederentdeckung der Gefühle. Zur Einleitung. In K. Senger & R. Schützeichel (Hrsg.), *Hauptwerke der Emotionssoziologie* (S. 11–32). Wiesbaden: Springer VS.

Serres, M. (2021). *Das Verbindende. Ein Essay über Religion*. Berlin: Suhrkamp.

Seyfert, R. (2011). Atmosphären – Transmissionen – Interaktionen. Zu einer Theorie sozialer Affekte. *Soziale Systeme*, 17(1), 73–96.

Shaw, J. (2016). *Das trügerische Gedächtnis. Wie unser Gehirn Erinnerungen fälscht*. München: Hanser.

Simmel, G. (2004). Über die Liebe (Fragment). In ders., *Postume Veröffentlichungen. Ungedrucktes. Schulpädagogik* (S. 116–156). Frankfurt am Main: Suhrkamp.

Slaby, J. (2018). Drei Haltungen der Affect Studies. In L. Pfaller & B. Wiesse (Hrsg.), *Stimmungen und Atmosphären* (S. 53–81). Wiesbaden: Springer.

Slaby, J., Mühlhoff, R., & Wüschner, P. (2017). Affective Arrangements. *Emotion Review*, 11(1), 3–12.

Sloterdijk, P. (2006). *Zorn und Zeit. Politisch-psychologischer Versuch*. Frankfurt am Main: Suhrkamp.

Smith, A. (1994). *Theorie der ethischen Gefühle*. Stuttgart: Meiner. (Originalarbeit veröffentlicht 1759).

Smith, T. W. (2016). *The book of Human Emotions. From Ambiguphobia to Umpty. 154 Words from around the world for how to feel*. New York: Little Brown and Company.

Sofsky, W. (2009). *Das Buch der Laster*. München: C.H. Beck.

Stoellger, P. (2004). Orten statt Ordnen. Probleme der Ordnung und Ortung der Affekte. *Hermeneutische Blätter*, 1+2, 23–35. https://www.hermeneutische-blaetter.uzh.ch/issue/vie w/233.

Stossel, S. (2014). *Angst. Wie sie die Seele lähmt und wie man sich befreien kann.* München: C.H. Beck.

Strassberg, D. (2024). Die Politik der Freundschaft. *Republik* (online).

Stückler, A. (2014). Gesellschaftskritik und bürgerliche Kälte. *SOZIOLOGIE*, 43(3), 278–299.

Tokarzcuk, O. (2021). Die Masken der Tiere. In dies., *Übungen im Fremdsein. Essays und Reden* (S. 138–139). Zürich: Kampa Verlag.

Tomasello, M. (2010). *Warum wir kooperieren.* Berlin: Suhrkamp.

Turner, V. (1969). *The Ritual Process: Structure and Antistructure.* PAJ Publications, New York.

Utz, R. (2017). Sich weit Hinauslehnen. Versuch über ein Karrieremuster in der Erfolgsgesellschaft. *Sozialer Sinn*, 2(3), 547–554.

Von Redecker, E. (2024). „Wir leben in einer Destroy-Party, in der jeder noch greift, was er kann". Gespräch mit P. Felixberger. *Kursbuch*, 218, 98–107.

Von Scheve, C. & Berg, A. L. (2018). Affekt als analytische Kategorie der Sozialforschung. In L. Pfaller & B. Wiese (Hrsg.), *Stimmungen und Atmosphären* (S. 27–50). Wiesbaden: Springer VS.

Watt Smith, T. (2017). *Das Buch der Gefühle.* München: DTV.

Welzer, Harald (2021). *Nachruf auf mich selbst. Die Kultur des Aufhörens.* Frankfurt am Main: S. Fischer.

Wetzel, D. J. (2013). *Soziologie des Wettbewerbs. Eine kultur- und wirtschaftssoziologische Analyse der Marktgesellschaft.* Wiesbaden: Springer VS.

Wetzel, D. J. (2014a). Freundschaft und mediale Vermittlung. Resonanzbeziehungen im Kontext gelingender Lebensführung. In K. Hahn (Hrsg.), *E<3Motion in Medienkulturen* (S. 109–123). Wiesbaden: VS-Verlag.

Wetzel, D. J. (2014b). Polyamouröse Beziehungen als gelingende Lebensform? Resonanz- und anerkennungsanalytische Reflexionen. (Working Paper 08/2014 der DFG-KollegforscherInnengruppe Postwachstumsgesellschaften, FSU Jena). https://d-nb. info/1072484358/34.

Wetzel, D. J. (2019). *Metamorphosen der Macht. Soziologische Erkundungen des Alltags.* Norderstedt: BoD.

Wetzel, D. J. (2021). Resonanz als multi-konstellatives Affizierungsverhältnis. Das Beispiel von Prüfungen im Schulalltag. https://publikationen.soziologie.de/index.php/kongressb and_2020/article/view/1331.

Witzgall, S. & Kesting, M. (Hrsg.) (2021). *Politik der Emotionen/ Macht der Affekte.* Zürich: diaphanes.

Wurmser, L. (1998). *Die Maske der Scham. Die Psychoanalyse von Schamaffekten und Schamkonflikten.* 3., erweiterte Aufl. Wiesbaden: Springer VS.

The manufacturer's authorised representative in the EU is Springer
Nature Customer Service Centre GmbH, Europaplatz 3, 69115 Heidelberg,
Germany. If you have any concerns regarding our products, please
contact ProductSafety@springernature.com

Printed and bound by CPI Group (UK) Ltd, Croydon, CR0 4YY
24/04/2026
02096358-0002